말뭉치 기반 국어 연구 총서 6

# 한국어 명사 연구

정희정

한국문화사

## 추천의 말

　근래 전산 기술의 발달로 인하여 대규모의 말뭉치 구성이 가능해지면서 국어 문법의 연구가 새롭게 전개되어 가고 있다. 말뭉치 구성이 이른바 말뭉치 언어학의 등장을 가져오기도 했지마는 종래의 방법에 의한 문법 연구도 새로운 국면을 맞게 된 것이다. 주어진 이론적 틀 안에 쉽게 수용되기 어려운 예상 밖의 수많은 반증 자료가 말뭉치의 크기에 비례해서 끊임없이 발견되기 때문이다. 새로운 반증 자료는 문법 이론의 수정을 불가피하게 하고, 정리된 체계, 정리된 자료의 재검토를 피할 수 없게 한다. 그리고 그 과업은 다름 아닌 국어 문법 학도들의 몫일 수밖에 없다. 지난 수년 동안에 연세대학교 국어 사전 편찬실은 상당한 양의 말뭉치를 구성하고 이를 바탕으로 하여 국어 문법을 새롭게 정리해 가는 작업을 진행해 왔다. 이제 그 열매를 거두기 시작하여 이들을 '말뭉치 기반 국어 연구 총서'로 간행하기로 한 바 그 첫 호로 「텍스트 분석적 국어 조사의 연구」를 재작년 봄에 출판하여 내보냈고, 뒤를 이어 「국어의 동사 연결 구성에 관한 연구」, 「국어 형용사 연구」, 「우리말 양태용언 구문 연구」, 「텍스트 분석적 국어 어미의 연구」를 잇달아 출판 한 바 있다. 이 연구는 그 여섯 번째 결실이다.
　이 연구는 명사가 가지고 있는 체언으로서의 기능 밖의 통사적 기능을 천착하여 밝히고 있다. 대개는 자명한 것으로 생각하거나 별로 주의를 기울이지 않던 문제를 깊이 있게 다룬 것이다. 정희정 박사의 치밀한 손길이 아니면 상당 기간 그대로 묻혀 있었을 뻔한 문제다. 이미 확립된 것 같은 틀 안에 담아지지 않는 까닭에 제기되는 의문이 항상 꼬리를 물고, 그러한 문제는 맵고 날카로운 손길을 거쳐 정리된다. 정희정 박사의 연구가 그러하다.

좋은 연구는 그 뒤를 잇는 새로운 연구를 낳는다. 연구가 연구를 끌어내고, 토론이 토론을 불러 끝없이 이어갈 수 있다면 그보다 더 즐거운 일이 어디 있으랴!

2000년 6월
남 기 심

# 머리말

 말을 다루는 일은 힘들지만 신나고 즐거운 일이다. 특히 실제로 쓰이는 말의 현상을 점검하고 분석하다가 새로운 것을 찾았을 때나 규칙을 증명해 줄 만한 현상을 보았을 때의 느낌은 이루 말로 표현할 수가 없다.
 이 책은 사전을 만들기 위해 살아있는 말을 다루다가 알게 된 사실을 정리한 필자의 박사 학위 청구 논문 "국어 명사의 연구"를 다소 고친 것이다. 다소 거칠고 체계적이지 않은 부분이 눈에 띄지만, 그리 많이 수정하지 않았다. 이는 필자의 능력 탓이기도 하지만, 처음 그대로의 모습도 의미가 있을 것이라고 보았기 때문이다.
 한국어 어휘를 이루는 요소 중 가장 많은 것이 명사이다. 이는 사전의 올림말의 수를 세어보면 쉽게 알 수 있는 사실이다. 이 많은 명사가 모두 같은 성격을 가진다는 것은 불가능한 일일 것이다.
 명사도 다양한 특징을 보인다는 것을 말뭉치를 보면서 알게 됐다. 특히 명사인지 다른 범주에 속하는 요소인지를 판가름하는 것은 그리 쉬운 일이 아니었다. 이는 명사를 범주지을 만한 특징이나 성격이 명확히 규명되지 않았기 때문이었다. 이 책에서는 명사라 일컬어지는 어휘들의 의미 특성이 무엇인지, 이 의미 특성이 문장에서 어떻게 나타나는지를 살펴보고자 했다. 이렇게 해서 얻어진 결과를 명사의 의미적 특성, 통사적 자질로 설정해 보았다. 결과적으로 이미 밝혀진 이론을 다시 한 번 언급한 부분도 있으나, 이러한 작업을 함으로써 이론에 그친 이론이 아니라 실제의 뒷받침을 받는 이론으로 정립시키는 데 의의가 있다고 보았다.
 명사는 지시대상이 무엇이냐에 따라 그 특성이 달라진다. 구체적인 지시대상이 있는지, 구체적인 지시대상의 속성을 나타내는지, 지시대상이 행위나 상태인지 또는 의미가 추상화되어 앞뒤연결체에 의미가 녹아들었는지에 따라 관형어와의 결합, 조사와의 결합, 문장에서의 역할 등이 달라진다. 구체적인 지시대상이 있는 명사는 일반적으로 명사라 지칭되는 전형적인 명사의 특징을 보인다. 그러나 지시대상의 속성을 나타내는 명사는 조사 없이 관형어로 쓰이거나 부사어로 쓰이며, 다른 관형어의 수식을 받는 일이 거의 없다. 또한 지시대상이 행위나 상태인 명사 중의 일부는 행위의 대상, 주체 등을 관형어로 요구하며, 의미가 추상화되어 앞뒤연결체에 의미가 녹아드는 명사는 주로 부사어나 서술어 자리에 쓰여 문장 전체에 관여하는 의미를 나타내는 특성을 보인다.

명사의 이러한 특성은 주위 요소와의 결합관계에서 찾을 수 있다. 관형어와 결합하는지, 결합했을 때 관형어와의 관계가 어떻게 되는지, 조사가 있어야만이 문장의 한 성분이 될 수 있는지, 아니면 조사 없이도 문장의 한 성분이 될 수 있는지 등은 명사의 특성을 밝힐 수 있는 중요한 현상이다. 이러한 현상을 통해 명사의 의미 특성이 문장에 어떻게 반영되고, 문장에 어떠한 영향을 주는지를 추정하고, 이를 규칙화할 수 있었다.

힘든 작업을 끝낼 때마다 느끼는 것은 공부는 절대 혼자서 하는 것이 아니라는 것이다. 부족한 글이나마 이처럼 결실을 맺게 된 것은 알게 모르게 필자를 도와준 여러 분들의 덕분이다. 먼저 논문의 심사를 맡아 필자가 학문의 길을 제대로 가고 있는지를 점검해 주신 김석득 선생님, 홍재성 선생님, 노대규 선생님, 서상규 선생님께 감사를 드린다. 그리고 학문의 철학을 일깨워 주신 문효근 선생님, 언제나 따뜻하게 지켜봐 주시는 김하수 선생님, 임용기 선생님께 감사를 드린다.

지도교수이신 남기심 선생님께는 어떻게 감사를 드려야 할지 모르겠다. 이 글의 처음부터 끝까지 선생님의 눈길이 닿지 않은 곳이 없다. 그럼에도 필자의 부족함으로 선생님의 가르침을 제대로 따르지 못하여 안타깝고 송구스러울 뿐이다.

언어정보개발연구원(옛날 한국어사전편찬실) 관계자 여러분들의 고마움도 빼놓을 수 없다. 필자가 명사에 관심을 갖게 된 것도 언어정보개발연구원에서 명사를 다루었기 때문이다. 연구원에서 일할 기회와 자리를 마련해 주시고 마음껏 자료를 이용하게 해 주신 이상섭 원장님께 감사를 드린다. 그리고, 이 글을 시작할 때부터 관심을 가져주고 함께 토론해 준 선후배의 도움도 컸다.

하나밖에 없는 며느리가 공부한다는 이유로 제대로 며느리 노릇을 못하는데도 이해를 해 주시고 격려까지 해 주시는 시부모님, 손녀가 태어나면서부터 딸 대신 손녀의 엄마 역할을 하시느라고 부쩍 늙으신 친정어머님, 아버님께 무어라 표현할 수 없는 송구함을 느낀다.

엄마를 학교에 보내면서 공부 열심히 하라고, 꼭 밥 먹고 하라고 제법 어른스러움을 보인 딸 벼리, 아내의 공부를 위해 혼자서 이국생활을 하면서도 불평 한 마디 없이 아내를 먼저 걱정했던 남편, 이들과 결실의 기쁨을 함께 하고 싶다.

마지막으로 경제성이 없는 이 글을 책으로 엮어 주신 한국문화사의 김진수 사장과 편집 관계 여러분들께 감사함을 표한다.

2000년 6월
정 희 정

# 차 례

- 추천의 말 / 3
- 머리말 / 5

1. 서론 ............................................................................. 13

2. 명사의 특성과 기능 ................................................... 27

    2.1 명사의 특성과 명사구의 기능 ............................ 27
    2.2 명사의 다원성 ....................................................... 39

3. 명사의 관형성 ............................................................. 45

    3.1 명사의 관형성과 관형기능 ................................. 46
    3.2 명사의 관형성과 후행성분과의 의미관계 ........ 53
        3.2.1 '-의' 명사구 구조와 관형명사구 구조 ...... 53
        3.2.2 일반명사의 관형어 ..................................... 57
        3.2.3 서술성 명사와 보문명사의 관형어 .......... 66
        3.2.4 서술성 명사의 관형성 ............................... 74
    3.3 명사의 관형성과 의미 ......................................... 75
        3.3.1 명사의 의미와 관형성의 통사적 구현 .... 75
        3.3.2 후행명사의 의미와 관형성의 통사적 구현 ...... 84

3.4 관형성과 관형기능의 성격 ……………………………………… 88
3.5 관형기능 명사구의 수식 범위 ……………………………… 90
3.6 관형명사구 구조와 합성어 …………………………………… 95
3.7 관형기능 명사구와 관형사 …………………………………… 102
3.8 관형기능 명사구와 명사성 어근 …………………………… 108
   3.8.1 의존적인 성분의 쓰임 …………………………………… 112
   3.8.2 명사성 어근의 특성 ……………………………………… 133
3.9 요약 …………………………………………………………………… 135

4. 명사의 부사성 ……………………………………………………… 139

4.1 명사의 부사성과 부사적 기능 ……………………………… 139
4.2 명사의 부사적 기능과 영접사 파생의 문제 …………… 145
4.3 부사성의 정도와 조사의 쓰임 ……………………………… 153
   4.3.1 시간 명사와 조사의 쓰임 ……………………………… 155
   4.3.2 정도명사와 조사의 쓰임 ………………………………… 160
   4.3.3 행위의 양식을 나타내는 명사와 조사의 쓰임 …… 161
   4.3.4 양태명사와 조사의 쓰임 ………………………………… 163
4.4 부사성 명사의 수식어 ………………………………………… 169
   4.4.1 시간 명사와 한정수식 관형어 ………………………… 169
   4.4.2 한정수식 관형어와 부사성의 통사적 구현 ……… 171
   4.4.3 부사성 명사의 의미와 부사의 수식 ………………… 173
4.5 명사와 부사의 상관성 ………………………………………… 174
4.6 요약 …………………………………………………………………… 176

## 5. 명사의 서술성 ····· 179

5.1 서술성의 개념 ····· 179
5.2 형식동사 '하다'와 지정사 '이다' ····· 184
    5.2.1 '하다'의 성격 ····· 184
    5.2.2 '하다'와 '이다'의 차이 ····· 187
5.3 명사의 서술성과 서술기능 ····· 192
5.4 서술성 명사의 보충어 ····· 197
    5.4.1 서술어 자리에 쓰인 서술성 명사의 보충어 ····· 197
    5.4.2 일반 명사구에 쓰인 서술성 명사의 보충어 ····· 198
5.5 서술성 명사와 행위 명사 ····· 203
5.6 서술성 명사의 의미와 수식어 ····· 206
5.7 서술성 명사의 의미와 조사 ····· 210
5.8 요약과 남은 문제 ····· 213

## 6. 명사의 문법소성과 문법화 ····· 217

6.1 문법화 과정에 있는 명사의 특성과 기능 ····· 218
6.2 문법소성 명사와 문장연결기능 ····· 224
    6.2.1 문장연결기능을 하는 명사의 의미적인 특성 ····· 224
    6.2.2 문법소성을 지닌 명사의 부사성 ····· 231
6.3 문법소성 명사의 양태기능과 시상기능 ····· 232
    6.3.1 서술어 자리에 쓰인 문법소성 명사 ····· 232
    6.3.2 양태기능 ····· 236
    6.3.3 시상기능 ····· 238

6.4 문법소성과 문법화 ·················································· 240
6.5 요약 ······································································· 244

# 7. 결론 ······································································· 245

참고문헌 ······································································· 249

색   인 ········································································· 257

# 1. 서론

**1.1** 한 문장은 서술어와 주어, 목적어, 보어, 부사어, 관형어 등으로 이루어진다.1) 그리고 명사2)는 주어, 목적어, 보어, 부사어, 관형어 등에 모두 관여하는 어휘 범주로 보인다. 이러한 명사의 특성을 최현배(1937/1982)에서는 다음과 같이 설명한다.

> (1) ㄱ. 임자씨는 개념을 들어내는 낱말이니, 월의 임자가 되는 힘을 가지며, 또 다른 자리를 차지하더라도, 늘 월의 뼈다귀를 이루느니라. 임자씨가 일몬(事物)의 개념을 들어내는 것임은 이미 말한 바이어니와, 그것이 월의 임자(主體)되는 힘을 가진 것이 그 월에서의 특질이니라. … 어떤 경우에는 임자씨 밖의 것이 월의 임자가 되는 수가 있지마는, 그 때에는, 그것이 반드시 임자씨의 감목(자격)을 임시로 얻고서 함이니라.
> ㄴ. 임자씨는, 월에서의 여러 가지의 관계를 들어내기 위하여 말꼴(語形)의 달라짐(變化), 곧 끝바꿈(活用)이 생기지 아니하고 다만 토를 붙여서 다른 말에 대한 관계를 들어내느니라. (최현배, 1982: 157-158)

최현배(1982)에서는 명사의 특성을 ① 개념을 드러내는 것, ② 문장의 주어가 될 수 있는 힘을 가진 것, ③ 말꼴이 달라지지 않는 것, ④ 토와 함

---

1) 목적어, 보어, 부사어, 관형어 등은 학교 문법에 따른 용어이다. 문장에 쓰인 각 성분의 종류를 밝혀 주어야 할 경우에는 '-를' 명사구, '-에' 명사구, '-로' 명사구 등의 용어가 적절하다고 보아, 이후부터는 명사구의 종류를 밝혀주는 '-를' 명사구, '-에' 명사구 등의 용어를 사용하기로 한다. 자세한 것은 각주 5번을 참조할 것.
2) 이 글에서의 명사는 체언류를 총칭한다.

께 다른 말에 대한 관계를 드러내는 것으로 들고 있다. 최현배(1982)에서는 명사의 통사적인 특성을 문장의 주어가 될 수 있는가에 초점을 두고, 토와 함께 다른 말에 대한 관계를 드러내는 특성을 부수적으로 설명한 반면에 허웅(1995)에서는 다음과 같이 명사의 통사적인 특성을 여러 가지 문장 성분이 될 수 있다는 데에 초점을 두어 설명하고 있다.

(2) ㄱ. 임자씨(체언)의 아랫갈래인 이름씨(명사)나 대이름씨(대명사)나 셈씨(수사)는 그 꼴과 구실이 다 같다. 그 자체로서는 꼴이 바뀌지 아니하고, 그 구실은, 토씨의 도움으로, 또는 알몸으로 여러 가지 월조각의 자격을 가질 수 있다." (허웅, 1995: 228-229).
ㄴ. 이름씨는 이러한 통어적인 특색 이외에 또 하나의 통어적 특색을 가지고 있다. 그것은 '받침말'(또는 '머리말')의 노릇을 할 수 있다는 것이다. … 매김씨의 뒤를 받쳐 준다는 뜻인데, 이러한 받침말의 노릇을 하는 것도 이름씨의 통어상의 특질의 하나이다. (허웅, 1995: 232-233)

허웅(1995)까지 오면, 명사의 특성을 의미적인 특성보다는 형태적인 특성과 통사적인 특성으로 설명한다. 최현배(1982)에서와 마찬가지로 명사의 형태적인 특성으로 활용을 하지 않는다는 것을 먼저 밝히고, 명사의 통사적인 특성을 다음의 세 가지로 나누어 설명하고 있다. 하나는 조사(토씨)와 결합할 수 있다는 것이고[3], 두 번째는 조사와 결합해서, 또는 결합하지

---

3) 허웅(1995)는 '명사가 조사의 도움을 받을 수 있다'고 함으로써, 명사가 조사를 선택한다는 의미를 내포하고 있다. 이러한 관점은 명사가 홀로 문장의 여러 성분으로 기능할 수 있으나, 특정한 경우에 조사의 도움을 받는다는 의미를 가진다. 본 논문 또한 이러한 관점을 지지한다. 조사는 단순히 문법적인 기능만을 담당하는 범주가 아니라 자신의 독특한 기능과 의미를 가진 범주로 보기 때문이다. 그러므로 '버스 오니?'와 '버스가 오니?'의 의미가 다르다. 따라서, 명사가 조사의 도움을 받을 때는 자체적으로 문법적인 기능을 담당할 수 없거나 의미적으로 보충을 받아야 할 때라고 본다. 그럼에도 '조사의 도움'으로 기술하지 않고 '조사와의 결합'으로 기술한 것은 본 논문이 조사를 중점적으로 다룬 것이 아니기 때문에 조사에 대해서는 중립적으로 기술하기 위해서이다.

않고도 문장의 여러 성분으로 쓰일 수 있다는 것이다. 즉, 명사는 '무엇이 무엇이다, 무엇이 무엇을 어찌한다, 무엇을 무엇으로 어찌한다, 무엇이 어디에서 무엇을 어찌한다'와 같은 문형에서 '무엇'이나 '어디'의 자리에 올 수 있다는 설명이다. 이 때 명사가 '무엇'이나 '어디'의 자리에 쓰일 때, 경우에 따라서는 조사와 결합하지 않을 때도 있다. 이것은 명사가 형태적으로 조사 없이 문장의 한 성분으로 쓰인다는 것을 의미한다. 마지막으로 명사는 관형어의 수식을 받을 수 있다는 것을 명사의 통사적인 특성으로 들고 있다.

최현배(1982)와 허웅(1995)에서 보인 명사의 특성을 정리하면 다음과 같다.

(3) 명사의 특성.
　ㄱ. 명사는 사물의 개념을 나타낸다.
　ㄴ. 명사는 활용을 하지 않는다.
　ㄷ. 명사는 문장의 주어가 될 수 있다.
　ㄹ. 명사는 조사와 결합할 수 있다.
　ㅁ. 명사는 조사와 결합해서, 또는 조사 없이 문장의 여러 성분으로 쓰일 수 있다.
　ㅂ. 명사는 관형어의 받침말이 될 수 있다.

위의 특성 중 ㄱ은 명사의 의미적인 특성이고, ㄴ은 명사의 형태적인 특성이며, ㄷ~ㅂ은 명사의 통사적인 특성이다. 그런데 ㄷ~ㅁ은 명사의 통사적인 특성이라기보다는 명사구의 특성으로 보인다. 명사는 특정단어의 범주를 나타내는 용어이며, 문장 성분은 구의 범주를 나타내는 용어이다. 따라서, 문장의 주어가 될 수 있는 것은 명사구이며, 명사는 명사구의 핵이다. 즉, 명사 단독으로 조사와 결합한 것처럼 보인다 해도 이는 명사구에 조사가 결합된 것으로 보아야 한다. 예를 들어 '좋은 학교가'와 같은 구성에서 '좋은'과 '학교'가 먼저 명사구를 형성한 다음에 '좋은 학교'에 조사 '-가'가 결합한 것이지, '학교'에 '-가'가 붙은 다음에 '학교가'가 '좋은'의 수식을 받는 것이 아니기 때문이다. 다시 말하면 최현배(1982), 허웅(1995)에서 밝힌 명사의 통사적 특성은 단순히 명사의 특성이기보다는 명사구의 특성으로 보아야 한다는 것이다.

최현배(1982), 허웅(1995)에서 설명한 명사의 특성에서 우리는 다음과 같은 의문을 제기할 수 있다.

첫째, 명사가 또는 명사구가[4] 문장의 여러 성분으로 쓰일 수 있다는 것은 조사와의 결합을 필수적으로 전제하는 것인가? 특히 명사만으로 문장에 나타나 조사 없이도 관형어나 부사어로 쓰인 것을 명사구로 볼 수 있는가? 아니면, 관형사나 부사로 파생되어서 관형어와 부사어로 쓰인 것으로 보아야 하는가?

둘째, 문장의 여러 성분으로 쓰일 수 있는 명사, 또는 명사구가 서술어의 자리에도 쓰일 수 있는가? 이 때, 이들을 범주화할 수 있는 특성이 있는가?

셋째, 명사는 조사와 결합하여 문장의 여러 성분으로 쓰일 수 있는데, 어느 한 성분으로만 쓰이는 것은 없는가? 그런 명사가 있다면 그것은 무엇 때문이며 이들의 특성을 범주화할 수 있는가?

넷째, 명사는 관형어의 수식을 받을 수 있는데, 부사의 수식을 받는 명사의 특성은 무엇인가?

다음 예문을 보자.

---

[4] 이 연구에서는 명사를 단어의 범주를 나타내는 용어로 쓰며, 명사구는 문장의 성분을 나타내는 용어로 쓰려고 한다. 그리고 명사로 보이는 단어가 조사 없이 단독으로 문장의 한 성분으로 쓰였을 때도 명사라는 용어를 사용하였다. 이는 이 요소가 아직 명사구를 형성하는 명사인지, 아니면 다른 품사인지가 밝혀지지 않았기 때문이다.

(4) ㄱ. 잡부일이란 게 막상 달려들어 해보자니 <u>보통</u> 힘으로는 어려웠다.
　　ㄴ. 잡부일이란 게 막상 달려들어 해보자니 <u>보통의</u> 힘으로는 어려웠다.
(5) ㄱ. 훗날, 이 사건으로 인해 감정으로 죽이고 죽고 하는 참극이 벌어지게 되는 것이다.
　　ㄴ. 먼 훗날에, 이 사건으로 인해 감정으로 죽이고 죽고 하는 참극이 벌어지게 되는 것이다.

'보통'은 (4ㄱ,ㄴ)에서처럼 '-의' 없이 또는 '-의'와 함께 뒤에 오는 명사 '힘'을 수식할 수 있다. 이 때, '-의' 없이 뒤에 오는 명사를 수식하는 (4ㄱ)의 '보통'을 (4ㄴ)의 '보통'과 같은 명사로 보아야 하는가 아니면 관형사로 파생되었다고 보아야 하는가의 문제가 있다. 위에서 정리한 명사의 특성에 따르면 명사는 조사 없이도 문장의 한 성분으로 쓰일 수 있기 때문에 당연히 (4ㄱ)의 '보통'은 명사로 볼 수 있으나, 특별히 명사만을 수식하는 관형사와 무엇이 다른가 하는 점은 쉽게 발견할 수 없다.

이러한 점은 예문 (5)에서도 볼 수 있다. (5ㄱ)의 '훗날'은 '-에' 없이 부사어로 쓰였으나, (5ㄴ)의 '훗날'은 관형어 '먼'의 수식을 받으면서 조사 '-에'와 함께 부사어로 쓰였다. 이때, 이 두 '훗날'을 각각 명사, 부사의 동형어로 볼 것인가? 아니면 모두 한 단어로 보아 명사로 처리할 것인가 하는 문제가 생기는 것이다.

(6) ㄱ. 회사측은 휴업을 중지하고 상경 농성 투쟁자를 무단 결근으로 <u>처리</u>, 해고시킬 음모를 꾸몄다.
　　ㄴ. 회사측은 상경 농성 투쟁자(의) <u>처리</u>에 대한 문제를 다음 회의에서 다루기로 하였다.
(7) ㄱ. 모두들 배 멀미가 심하고 또 토하는 <u>바람</u>에 밤새 누워 보지도 못했어요.
　　ㄴ. 상수리 나무들의 싱그럽고 청정한 잎새들이 불어오는 <u>바람</u>과 찬란한 햇빛에 그 반짝이는 윤기를 섬광으로 토해 내고 있다.

예문 (6)의 '처리'는 (6ㄱ)에서처럼 서술어 자리에 쓰인 경우에는 '-를' 명사구5)와 '-로' 명사구를 논항으로 요구하고 있고, (6ㄴ)처럼 일반 명사구 자리에 쓰인 경우에는 조사가 붙지 않은 명사구, 또는 '-의' 명사구를 관형어로 요구하는 특성을 보인다. 서술어 자리에 쓰인 (6ㄱ)에서 '처리'가 '하다' 없이도 충분히 서술어의 역할을 하는 것을 볼 때 이러한 명사를 어떻게 설명해야 할 것인가의 문제가 있다.

예문 (7ㄱ)의 '바람'은 (7ㄴ)의 '바람'과 달리 부사어 자리에만 쓰이며, 의미도 (7ㄴ)의 '바람'과 많이 달라짐을 볼 수 있다. 이러한 명사들의 특성 또한 밝혀져야 하지만, 지금까지의 명사에 대한 논의는 어휘 의미에 국한되거나 예문 (5)의 '훗날'처럼 부사로도 설명할 수 있는 명사들에만 국한된 감이 있다. 그러나, 명사의 전반적인 특성을 밝히고 그들을 하위범주화하려면 위와 같은 명사들이 총망라되어 고찰되어야 한다고 본다.6)

---

5) 이 글에서는 서술어에 매이는 성분 중에서 주어 이외에 다른 필수 성분을 표시하는 방법으로 '-를' 명사구, '-에' 명사구, '-로' 명사구', '-와' 명사구 등의 용어를 쓰고자 한다. 이들은 '-를'이 붙은 명사구, '-에'가 붙은 명사구들을 의미한다. 특별히 목적어, 부사어라는 용어를 사용하지 않은 것은 목적어 부사어만으로는 다양한 명사구의 속성을 드러내지 못할 뿐만 아니라, 더군다나 부사어라는 용어로는 문장의 필수 성분과 수의 성분을 구별할 수 없기 때문이다. 따라서, 서술어에 매이는 성분을 표시할 때는 '-를' 명사구, '-에' 명사구 등의 용어를 사용하며, 서술어에 매이지 않는 성분 중에 서술어를 수식하는 성분을 표시할 때는 부사어라는 용어를 쓰기로 한다.

주어와 다른 명사구를 구분한 것은 이들이 실현되는 층위가 다르다고 보았기 때문이다. Williams(1981)에서는 논항을 외재논항과 내재논항으로 나누어, 동사로부터 간접적으로 의미역을 할당받는 논항을 외재논항, 동사로부터 직접적으로 의미역을 할당받는 논항을 내재논항으로 설명한다. 내재논항은 동사구 내의 명사구를 의미하며, 외재논항은 동사구 밖의 논항을 의미한다. 이렇게 주어와 다른 명사구를 실현되는 층위가 다른 것으로 본 논의는 Grimshaw(1990)에서도 볼 수 있다. 이 역시, 내재논항은 동사로부터 직접 의미역을 받는 논항을 의미한다. 이러한 논의에서 볼 수 있듯이 주어와 다른 명사구가 실현되는 층위가 다르다고 보아, 주어와 다른 명사구의 용어를 구분해서 쓴다.

이와 관련하여 조사의 대표형을 '-가', '-를', '-로', '-와'로 표기한다.

6) 명사는 그 쓰이는 사물의 범위(얼안)의 국한성의 다름을 따라, 보통명사와 고유명사로 나뉘며, 그 운용상 독립성의 있고 없음을 따라 자립명사와 의존명사로 나뉘게 된다. 이러한 분류는 다른 성분과의 결합에서 그 특성을 나타낸다. 자립명사와 의존명사의 통사

이 연구는 '보통', '훗날', '처리', '바람' 등과 같은 어휘들이 명사인지, 그리고 문장에서 명사구를 형성하는지를 살펴봄으로써 문장의 대부분을 구성하는 명사구의 핵인 명사의 특성을 찾으려는 데 목적을 둔다. 즉, 이 연구는 문장의 문법을 제대로 밝히려면 명사구를 이루는 명사에 대한 논의가 필요하다고 보고, 명사의 어휘의미적인 면뿐만 아니라 통사적인 특성을, 조사와 관형어와의 결합관계에서 찾으려는 작업이다.

이러한 작업은 명사가 단순히 사물의 이름을 가리키는 범주라는 설명에서 벗어나 명사가 어떠한 의미를 띨 수 있으며, 이 의미가 어떠한 방식으로 통사적 구성체에 영향을 주는지를 밝혀 줄 것이다.

결론적으로 이 연구에서는 명사의 의미에 따라 관형성, 부사성, 서술성, 문법소성이 있음을 밝히고, 이러한 특성이 어떻게 통사적으로 드러나는지를 설명하게 될 것이다. 이러한 작업에서 명사가 문장에서 어떠한 기능을 하는지가 밝혀질 것이다. 여기서 명사의 기능이라 함은 첫째, 조사 없이 쓰이는 명사구의 기능과 둘째, 명사의 의미특성과 그 명사가 쓰이는 자리 때문에 그 명사가 쓰인 연속체가 하는 기능을 뜻한다. 이 연구에서는 명사의 기능을 관형기능, 부사적 기능, 서술기능, 문장연결기능, 양태기능, 시상기능 등으로 나누고, 관형기능과 부사적 기능, 서술기능은 명사구의 기능으로, 문장연결기능, 양태기능, 시상기능은 명사가 쓰인 연속체가 하는 기

---

상의 차이는 이미 많은 부분 설명이 되어 있다. 이 특성에 대해서는 남기심·고영근 (1985), 왕문용(1988), 정호완(1987), 이병모(1995) 등을 참조할 것. 최현배(1982)는 이외에 다른 분류에 대해서는 "영어에서는 이밖에 모임 이름씨(集合名詞, collective noun), 물질 이름씨(物質名詞, material noun), 빼낸 이름씨(抽象名詞, abstract noun), 굳은 이름씨(具體 名詞, concrete noun)의 가름을 한다. 이러한 가름은 결코 논리적으로 필요한 것이 아니요, 다만 그 나라 말본을 설명하는 데에 이렇나 가름이 필요할 따름이다. 그러나, 우리 대한 말본에서는 그러한 법이 없은즉, 그러한 가름을 내어세울 필요도 없느니라. 또, 우리의 말본에서, 더러 꼴 있는 이름씨(有形 名詞-사람, 들, 나무, 물, 소…)와 꼴 없는 이름씨(無形名詞-마음, 힘, 뜻…)와를 가르는 수가 있으나, 이는 말본을 푸는 데에는 아무 필요가 없는 것이니라"(최현배, 1982: 216)라 하여, 명사의 하위분류를 문법적으로 의의가 없는 것으로 처리하고 있다.

능으로 설명할 것이다.

 명사의 의미적인 특성과 그 특성으로 인한 명사의 기능을 다룸으로써 다음과 같은 사실이 밝혀질 것이다.

 첫째, 명사구가 담당하는 기능에 명사의 의미적인 특성이 반영될 수 있다는 것을 보게 될 것이다. 명사구가 조사 없이 부사어로 쓰이면, 그 명사구의 핵인 명사에 행위나 상태를 수식할 수 있는 특성이 있다는 것을 의미하며, 명사구가 서술기능을 할 수 있는 것은 그 명사구의 핵인 명사에 문장 성분을 요구할 수 있는 의미적인 특성이 있다는 것을 뜻한다.

 둘째, 문장의 구조는 서술어로 쓰인 동사의 어휘의미구조에 의해 결정되듯이 명사구의 구조는 명사의 특성에 의해 결정된다는 것이 밝혀질 것이다. 명사가 보충어를 필요로 하면, 그 보충어를 관형어로 실현시킨 명사구를 형성하며, 명사가 지시대상의 속성을 뜻하면, 부사어의 수식을 받아 명사구를 형성함을 보게 될 것이다.


**1.2** 명사의 의미적인 특성이 통사적으로 어떻게 반영되는가를 알기 위해 이 연구에서는 다음과 같은 명사구를 연구 대상으로 하였다.

 첫째, 조사 없이 문장의 한 성분으로 쓰인 명사구를 대상으로 하되, 문장의 필수 성분으로 보이는 명사구는 논의의 대상에서 제외하였다. 이는 각 명사구와 서술어와의 관계에서 설명될 수 있다고 보았기 때문이다.[7] 따라서, 문장의 필수 성분이 아닌 부사어나 관형어 자리에 조사 없이 쓰인 명사구만을 논의의 대상으로 삼았다.

 둘째, 일반 사전[8]에서 명사로 등재한 것 중에서 특별히 명사 앞에만 쓰

---

[7] 이에 대한 자세한 내용은 2장에서 다룰 것이다.
[8] 이 글에서 주로 참조한 사전은 한글학회에서 1992년에 펴낸 「우리말큰사전」이다. 그러므로 앞으로 (기존) 사전이라 함은 「우리말큰사전」을 말한다. 이외의 사전을 참조할 경

이는 부류를 논의의 대상으로 삼았다. 이들을 논의의 대상으로 삼은 것은 이들의 지위가 명사인지에 대한 판단을 하기 위해서이다.

셋째, '하다'와 함께, 또는 명사 자체만으로 서술어의 역할을 하는 것처럼 보이는 명사구를 논의의 대상으로 삼았다. 모든 명사는 '이다'와 함께 서술어 자리에 쓰일 수 있으나, 특별히 '하다'와 함께 서술어 자리에 쓰이는 명사를 하위범주화할 수 있다고 보았기 때문이다.

넷째, 관형절과 함께 쓰이는 명사 중에서 특별히 부사어의 자리나 서술어의 자리에 쓰이는 명사를 논의의 대상으로 삼았다. 그 중에서도 관형절의 수식을 받아 의미가 한정되지 않고 오히려 관형절의 한 부분으로 보이는 명사들만을 논의의 대상으로 삼았다.

이러한 논의를 하는 데 필요한 자료는 실제 용례를 이용하였다. 실제 용례는 연세대학교 한국어사전편찬실의 말뭉치에서 뽑았다. 연세대학교 한국어사전편찬실은 1987년 말뭉치 구축에 관한 연구를 시작으로 1997년 현재 4,300만 마디의 말뭉치를 구축 완료하였다. 연세말뭉치는 Ⅰ에서 Ⅸ까지 구성되어 있는데, 이 연구에서 주로 참조한 말뭉치는 1980년대 우수 출판물 목록에서 표본을 선정하여 구축된 600만 마디의 말뭉치 Ⅲ과 1990년대의 소설과 수필에서 표본을 선정하여 구축한 1,400만 마디의 말뭉치 Ⅶ이다.9) 이외에 필요한 경우에는 이미 논의된 글에서 재인용하기도 하였

---

우에는 그 이름을 밝힐 것이다.
9) 연세말뭉치는 다음과 같이 구성되어 있다. 연세말뭉치 Ⅰ은 대표성이 있는 말뭉치를 만들기 위하여, 일반인들에게 어떤 유형의 글이 얼마나 널리, 그리고 많이 읽히는지를 조사할 목적으로 전문가 조사와 일반인 조사를 통해 표본 선정 기준을 마련하고 구축한 300만 마디의 말뭉치이다. 연세말뭉치 Ⅱ는 가능한 모든 주제 분야의 낱말이 망라되도록 하기 위하여 한국어 문헌을 크게 열 가지 범주(총류, 철학, 종교, 사회, 과학, 언어학, 순수과학, 예술, 문학, 역사 등)로 나누고, 도서의 대출빈도는 각 낱말의 인지도를 간접적으로 나타낸다고 보고 연세대학교 중앙도서관의 모든 소장 도서를 대상으로 하여 234개의 표본을 선정하여, 이를 대상으로 구축된 110만 마디의 말뭉치이다. 연세말뭉치

으며, 다른 논문에서 예문을 인용할 경우에는 되도록 실제 사용되는 언어와 유사한 형식이 되도록 노력하였다.

실제 사용되는 언어를 대상으로, 특히 말뭉치를 대상으로 언어를 연구하는 것을 말뭉치 언어학이라고 할 수 있다. 이 연구도 명사가 실제 어떻게 사용되고 있는가를 본 것이기 때문에 말뭉치 언어학의 방법론을 빌려온 것이다. 이러한 방법론은 결국 인위적인 언어를 대상으로 이론을 전개하는 기존의 연구보다는 덜 체계적일지 모르나, 한국어를 사용하는 언어공동체의 언어생활이 어떻게 이루어지고 있는가를 보임으로써, 이를 토대로 실제적인 언어생활에 도움을 줄 수 있을 것이라 생각한다. 한 예로 어떤 어휘가 어떻게 쓰이고 있으며, 어떤 의미를 내포하고 있는지, 그리고 그 쓰임에 따라 어떠한 의미로 전이되고 있는지는 실제적인 언어를 대상으로 해야 정확한 결과가 나온다. 한 사람의 언어생활을 중심으로 만드는 인위적인 언어로서는 다양한 언어 수행의 모습을 모두 보여줄 수 없으며, 연구자의 편리에 따라 중요한 면만을 부각시키게 된다. 이 연구에서는 어느 한 명사가 말뭉치에서 어떻게 쓰이는지를 모두 보려고 노력하였다. 이는 이 연구가 어떠한 이론에 맞추어 논의를 전개하려는 것이 아니라 지금 쓰이고 있는 형태를 그대로 제시함으로써 명사의 특성을 귀납적으로 찾으려는 것이기 때문이다.[10]

---

Ⅳ는 입말자료로서, 실제 사용된 입말을 녹음하여 전사하는 A유형과 입말의 특성이 잘 나타난 문헌자료(희곡, 방송 대본)을 대상으로 하는 B유형으로 진행되고 있으며, 목표량 100만 마디 중 현재 75만 마디가 구축된 말뭉치이다. 연세말뭉치 Ⅴ는 1970년대 문헌을 대상으로 하여 구축한 850만 마디의 말뭉치이고, 연세말뭉치 Ⅵ은 1960년대의 자료를 대상으로 하여 구축한 720만 마디의 말뭉치이며, 연세말뭉치 Ⅷ은 초등학교에서 고등학교에 이르는 교과서 중 국어과와 사회과를 중심으로 자료를 수집하여 현재 구축이 진행되고 있는 말뭉치이다. 연세말뭉치 Ⅸ는 아동들을 대상으로 하는 언어자료를 중심으로 구축한 말뭉치이다. 이에 대한 자세한 내용은 연세대학교 언어정보개발연구원(한국어사전편찬실), 웹페이지(http\\lexeme.yonsei.ac.kr)를 참조할 것.

10) 말뭉치 언어학의 중요성과 그 방법론에 대해서는 이상섭(1995ㄱ, 1995ㄴ), 유현경(1996)을 참조할 것.

**1.3** 이 연구의 출발점은 명사의 의미적인 특성이 어떻게 통사적으로 구현되는가이다. 경우에 따라서 지금까지 논의가 된 부분을 이용할 것이다.

명사의 관형성과 관련된 논의는 이미 많은 부분에서 이루어졌다. 김봉모(1992), 왕문용(1988), 이남순(1988), 왕문용(1989), 김기혁(1990), 시정곤(1991) 등에서는 명사가 '-의' 없이 후행명사와 결합하는 양상을 보이고 이들의 형태-통사적인 특성과 함께 '-의'가 쓰이지 않은 구조와 '-의'가 쓰인 구조와의 의미차이를 밝히고 있다. 그러나, 이들 구조의 의미차이에 치중하였기 때문에 '-의'가 쓰인 구조와 '-의'가 쓰이지 않은 구조의 통사적인 차이가 무엇인지는 명확히 드러나지 않았다.

'강력'과 '저개발'과 같은 부류는 의심의 여지없이 명사의 범주로 설명이 된 것들이다. 이들에 대한 논의는 김영욱(1994)에서 출발하여 남기심·이희자(1995)에 이르는데, 김영욱(1994)는 관형명사라는 용어로 이들을 명사의 범주로 설명하나 남기심·이희자(1995)에서는 '형성소'라는 개념을 설정하여 단어도 아니고 어근도 아닌 중간범주로 설명하고 있다. '강력'이나 '미확인' 등을 명사로 보는 측면은 이들을 관형사로 볼 수 없기 때문에 명사가 조사 없이 관형어로 기능하는 것과 관련하여 명사로 설정한 것이 아닌가 한다.

명사의 부사성과 관련하여 이 연구에서 부사성을 가진 명사를 명사의 범주와 부사의 범주로 나누어 설명한 논의들, 즉, '오늘'을 명사와 부사로 범주를 달리하여 보며, 이러한 관계를 파생으로 설명한 논의를 이용한다. 명사 '오늘'과 부사 '오늘'을 파생의 관계로 설명하는 것은 최현배(1937/1982)에서 시작한다. 이러한 견해는 최현배(1937/1982) 이래로 송철의(1992)를 비롯한 많은 논자들의 논의와 사전처리에서 볼 수 있다. 그러나, 김창섭(1990), 김슬옹(1992)에서 부분적으로 언급되었듯이 '오늘'과 같은 부류를 명사의 범주로 설명하는 측면도 있다. 김창섭(1990), 김슬옹(1992)에서는 명사가 어떠한 이유로 조사와 결합하지 않고도 부사어로 기능하는지에 대한 논의가 부족하다.

명사의 서술성과 관련된 논의는 기능동사와 관련된 논의에서 찾을 수 있다. 홍재성(1992ㄱ, 1992ㄴ, 1993), Ahn(안희돈, 1991), 이선희(1993) 등에서 기능동사 또는 경동사의 특성을 밝히는 과정에서 기능동사와 결합하는 명사의 특성이 부수적으로 논의되었다. 그러나 이들 논의에서는 기능동사나 경동사에 초점이 맞추어 졌으므로, 홍재성(1993)을 제외하고는 서술성 명사자체에 대한 논의는 자세하지 않다.

명사의 문법소성에 대한 것은 Abasolo(1982)에서 시작하여 문법화를 다루는 논의에서 보인다. Abasolo(1982)와 우형식(1996ㄴ)은 이들의 기능적인 쓰임을 중시하여 기능명사, 접속기능의 명사구로 설정하여 논의하고 있으나, Abasolo(1982)는 시론적인 논의에 머물러 있고 우형식(1996ㄴ)은 이들이 어떠한 관형절과 결합하여, 또는 어떠한 조사와 결합하여 접속기능의 명사구를 형성하는지를 제시하는 데 중점을 두고 있다. 문법화의 측면에서 이들의 양상을 보인 것으로는 안주호(1996)을 들 수 있다. 안주호(1996)은 문법화 과정에 있는 명사들이 어떻게 문장에 실현되고 있는가에 초점을 맞추고 있다.

특히 명사가 특정 정도부사와 결합한다는 특성은 부사의 특성을 이야기하는 과정에서 서정수(1975ㄴ)에서 부분적으로 밝혀졌으며, 최경봉(1996)에서도 관계명사와 정도명사라는 용어를 사용하여 명사가 부사와 수식관계를 이룬다는 설명을 하고 있다. 그러나, 이들의 논의는 부사를 논의하는 과정에서 부수적으로 논의되었거나, 부사와 결합한다는 특성을 단편적으로 다룬 단점이 있다.

특히 최경봉(1996)은 명사를 하위분류하여, 그들의 어휘의미를 체계적으로 밝히고 있다. 그리고, 하위분류한 기준을 형태-통사적으로 의미가 있는 부분에 한정하였다. 이 논의는 명사를 하위분류하는 데 초점을 두어 명사가 어떠한 기능을 담당하는지에 대해서는 부족한 점이 있다.

**1.4** 이 연구의 구성은 다음과 같다. 제2 장에서는 명사와 명사구의 관계, 명사구의 기본적인 기능에 대해 설명한다. 그리고, 명사의 의미적인 특성과 그 특성으로 인한 명사구의 기능을 개괄적으로 다룰 것이다.

제3 장에서는 명사구가 조사 '-의' 없이 다른 명사를 수식할 수 있는 특성이 있음을 밝히고 이 때 그 명사구의 핵을 이루는 명사의 특성을 관형성으로, 그 명사가 쓰인 명사구의 기능을 관형기능으로 설명하려고 한다. 이와 더불어 명사구가 '-의'와 함께 후행명사를 수식할 때와 '-의' 없이 후행명사를 수식할 때, 수식을 받는 후행명사와 어떠한 의미관계를 보이는지, 그리고 통사적인 차이가 무엇인지, 그 수식 범위가 어떻게 되는지, 이들이 합성어 구조와 어떻게 다른지, 관형사와 그 기능이 동일한지가 논의될 것이다. 그리고 주로 관형기능을 담당하는 명사구의 핵을 이루는 명사의 의미적인 특성을 밝혀 이를 부사와의 수식관계로 설명하겠다.

그리고, 명사의 관형성과 관계가 있어 보이는 명사성 어근을 다룰 것이다. 기존에 근거 없이 명사로 처리한 것들의 쓰임을 보고 명사의 범주로 설명할 것과 어근으로 보아야 할 것으로 나누고, 이 어근의 성격을 명사성으로 보려고 한다.

제4 장에서는 명사의 부사성에 대하여 설명할 것이다. 어떠한 의미적인 특성을 가지는 명사가 서술어를 수식하며, 이때의 명사를 파생부사로 보지 않고 명사구의 기능으로 설정한 근거를 주로 설명하고, 이들이 수식어와 어떻게 결합하는지를 보려고 한다. 따라서, 조사 없이 서술어 또는 문장을 수식하는 명사의 기능을 부사적 기능으로 설명하게 될 것이다.

제5 장에서는 명사의 서술성에 대해서 논의할 것이다. 특히 서술성 명사의 범주화에 초점을 두어 서술성 명사와 행위명사를 가르고, 이와 함께

서술성 명사와 함께 쓰이는 '하다'를 '이다'와 구별할 것이다. 그리고, 서술성 명사가 언제 서술기능을 하는지를 보려고 한다.

제6 장에서는 문법화 과정에 있는 명사의 특성을 보이고, 그 명사가 쓰인 연속체의 기능을 문장 연결 기능, 양태기능, 시상기능으로 나누어 설명할 것이다.

제7 장에서는 앞에서의 논의를 마무리하면서 미처 다루지 못한 것을 제시한다.

## 2. 명사의 특성과 기능

### 2.1 명사의 특성과 명사구의 기능

2.1.1 명사는 단어의 범주를 밝혀 주는 용어이다. 명사구는 명사를 핵으로 하는 구성체이며, 이 명사구는 조사와 결합하여 문장의 한 성분이 된다. 명사구는 핵인 명사의 특성에 따라 관형어와 결합한 형태가 될 수 있으며, 명사 홀로 나타나는 형태가 될 수도 있다. 또한 명사구는 조사와 함께 문장의 한 성분으로 쓰일 수도 있고, 조사 없이 문장의 한 성분으로 쓰일 수도 있다. 특정 명사구가 조사 없이 문장의 한 성분으로 쓰일 때는 두 가지로 설명할 수 있다. 하나는 서술어로 쓰인 용언의 어휘의미구조와[11] 관련되어 조사 없이 쓰일 때이며, 다른 하나는 명사의 의미적인 특성이 반영되었을 때이다.

(1) ㄱ. 너 밥 먹었니? 빵 먹었니?
ㄴ. *저 의자 앉아라.

(1ㄱ)의 '너'와 '밥'은 조사가 없이도 문장의 한 성분인 주어와 '-를' 명사

---

[11] 문장의 구조는 서술어로 쓰인 용언의 어휘의미구조와 관련을 맺는다. 용언의 어휘의미구조가 행위주와 대상을 요구할 때, 문장에 행위주와 대상이 어떠한 형식으로든 나타난다. '먹다'의 경우, 행위주와 대상을 요구하는 어휘의미구조를 가진다. 따라서, '먹다'가 실현된 문장에서는 행위주와 대상이 명사구로 나타나며, 예문 (1ㄱ)에서는 '너'와 '식은 밥'으로 나타난다. 용언의 어휘의미구조와 통사구조의 관련성에 대해서는 양정석 (1995)를 참조할 것.

구로 인식된다. 즉, 명사구만으로 문장의 한 성분이 된 것처럼 보인다. '너'가 '먹다'의 주어로 인식되는 것은 '먹다'의 어휘의미구조에 의해 나타난 것이기 때문에 즉, 해당 명사구의 문장 성분이 용언의 어휘의미구조와의 관계에 의해 표시되기 때문이라고 할 수 있다.

그러나 용언의 어휘의미구조와 관련되어 나타난 모든 명사구가 조사 없이 쓰일 수 있는 것은 아니다. (1ㄴ)에서 '저 의자'는 '앉다'의 어휘의미구조에 의해 요구된 성분이어서, 만일 '-에'가 쓰이지 않아도 쉽게 '-에' 명사구로 인식되지만 '-에'가 반드시 쓰인다. 그렇다면 어떤 경우에 명사구가 조사 없이도 문장의 한 성분이 되며, 어떤 경우에 반드시 조사와 결합하여야만이 문장의 한 성분이 되는가 하는 문제가 생긴다. 이러한 논의는 '격'의 표시와 관련이 있다. '격'을 허웅(1995)에서처럼 명사구와 서술어와의 관계라고 했을 때, '격'을 표시하는 것이 조사인가 아니면 명사구인가 하는 문제와 관련이 있는 것이다. 이 연구에서는 '격'에 대한 논의는 깊이 들어가지 않는다.12) (1ㄱ)의 '너'와 '밥'이 조사 없이 쓰였어도 이들 명사구가 '먹

---

12) 조사가 쓰이지 않는 것은 특히 명사구가 주어와 '-를' 명사구의 자리에 쓰일 때이다. 여기에 대해서는 두 가지 방법으로 설명할 수 있다. 첫째, '-가'와 '-를'이 문장의 성분만을 표시하는 조사이므로 굳이 쓸 필요가 없다는 설명과 둘째, '-가'와 '-를'이 문장의 성분을 표시하는 기능과 함께 의미를 가졌기 때문이라는 설명이다. 첫 번째 설명의 문제점은 '-가'가 문장의 성분만을 표시하는 것이라면, '버스 오니?'와 '버스가 오니?' 의미 차이가 없어야 한다. 그러나 어느 한 상황이 주어지면 이 두 문장은 의미의 차이가 있다. 그렇다면, '-가'의 의미가 있다는 것이다. 즉, '-가'와 '-를'은 문장의 성분만을 표시하는 조사가 아니라는 것이다. 이 연구에서는 두 번째 설명 방법을 따른다. '-가'와 '-를'은 문장의 성분을 표시할 수도 있지만 이와 더불어 고유의 의미를 가진다는 것이다. 그렇기 때문에 '-가'와 '-를'의 의미가 드러나야 할 필요가 없을 때에는 굳이 나타나지 않아도 된다고 본다.
 그렇다면, 왜 (1ㄴ)에서는 반드시 '-에'가 나타나는가 하는 문제가 생긴다. '-에'는 '-가', '-를'과 그 특성이 다르다. 서술어와의 관계를 밝히면서 자신의 의미를 가진다는 점에서는 '-에'는 '-가', '-를'과 유사한 특성을 보인다. 그러나 '-에'는 서술어와의 관계를 드러낼 필요가 없는 명사구에 붙어 부사어로도 쓰이게 한다는 점에서, '-에'는 서술어와의 관계를 밝히기도 하지만 주로 의미를 담당한다고 할 수 있다. 그러므로 의미를 명확히 드러내기 위하여 '-에'가 쓰이는 것이라고 할 수 있다.

다'와 어떠한 관계인지가 파악되기 때문에 명사구만으로 서술어의 보충어13) 역할을 할 수 있다고 보고자 한다. '너'와 같이 용언의 주어의 지위에 있는 명사구와, '밥'과 같이 용언의 '-를' 명사구의 지위에 있는 명사구는 명사구만으로 용언의 보충어 역할을 한다고 할 수 있다는 의미이다.

다시 말하자면 명사구는 조사와 함께 문장의 성분으로 쓰이지만, 서술어와의 관계가 명사구만으로 표시되면, 조사는 잉여적인 것이라고 보는 것이다. 그렇다면, 조사는 명사구만으로 문장에서 어떤 성분으로 쓰였는지가 명확하게 드러나지 않아, 그 문장 성분을 명시해야 하기 위해 첨가되거나, 조사의 고유 의미를 표시하기 위해 명사구에 붙는 것이라 할 수 있다.14)

그런데 명사구가 조사 없이 관형어 자리나 부사어 자리에 쓰일 때는 서술어와의 관계에 의해 설명할 수 없다. 오히려 명사만으로 명사구를 형성하면서 조사 없이 부사어로 쓰이는 명사들은 부사의 범주로 볼 가능성이 있고, 조사 없이 관형어로 쓰이는 명사들은 관형사로 볼 가능성이 있기 때문에 먼저 이들이 명사구임을 밝혀야 할 필요성이 있다.15)

이들 명사구의 특성과 그 특성을 나타내게 하는 명사의 특성은 다음과

---

13) 보충어는 서술어나 명사의 어휘의미구조를 보충해 주는 성분을 총칭하여 쓰기로 한다. 보통 보충어라 함은 서술어를 보충해 주는 성분, '-를' 명사구, '-에' 명사구 등을 가리키나 이 연구에서는 보충어의 개념을 넓게 보아, 특정명사를 보충해서 관형어로 나타나는 명사구도 보충어로 보고자 한다.
14) 문장성분을 표시하는 것이 조사인지 아니면 명사구인지에 대한 것은 용언의 어휘의미구조와 관련하여 좀 더 깊은 고찰이 필요하다. 이 연구의 초점은 명사구가 조사 없이 문장의 한 성분으로 쓰일 수 있다는 전제하에, 명사구의 기능을 밝히는 것이다. 따라서 표면적으로 조사가 나타나지 않은 사실을 중요시하였다. 이와 관련된 명사구와 조사와의 관련성은 다음 기회로 미룬다.
15) 품사 통용이나 품사 전성은 명사가 조사 없이 관형어나 부사어로 쓰일 때 문법범주인 품사가 바뀐다는 것을 전제로 하는 것이다. 따라서, 명사가 조사 없이 관형어나 부사어로 쓰일 때, 명사의 관형성, 부사성으로 설명하는 것은 품사 통용이나 품사 전성을 인정하지 않는 것이다.

같이 정리될 수 있다.

2.1.2 명사는 일반적으로 조사 없이 후행명사를16) 수식할 수 있다.

 (2) ㄱ. 학교 운동장
   ㄴ. 애인 사이

(2ㄱ)의 '학교'나 (2ㄴ)의 '애인'처럼 조사 '-의'가 없이 관형어로 쓰이는 명사에는 제한이 없다. 또한, 이들은 홀로 쓰였어도 명사라는 어휘범주의 지위로 쓰인 것이 아니라 명사구의 지위로 쓰인 것이므로 다음과 같은 쓰임을 보인다.

 (3) ㄱ. 무슨 운동장?, 학교?
   ㄴ. 걔네들은 무슨 사이야? 애인? 친구?

'학교'나 '애인' 등은 초점을 받을 수 있는 성분이므로 (3)의 예문에서처럼 후행명사와 분리되어 쓰일 수 있다. '학교'나 '애인'이 후행명사와 분리되어 문장밖으로 나갈 수 있다는 것은 이들이 초점을 받는 성분이며, 그 성분의 지위가 명사구라는 것을 의미한다.17)

이들은 일반 명사구에 쓰일 때와 관형어로 쓰일 때 의미의 변화가 없다. 그러나, 다음과 같은 문장에서는 명사가 조사 없이 관형어로 쓰일 때, 의미가 한정된다.

---

16) 이 연구에서는 명사가 관형어로 쓰일 때에 초점을 두고 논의되므로 뒤에 오는 명사가 명사구인지 명사인지는 규명하지 않았다. 그래서 총칭적으로 후행명사라 칭하기로 한다.
17) 이에 대한 설명은 3장에서 자세히 다룰 것이다.

(4) ㄱ. 이것을 보면 사람들이 <u>가짜와</u> 진짜를 구별하는 데는 의외로 재빠르지 못한 것 같다.
ㄴ. 어머니에 관한 그런 주관적인 자랑은 적어도 당사자에게 있어서는 <u>거짓이</u> 하나도 없는 자랑인 것이다.
(5) ㄱ. 오래간만에 <u>진짜</u> 두부찌개를 먹어보겠군요.
ㄴ. 수령들은 언제나 임금의 마음에 들 만한 어승마를 고르지 못했다는 <u>거짓</u> 핑계를 내세워…

'진짜'나 '거짓' 등이 주어나 서술어, '-를' 명사구 등에 쓰일 때의 의미와 관형어로 쓰일 때의 의미가 조금 다르다. (4ㄱ,ㄴ)에서는 일반 명사와 같이 지시대상이 있으나, (5ㄱ,ㄴ)에서처럼 '진짜'나 '거짓' 등이 관형어로 쓰일 때는 지시대상이 없으며, 지시대상의 속성만을 뜻한다. 즉, 관형사와 같은 의미를 가지게 되는 것이다. 그럼에도 이들을 명사가 관형사로 파생되었다고 보지 않는다. 지시대상이 없을 때도 일반 명사구로 쓰이거나 후행명사와 분리되어 쓰일 수 있기 때문이다.

(6) ㄱ. <u>진짜와</u> 가짜 물건을 구별하는 방법은 여러 가지이다.
ㄴ. <u>거짓과</u> 탐욕의 옷을 입는 사람들은 그 안에서 설 자리를 본다.
ㄷ. 오늘날 <u>거짓과</u> 불학실성에 대항해 싸우려는 자.

(6)의 예문에서 '진짜'와 '거짓'은 지시대상의 속성을 뜻한다. 특히, (6ㄱ)의 '진짜'는 '진짜 물건과 가짜 물건'에서 '진짜'만이 분리되어 쓰인 예라고 할 수 있다.
'학교 운동장'의 '학교'와 '거짓 증언'의 '거짓'은 관형어의 자리에 쓰일 때, 통사적으로 차이를 보인다. '학교'는 후행명사와의 의미관계에 의해 조사 없이 관형어로 쓰일 수 있으나, '거짓'은 '거짓'이 뜻하는 의미 때문에 관형어의 자리에 쓰일 때는 조사와 결합할 수 없다. 즉, '학교 운동장'은 '학교의 운동장'으로도 쓰일 수 있으나, 이 두 경우에 '학교'와 '운동장'의 의미관계가 동일한 것은 아니다. '학교'가 '운동장'을 한정하여 주는 의미관계일 때는 조사 없이 '운동장'을 수식하여 '학교 운동장'이 되나, '운동장'이 '학교'에 한 부분임을 나타내는 의미관계일 때는 '학교'는 '-의'와 결합하여 '학교의 운동장'으로 쓰인다. 반면에 '거짓 증언'은 '거짓의 증언'으로 쓰일 수 없다. 이는 '거짓'이 지시대상의 속성을 뜻하는 특성 때문이다. 즉, '거짓'은 후행명사와의 의미관계에 관계없이 관형어로 쓰이면 '-의'와 결합하지 않는다.

후행명사와의 의미관계에 따라 '-의'와의 결합이 결정되는 '학교'와 같은 명사는 주로 지시대상이 있으며, 관형어의 자리에 쓰일 때 '-의'와 결합하지 않는 '거짓'과 같은 명사는 주로 지시대상의 속성을 가리키는 특성을 보인다. 즉, 명사의 의미에 의해 조사와 함께 또는 조사 없이 후행명사를 수식하는지, 조사와 결합하지 않고 후행명사를 수식하는지가 결정된다. 명사의 이러한 의미적 특성을 관형성이라 하고자 한다. 이 관형성은 명사의 의미에 따라 관형성$_1$과 관형성$_2$로 분류될 수 있다. 관형성$_1$은 '학교'처럼 지시대상이 있는 명사의 특성으로, 후행명사와의 의미관계에 의해 통사적으로 구현되는 특성을 보인다.[18] 관형성$_2$는 '거짓'처럼 지시대상의 속성을 가리키는 명사의 특성으로, 관형어의 자리에서는 반드시 구현되어야 하는 특성이다. 관형성$_1$을 가진 '학교'의 측면에서 보면, '학교'는 자신의 관형성을 반드시 통사적으로 드러낼 필요가 없으나, '거짓'은 관형어의 자리에서는 관형성을 반드시 통사적으로 드러내야만 한다. 즉, 명사는 일반적으로 관형성을 가지나 의미에 따라 통사적으로 구현되는 양상이 다르다고 할 수 있다.[19]

---

[18] '관형성이나 부사성 등이 통사적으로 구현된다(드러난다)' 함은 그 특성이 통사적으로 영향을 미쳐서 그 특성을 가진 명사가 문장에서 어떠한 기능을 할 수 있다는 뜻이다. 즉, 관형성을 지닌 '학교'라는 명사는 특수한 조건에 있으면 관형성이 통사적으로 드러나서 조사 없이 후행명사를 수식할 수 있다는 뜻이다.

[19] 명사는 일반적으로 관형성을 가지기 때문에 후행명사를 수식할 수 있다. 명사가 조사

이들의 차이와 그 특성은 3장에서 자세히 살펴 볼 것이다.

2.1.3 명사 중의 어떤 것은 조사 없이 부사어로 쓰일 수 있다.

(7) 저는 오늘 선생님의 강연회에 참석하려고 남편을 결근시켰습니다.

예문 (7)의 '오늘'은 조사 없이 부사어로 쓰인다. 이러한 현상을 설명하는 방법은 두 가지이다. 하나는 '오늘'이 명사에서 부사로 파생되었다고 설명하는 방법과 또 하나는 조사 없이 부사어로 쓰여도 명사로 보는 방법이다. 먼저 '오늘'이 명사에서 부사로 파생되었다고 설명하는 방법으로는 다음과 같은 문장을 설명하지 못한다.

(8) ㄱ. 저는 비가 오는 오늘 선생님의 강연회에 참석하려고 남편을 결근시켰습니다.
ㄴ. 저는 오늘{-에야, ∅} 선생님의 강연회에 참석할 수가 있었습니다.

조사 없이 부사어 자리에 쓰인 '오늘'은 (8ㄱ)에서처럼 관형절의 수식을 받는다. 또한, 보조사 '-야'와 함께 쓰일 때는 '-에'를 필요로 한다. 만약, (7ㄱ)의 '오늘'이 부사라면, (8ㄱ)의 '오늘'도 부사로 보아야 하는데, (8ㄱ)의 '오늘'은 관형절의 수식을 받을 수 있다는 점에서 명사이다. 즉, '오늘'이 조사 없이 부사어로 쓰인다 해도 명사의 특성을 잃는 것이 아니다. 그렇기 때문에 '-에'가 꼭 쓰여야 하는 (8ㄴ)에서는 '-에'가 나타나는 것이다.[20]

---

없이 후행명사를 수식한다는 특성은 이미 최현배(1937/1982)에서도 밝혀진 바 있다. 그러나, 최현배(1982)에서는 어떠한 이유로 명사가 후행명사를 수식하는지에 대한 설명이 없다. 이 연구는 어떻게 명사가 후행명사를 수식하는지를 밝히려는 것이다.
20) 조사 '-야'는 확실한 것으로 힘주어 지정하는 뜻을 나타내는 보조사로, 조사 '-가', '-를'과의 결합을 제외하고는 언제나 다른 조사를 선행시키는 특성이 있다(허웅, 1995:

'오늘'이 조사와 함께 쓰여야만 하는 상황일 때 '-에'가 표면적으로 나타나는 현상과, 관형절의 수식을 받는다는 점에서 (8)의 '오늘'은 단어가 아니라 명사구라는 것을 알 수 있다.

또한 명사가 조사와 함께 부사어로 쓰이느냐, 조사 없이 부사어로 쓰이느냐에 따라 그 범주를 달리 본다면, 다음과 같은 문장을 설명할 수 없다.

(9) ㄱ. 토요일{*∅, -에}, 비둘기 한 마리가 텅 빈 밀라노 중앙역을 날고 있었다.
　　ㄴ. 24시간 파업에 돌입한 지난 토요일{∅, -에}, 비둘기 한 마리가 텅 빈 밀라노 중앙역을 날고 있었다.

(9ㄴ)의 '토요일'은 관형절의 수식을 받는 명사이다. 그럼에도 조사 '-에'가 없어도 문장이 자연스럽다. (9)의 두 예문을 비교하면, 명사구가 어떠한 관형어와 결합했느냐에 따라 조사 없이도 문장의 한 성분으로 쓰일 수 있다는 것을 알 수 있다. 즉, '토요일'이 조사 없이 문장의 한 성분으로 쓰인 것은 '토요일'이 부사여서가 아니라 명사구이기 때문인 것이다. (8)의 '오늘'도 마찬가지이다.

---

1464-1469).
(ㄱ) <u>철수야</u> 그 일을 할 수 있지.
(ㄴ) 빵은 안 먹어도 <u>밥이야</u> 먹겠지.
(ㄷ) <u>학교에서야</u> 차마 담배를 피우지 않을 거야.
(ㄹ) 설마 <u>서울에야</u> 못 오겠지.
(ㅁ) 그는 <u>새벽에야</u> 잠시 눈을 감았다.
(ㅂ) 설마 <u>쇠망치로야</u> 못 깨겠니?
(ㅅ) 그는 어느 모로 보나 <u>나보다야</u> 낫지.
(ㄱ)은 '철수가 그 일을 할 수 있다'는 의미에 그 일을 할 수 있는 사람으로 '철수'를 힘주어 지정하는 의미를 첨가할 때, '철수야'로 실현된다. 이 때 조사 '-가'는 쓰이지 않는다. '-를' 명사구로 쓰인 (ㄴ)의 '밥이야'도 같은 설명이 가능하다. 그러나, '학교에서야'는 '학교야'로 쓰이지 않는다. 이러한 특성으로 말미암아, 부사어로 쓰이는 '오늘'을 힘주어 지정할 때는 '오늘에야'로 쓰일 수밖에 없다.

모든 명사구가 조사없이 부사어로 쓰일 수 있는 것은 아니다. '오늘', '나중'과 같이 시간을 뜻하는 명사, '조금', '약간' 등 정도를 나타내는 명사, 그리고 '최대한', '진정'과 같이 행위의 양식(속성)을 뜻하는 명사, '보통', '사실'과 같이 양태를 나타낼 수 있는 명사들만이 명사구로 쓰였을 때 조사 없이 부사어의 역할을 할 수 있다. 이 명사들이 조사 없이 부사어로 쓰일 수 있게 하는 의미적인 특성(시간, 정도, 행위의 양식 등)을 총괄적으로 부사성이라 할 수 있다. 명사의 의미로 인해 조사 없이도 부사어로 쓰일 수 있는 특성이 바로 부사성이다. 그리고 그 명사가 쓰인 명사구의 기능을 부사적 기능으로 설정고자 한다. 명사의 부사성은 해당 명사가 명사구를 형성하여 부사어로 쓰였을 때 통사적으로 드러난다. 즉, 이 명사구들은 조사가 붙지 않아도 시간이나 정도, 행위의 양식을 충분히 드러낼 수 있기 때문에 조사 없이 부사어로 쓰일 수 있다. 따라서, 조사 없이 명사구만으로 그 의미를 충분히 드러내지 못할 경우에 그 명사구에 조사가 쓰이는 것이라고 할 수 있다.

　2.1.4 명사는 대개 '이다'와 함께 서술어로 쓰인다. 그러나, 어떤 명사는 '하다'와 함께 서술어로 쓰인다. 이 연구에서는 '이다'는 서술어로 보고 '하다'는 단순히 선행명사를 서술어의 형태로 바꾸어 주는 형식동사로 보고자 한다. '이다'는 '무엇$_1$이 무엇$_2$이다'와 같은 문형을 요구하며, '무엇$_1$'과 '무엇$_2$'와의 관계를 나타내는데, '하다'는 자신이 문형을 결정할 수 없기 때문이다.21) 이에 대해서는 5장에서 자세히 고찰할 것이다.

　　(10) ㄱ. 회사측은 휴업을 중지하고, **상경 농성 투쟁자는 무단 결근으로 처**

---

21) '그 의견에 나는 반대다', '그는 나와 친구사이이다'와 같은 문장에서는 '반대'와 '친구사이'라는 명사 때문에 '-에' 명사구(그 의견에)와 '-와' 명사구(나와)가 나타난다. 이 때의 '이다'는 지정사이기보다는 '하다'와 같이 형식동사에 가깝다.

리, 해고시킬 음모를 꾸몄다.
ㄴ. 회사측은 하는 수 없이 **노조간부들과 협상**, 사태를 원만히 해결했다.

(10)의 '처리'나 '협상'은 '하다' 없이도 '-를' 명사구와 '-로' 명사구, '-와' 명사구와 함께 선행절을 이끈다.22) 이처럼 명사가 혼자서 문장에 필요한 명사구를 요구할 수 있는 특성을 띤 명사는 주로 행위나 상태를 뜻한다. 즉, 행위나 상태를 뜻하는 명사 중에 '처리'나 '협상'처럼 서술어의 자리에 쓰여, 문장에 다른 명사구를 요구하는 명사의 특성이 서술성이다. 명사의 서술성은 그 명사가 서술어 자리에 쓰일 때 통사적으로 구현되어 문형에 영향을 주는 서술기능을 하게 한다.

'처리'나 '협상' 등이 일반 명사구의 자리에 쓰일 때는 문장의 구조를 결정하지 못한다.

(11) ㄱ. 사무 자동화로 모든 <u>업무 처리</u>가 빨라지고 먼 거리를 통과해 출근하는 대신 재택 근무가 가능하다.
ㄴ. 정치자금을 마련하는 길이 끊길까 걱정이 돼서 <u>부정축재자 처리</u>에 늑장을 부리고 있었던 것일까?

(11)의 '처리'는 주어와 '-에' 명사구에 쓰여, 문장의 구조에 관여하지 못한다. 문장의 구조는 서술어인 '빨라지다', '늑장을 부리다'에 의해 결정된다. 그러나, '처리'는 일반 명사구의 구조에 관여한다. (11ㄱ)에서 '처리'는 '업무' 없이 쓰일 수 없으며, (11ㄴ)의 '처리'는 '부정축재자' 없이 쓰일 수 없다. 즉, '처리'가 서술어의 자리에서 문장에 필요한 명사구를 요구하듯

---
22) 위의 예문에서 선행절에 '하다'와 어미가 나타나지 않은 것은 명사의 자립성으로 설명할 수 있다. 용언은 문장의 한 성분이 되기 위해서는 어미와 결합해야 하는 의존형태소이나 명사는 자립형태소이므로 선행절과 후행절의 관계를 나타내는 어미를 쓸 필요가 없을 때에는 '하다' 없이 명사 홀로 선행절을 이끌 수 있다. 이에 대한 자세한 논의는 6장을 참조할 것.

이, 명사구내에서는 관형어를 필수적으로 요구하는 특성을 보인다. 이 역시 서술성에 기인한 것이다. 그러나, 서술기능은 문장 전체에 영향을 미치는 것이므로 명사구에 쓰인 '처리'는 서술기능을 하지 못한다.23)

2.1.5 명사의 관형성, 부사성, 서술성은 명사가 홀로 어떤 문장 성분으로 쓰이느냐를 결정해 주는 특성이다. 즉, 전체 문장 구조와 관련된 특성이다. 그런데, 문장의 형태를 결정하고, 문장이 나타내는 행위나 사건에 대한 화자나 주어의 심리상태를 보이는 형태소, 즉 문법소와 유사한 기능을 하는 명사가 있다.

(12) ㄱ. 내일은 비가 오겠다.
ㄴ. 비가 와서 길이 질겠다.

(12ㄱ)의 '-다'는 문장의 형태를 결정하는 어미로 화자가 청자에게 대답을 요구하지 않는 문장임을 표시한다.24) (12ㄴ)의 '-아서'는 선행절과 후행절의 관계를 나타내어 선행절이 후행절에 이어짐을 표시하는 어미이다. 또한, '-겠-'은 어떠한 사건에 대한 추측의 양태를 표시한다.25) 어떤 명사

---
23) 서술성처럼 명사구의 구조에 영향을 미치는 특성으로는 보문성이 있다. 이 보문성은 언제나 내용절이나 내용구를 관형절로 요구하는 특성으로 이미 많은 부분이 논의되었기 때문에 이 연구에서는 다루지 않는다. 보문 명사에 대한 논의는 강범모(1983), 남기심(1986ㄱ)을 참조할 것.
24) 문장의 형태는 화자의 청자에 대한 의향(태도)를 나타내는 의향법에 따라 결정된다. '-다'와 같이 화자가 청자에게 특별한 요구를 하는 일 없이 화자에게 자기의 할 말을 해버리거나, 자기의 느낌을 나타내거나 또는 화자에게 자기의 할 말을 해 버리거나, 자기의 느낌을 나타내거나 또는 청자에게 약속을 하면서 문장을 끝맺는 서술법과 청자에게 대답을 요구하는 물음법, 화자만의 행동을 요구하는 시킴법, 청자에게 화자와 같이 행동할 것을 요구하는 꾀임법에 따라 문장의 형태가 결정된다. 의향법의 분류는 허웅(1995)에 따른 것이다.
25) 문장이 나타내고 있는 행위나 사건에 대한 화자나 주어의 심리상태를 나타내는 문법범주는 양태이다. 양태에 대한 자세한 논의는 장경희(1985), 김지은(1996)을 참조할 것.

는 '-아서'와 같이 선행절을 후행절에 이어주는 역할을 하기도 하며, '-겠-' 처럼 양태를 나타내기도 한다.

   (13) ㄱ. 모두들 배 멀미가 심하고 또 토하는 바람에 밤새 누워 보지도 못했어요.
       ㄴ. 한쪽 눈이 부어서 눈을 뜰 수 없게 되자 다른 쪽 눈도 덩달아 뜰 수 없는 모양이다.

(13ㄱ)의 '바람'은 자립명사 '바람'과 그 의미가 다르며,26) 언제나 관형절, '-에'와 함께 쓰이는 특성을 보인다. (13ㄱ)의 '바람'은 자립명사와는 달리 홀로는 구체적인 의미를 띠지 못하며, 언제나 그 앞에 오는 관형절과 그 뒤의 조사 '-에'와 함께 '어떤 일이 일어남으로 해서'의 의미를 나타낸다. 즉, 그 앞의 관형절의 관형형 어미, 그 뒤의 조사 '-에'와 한 단위가 되어 '그런 일이 일어남으로 해서'의 의미를 띠는 것처럼 보이며, 그 기능도 앞의 관형절을 주절에 이어 주는 것처럼 보인다. (13ㄴ)의 '모양' 역시 앞에 오는 관형절 그리고 그 뒤의 '이다'와 함께 사건에 대한 화자의 추측을 나타낸다. '바람'처럼 그 앞의 관형절의 관형형 어미, '이다'와 한 단위처럼 쓰이는 것이다. 이처럼, 일반 자립명사와는 달리, 다른 성분과 결합하여 그 연속체의 한 부분이 되는 명사의 특성을 문법소성으로 보며, 문법소성 명사가 쓰인 연속체의 기능을 문장연결기능과 양태기능, 시상기능으로 설명하고자 한다. 문법소성 명사는 첫째, 일반 명사보다는 그 의미가 추상화되어 홀로는 의미를 나타내지 못하며, 둘째 이들은 선행절을 후행절에 연결시키거나 문장의 행위에 대한 화자나 주어의 심리상태를 표시하므로 부사어와 서술어에만 쓰이고, 셋째, 이들은 관형절과 함께 쓰이는데, 이 관형절은 동격 관형절이나 관계 관형절로 설명할 수 없다는 특성이 있다.

---

26) 자립명사와 의미가 다르다고 보아 이 '바람'을 의존명사로 처리하기도 한다.

문법소성 명사의 특성과 그 기능은 6장에서 살펴 볼 것이다.

## 2.2 명사의 다원성

　명사구가 조사 없이 문장의 한 성분으로 쓰이거나, 문형을 결정하고, 문장에 어떠한 의미를 더해 주는 것은 명사의 통사적인 특성 때문이며, 이 통사적인 특성은 명사의 의미에 기인한다. 명사의 의미로 인한 통사적인 특성을 명사가 가지고 있는 자질로 본다면, 명사의 자질은 [관형성], [부사성], [서술성], [문법소성]이 된다. 이 자질은 명사의 의미가 어떻게 통사적으로 반영되는가를 보여 주는 것이므로 문법자질이라 할 수 있다.[27]

　모든 명사에는 명사성이 있는 것을 전제로 한다. 명사성은 명사구의 핵이 될 수 있는 특성으로서, 모든 명사에 내재된 것이므로 본 논문에서는 논의의 대상으로 삼지 않았다. 그러나, 모든 명사에 내재된 것으로 보이는 관형성을 논의의 대상으로 삼은 것은 명사의 의미적인 특성에 따라 관형성을 다시 분류할 수 있기 때문이다. 명사가 지시하는 대상이 있는 경우에는 관형성$_1$을 띠게 된다. 이 관형성$_1$은 선행명사와 후행명사와의 의미관계에 의해 선행명사가 통사적으로 드러내는 특성이다. 앞에서 본 '학교 운

---

[27] 명사는 의미자질로 표시될 수 있다. 명사의 의미자질인 유정성, 무정성, 추상성, 구체성 등은 주로 서술어의 선택제약과 관계가 있다. 한 예로 '불다'가 주어를 유정성 명사로 선택하느냐, 무정성 명사 특히 '바람'과 같은 명사를 주어로 선택하느냐는 그 자신의 의미와 관계가 있다. 유정성 명사를 주어로 선택할 경우에는 '불다'의 의미는 '입속으로부터 숨을 세게 내어 보내다'이며, '바람'과 같은 무정명사를 주어로 선택할 경우에는 '바람이 어느 방향으로 움직여 가다'의 의미를 가리킨다. 즉, 서술어로 쓰인 동사의 의미가 무엇이냐에 따라 적절한 의미자질을 가진 명사가 선택되는 것이다. 이 연구에서 설정한 문법자질인 '관형성', '부사성', '서술성', '문법소성'은 그 자질을 띤 명사가 문장에 어떻게 나타나느냐와 관계가 있다. 의미자질과는 그 속성이 다르다고 할 수 있다. 이 의미자질과 문법자질의 관계나 그 층위에 대한 것은 앞으로 고찰할 문제이다.

동장'과 같이 '학교'와 '운동장'의 의미관계가 어떠한가에 따라 '학교'는 관형성을 통사적으로 드러내어 조사 없이 관형기능을 할 수도 있고, 관형성을 통사적으로 드러내지 않고 '-의'와 함께 후행명사를 수식할 수도 있다. '학교'는 관형성$_1$을 띠는 명사이다. 그러나 관형성$_2$는 지시대상$_1$(실체)의 속성을 뜻하는 명사에 내재된 것으로 관형성$_2$가 내재된 명사는 관형어 자리에서는 언제나 관형성을 통사적으로 드러내야 한다. '거짓 증언', '진짜 두부찌개'의 '거짓', '진짜'와 같은 명사의 특성이 바로 관형성$_2$이다.

명사의 의미와 자질의 관계를 표로 보이면 다음과 같다.

<표 1>

| 의미적 특성 | 자 질 | 기 능 | 예 |
|---|---|---|---|
| 지시대상$_1$(실체)<br>지시대상$_2$(행위나 상태) | 관형성$_1$ | 관형기능 | 1. 학교, 아내, 여성, 가축, 회사, 영어, 고향, 미국, …<br>2. 결정, 처리, 진출, 제작, 부족, 참석, … |
| 지시대상$_2$ | 서술성 | 서술기능 | 결정, 처리, 진출, 제작, 부족, 만연, 참석, 공부, 입사, 진격, 작정, 명중, … |
| 지시대상$_1$의 속성 | 관형성$_2$ | 관형기능 | 거짓, 진짜, 보통, 예사, 기본, 근본, 원시, 절대, 여류, 기초, 다음, 제도적, … |
| 지시대상$_2$의 속성 | 부사성 | 부사적 기능 | 1. 진짜, 절대, 거짓, 최대한, 조금, 다소, 잠시, 약간, 진정, 가로, 사실, 정말, 실상, …<br>2. 결정, 처리, 진출, 제작, 부족, 참석, 공부, …<br>3. 때, 듯, 이상, 결과, 채, 다음, 양, 대로, 나머지, … |
| 지시의미의 약화 | 문법소성 | 문장연결기능 | 때, 듯, 이상, 결과, 관계, 마당, 참, 통, 김, 차, 덕분, 가운데, … |
| | | 양태기능 | 모양, 듯, 법, 셈, 마련, … |
| | | 시상기능 | 중, 길, 참, 차, … |

먼저 지시대상이 있는 명사는 그 지시 대상이 실체이든 행위이든 관형성$_1$을 가져 관형기능을 할 수 있다. '학교 운동장', '아내 손수건', '결정 과정', '처리 문제' 등과 같이 조사 '-의' 없이도 뒤에 오는 명사를 수식할 수 있다. 그런데, 명사의 지시대상이 실체인가, 행위인가에 따라 그 해당 명사의 특성이 바뀔 수 있다. 행위나 상태를 지시하는 명사의 일부는 서술성을 가져서, 서술어 자리에 쓰일 때는 명사구를 논항으로 요구한다.

지시대상의 속성을 뜻하는 명사는 그 지시대상이 실체인가, 행위인가에 따라 그 해당 명사의 특성이 결정된다. 실체의 속성을 뜻하는 명사는 관형성$_2$를 지니게 되어 '거짓 진술', '진짜 가방', '보통 여자' 등으로 쓰이나, 행위나 상태의 속성을 뜻하는 명사는 부사성을 가지게 되어 조사없이 서술어나 문장을 수식할 수 있다.

그런데 위의 표에 보인 자질들은 서로 배타적인 자질이 아니라 한 명사가 공유할 수 있는 자질이다.[28] 행위나 상태를 가리키는 명사는 관형성과 서술성, 부사성을 모두 가질 수 있으며, 해당명사가 문장의 어느 자리에 쓰였느냐에 따라 이 자질 중의 하나가 통사적으로 드러난다.

(14) ㄱ. 회사측은 휴업을 중지하고 상경 농성 투쟁자는 무단 결근으로 처리를 했다.
ㄴ. 상경 노동자의 처리 결과를 알려 주십시오.
ㄷ. 회사측은 휴업을 중지하고 상경 농성 투쟁자는 무단 결근으로 처리, 해고시킬 음모를 꾸몄다.

(14ㄱ)은 '처리'가 서술어의 자리에서 서술성을 통사적으로 구현한 문장

---

[28] 유현경(1996: 6-8)에서는 어느 한 형용사에 여러 개의 격틀이 나타나는 경우를 어휘의 통사적인 다원성으로 설명한다. 어휘는 단일한 의미와 속성을 가지고 쓰인다기보다는 다의적이고 다원적인 쓰임을 가지기 때문에 여러 가지 속성을 공유할 수 있으므로 격틀도 다양하게 나타나고 의미도 다양하게 나타난다는 것이다. 이러한 통사적인 다원성은 명사에도 적용될 수 있다.

이며, (14ㄴ)은 '처리'가 관형어의 자리에 쓰여 관형성을 통사적으로 드러낸 문장이다. (14ㄷ)은 서술성과 부사성이 동시에 구현된 문장이다.29) 특히 '처리'의 부사성은 서술어의 자리에서만 구현되는 제약을 보인다. 따라서, '처리'가 일반 명사구의 자리에 쓰일 때는 부사성이 통사적으로 드러나지 않는다.

'진짜'는 지시대상$_1$의 속성과 지시대상$_2$의 속성을 모두 나타낼 수 있으므로 관형성$_2$와 부사성을 가진다. 그리고, '진짜'가 문장에서 어느 자리에 쓰였느냐에 따라 어떤 자질이 통사적으로 드러나는가가 결정된다.

(15) ㄱ. 오래간만에 진짜 두부찌개를 먹어보겠군요.
ㄴ. 그걸 네가 진짜 먹었단 말이야?
ㄷ. 어제 사 온 진짜는 어디에 두고 가짜를 보여 주니?

(15ㄱ)의 '진짜'는 관형어 자리에서 관형성이 통사적으로 구현되어 조사 없이 관형기능을 하는 예이고, (15ㄴ)은 부사어 자리에서 부사성이 통사적으로 구현된 결과이다. 그러나, 관형어나 부사어의 자리가 아니면, (15ㄷ)에서처럼 명사구의 핵으로 쓰인다.

그러나, '기본', '근본', '여류' 등은 지시대상$_1$의 속성을 가리킬 수 있으나 지시대상$_2$의 속성을 가리킬 수 없으므로 부사성을 가지지 못한다. 즉, 모든 관형성 명사가 부사성을 가지는 것이 아니다.

문법소성 명사는 의존성이 있다. 문법소성 명사는 문법소와 유사한 기능을 하므로 다른 성분과 반드시 함께 쓰여야 하는 제약이 있다. 문법소성 명사인 '듯'은 홀로 쓰일 수 없으며, 자기만의 의미를 나타내지 못한다.

---

29) 서술성 명사가 어미 없이 선행절을 이끌 때에는 언제나 부사절의 성격을 띤다. 그렇다면, 선행절을 이끌 때 서술성 명사에 어미가 붙지 않는 것은 서술성 명사가 그 앞의 문장성분과 함께 부사어의 자리에 쓰였기 때문이므로 서술성 명사의 부사성으로 설명할 수 있겠다.

즉, 그 앞의 관형절과 함께 행위의 양식을 뜻한다. 이 의미로 인해 '듯'은 문법소성과 부사성을 동시에 보유한다. '듯'의 문법소성은 '듯'이 어느 자리에 쓰였느냐에 따라 앞의 관형절을 주절에 이어주는 기능을 하기도 하며, 앞의 관형절에 대한 양태적인 의미를 더해 주는 기능을 하기도 한다. 문법소성과 부사성이 동시에 구현되는 것은 '듯'이 부사어로 쓰일 때이다.

(16) ㄱ. 모두 잠을 자는 듯 방안이 조용했다.
ㄴ. 모두 잠을 자는 듯했다.

(16ㄱ)은 '듯'의 문법소성과 부사성이 동시에 통사적으로 구현된 문장이며, (16ㄴ)은 '듯'의 문법소성이 서술어 자리에서 양태기능으로 구현된 문장이다. 반면에 문법소성을 지닌 '바람'은 부사어의 자리에만 쓰이며, 부사성이 없기 때문에 조사 '-에'와 함께 문장연결기능을 하고, 문법소성만을 지닌 '모양'은 서술어의 자리에 쓰여 양태기능을 한다.

(17) ㄱ. 아이가 우는 바람에 원고 정리를 할 수 없었다.
ㄴ. 방안이 시끄러운 것을 보니 회의가 끝난 모양이다.

'바람'이 '기세'의 의미를 나타낼 때에는 관형절과 함께 부사어의 자리에 쓰일 때이며, 관형절은 '바람'을 한정 수식하지 못한다. '기세'의 의미에서 관형절의 주절의 관계를 밝혀줄 문법소성을 띠게 되며, 이 문법소성은 이 문법소성을 띤 '바람'이 쓰인 연속체가 부사어의 자리에서 문장을 연결할 수 있게 한다. '모양' 역시 '됨됨이'의 의미를 나타냄으로써 문법소성을 띠게 되며, 이 문법소성 역시 '모양'이 쓰인 연속체가 서술어의 자리에서 양태기능을 할 수 있게 한다.

이처럼 명사의 여러 특성은 서로 공존하기 때문에 해당 명사가 어느 자리에 쓰이느냐에 따라 그 기능이 달리 나타나는 것이다. 명사가 문법범주를 바꾸지 않고 여러 가지 기능을 하는 것은 명사가 다양한 의미를 나타낼 수 있기 때문이다. 즉, 명사가 지시대상의 속성을 뜻할 수 있으면 관형성을 보이고, 행위의 속성을 뜻할 수 있으면 부사성을 보여 관형기능과 부사적 기능을 할 수 있는 것이다. 결국, 명사의 의미가 다양하기 때문에 그 명사가 쓰인 구성체의 기능도 다양하게 나타나는 것이다.

## 3. 명사의 관형성


 명사구는 '-의'와 함께 또는 '-의' 없이 후행명사를 수식할 수 있다. 명사구가 '-의' 없이 후행명사를 수식하는 특성을, 그 명사구의 핵을 이루는 명사의 관형성으로 설명하고자 한다. 이 장에서는 명사구가 언제 관형성을 통사적으로 구현하여 조사없이 후행명사를 수식하는지, 언제 관형성을 통사적으로 구현하지 않아 '-의'와 함께 후행명사를 수식하는지를 다룬다. 그리고, 관형성이 구현된 구조와 관형성이 구현되지 않은 구조가 통사적으로 어떻게 다른지를 다루려고 한다. 따라서, 명사구가 조사 없이 후행명사를 수식하는 것을 관형기능으로 설명하게 될 것이다.
 그리고 명사구의 관형기능과 관련하여, 후행성분에 의존적인 다음과 같은 성분에 대한 논의를 하고자 한다.

 (1) ㄱ. 거대 도시
   ㄴ. 거대하다
 (2) ㄱ. 국제 관계
   ㄴ. 국제적

 '거대'나 '국제'는 자립적으로 쓰이지 않고 언제나 명사 앞에 쓰인 관형어처럼 보이거나, '하다'와 결합하여 용언을 형성하기도 하고 접미사 '-적'과 결합하여 파생어를 형성하기도 한다. 명사구의 관형기능과 관련지어 본다면, (1ㄱ)의 '거대'나 (2ㄱ)의 '국제'는 명사의 범주에 넣을 수 있을 것 같으나 문장의 여러 성분으로 쓰일 수 없다는 점에서 명사의 범주에 넣을 근거가 부족하다. 본 논문에서는 이러한 성분들의 쓰임을 살펴보고 이들의 범주를 명사성 어근으로 보고자 한다. 이들의 쓰임에 따라 이들의 범주가 명확해질 것이기 때문에 주로 이들의 쓰임을 보게 될 것이다.

## 3.1 명사의 관형성과 관형기능

3.1.1 명사가 체언을 수식하는 것은 다음 세 가지로 나누어 볼 수 있다.

(3) 명사$_1$+인 명사$_2$
(4) 명사$_1$+의 명사$_2$
(5) 명사$_1$ 명사$_2$

(3)은 지정사 '이다'의[30] 관형형인 '인'과 함께 명사가 관형어로 쓰이는 구조인데, 이 경우, '인'이 쓰이지 않기도 한다. (4)는 명사가 조사 '-의'와 함께 관형어의 역할을 하는 구조이다. 이 때, '명사$_1$'은 '-의' 없이 쓰이기도 하나 언제든지 '-의'가 쓰일 가능성이 있다. 따라서, '-의'가 쓰여도 의미상의 변화가 없다고 생각하기 쉽다. (5)에서는 명사가 조사 '-의'나 '인' 없이 관형어로 쓰이는 구조이다. 이는 명사가 가지는 기능 중에 조사 없이 명사를 수식할 수 있는 기능이 있다는 것을 보여 준다. 명사가 조사없이 홀로 관형어로 쓰일 수 있으므로 '-의'나 '인'을 쓰는 것이 잉여적이라고 보는 것이다. 구체적인 예를 가지고 보자.

(6) 학교의 운동장 / 학교 운동장

---

30) 조사와 지정사가 모두 의존성분임에도 조사 '-의'에는 '-'을 쓰고, '이다'는 '-'을 쓰지 않은 것은 '이다'를 조사로 보지 않고 용언의 한 하위부류로 보았기 때문이다.

(7) 친구의 책 / 친구 책
(8) 친구 갑돌이 / *친구의 갑돌이 / 친구인 갑돌이
(9) 대통령 이승만 / *대통령의 이승만 / 대통령인 이승만
(10) 애인 사이 / *애인의 사이 / ?애인인 사이
(11) 여자 행원 / *여자의 행원 / ?여자인 행원

(6)-(7)은 '명사$_1$+의 명사$_2$'의 구조로 이루어진 것이다. 이러한 구조에서는 조사 '-의'가 쓰이기도 하고 쓰이지 않기도 한다. (8)-(9)는 '명사$_1$+인 명사$_2$'의 구조로 '인'이 쓰이지 않기도 한다. (10)-(11)은 '명사$_1$ 명사$_2$'의 구조이다. 이러한 구조에서는 조사 '-의'나 '인'이 쓰일 수 없거나 쓰이면 어색한 표현이 된다. '여자 행원'의 경우, '여자의 행원'으로 될 수 없으며, '여자인 행원'으로 실현되면, '인'이 잉여적으로 느껴진다.

명사가 조사 없이 후행명사를 수식하는 경우 그 대상에 따라 다른 설명을 한다. '학교 운동장'이나 '애인 사이'의 '학교', '애인'을 관형사로 설명하는 사전은 없다. 오히려 '학교 운동장', '애인 사이' 등을 통사적 구성체로 볼 것인가, 합성어로 볼 것인가에 관심을 보여 왔다. 이와 함께 '학교의 운동장'과 '학교 운동장'의 의미차이가 무엇인가에 관심을 쏟아 왔다.

그러나 '제도적'과 같이 '-적'으로 파생된 어휘에 대해서는 조사와 함께 명사구로 쓰일 경우와 조사 없이 관형어로 쓰일 경우에, 현재 학교 문법에서는 그 품사를 달리 설명한다.

(12) ㄱ. 이 주장은 지역내의 선진 5개국 사이에 무역관세를 철폐하여 <u>제도적인</u> 경제통합을 모색하자는 것이었다.
ㄴ. 여성을 차별하고 억압하는 가부장제의 전통을 <u>제도적으로나</u> 문화적으로 개혁하려는 의식화교육이나 운동이 전혀 대두되지 않았다.
ㄷ. 그렇기 때문에 더 이상 민중을 <u>제도적</u> 교육으로만 묶어둘 필요가 없어졌는지도 모른다.
ㄹ. 우리의 결혼제도나 친족제도 상에는 여자를 차별하는 <u>제도적</u> 모순이

많이 내포되고 있다.
(13) ㄱ. 상급자가 부하를 엄격히 통제할수록 하급자는 <u>창의적 또는 혁신적</u> 노력은 아예 하지 않으려 할 것이다.
ㄴ. 나는 불교의 <u>혁명적 또는 혁신적</u> 성격 때문이라고 생각한다.
ㄷ. 동화는 <u>공상적, 상징적</u> 문학형식인데, 소설은 <u>현실적, 구상적</u> 문학형식이란 것이죠.
(14) ㄱ. *<u>새 또는 헌</u> 집인지는 관계없어요.
ㄴ. *<u>새, 헌</u> 집인지는 관계없어요.

지시대상의 속성을 의미하는 (12)의 '제도적'은 '-로'나 '이다'와 결합하여 쓰이면 명사의 범주로 설명하고, '-로'나 '이다' 없이 관형어로 쓰이면 관형사로 설명한다. 즉, 명사는 조사없이도 후행명사를 수식할 수 있다는 특성을 적용시키지 않는 것이다. 그런데, 조사없이 관형어로 쓰인 (13)의 각 예를 보면, '-적' 파생어는 관형어로 쓰여도 다른 명사들처럼 자립적으로 쓰일 수 있다. '-적' 파생어가 조사 없이 관형어로 쓰일 때 그 범주가 관형사라면, (13)과 같은 예문은 비문이 되어야 한다. (14)의 각 예에서 보듯이 관형사인 '새', '헌'은 후행명사와 분리되어 자립적으로 쓰일 수가 없기 때문이다. 이런 점으로 볼 때 '-적' 파생어에 대한 설명은 재고해야 한다.

3.1.2 '학교 운동장', '애인 사이' 등을 합성어인지 아닌지를 논의하거나 '-적'으로 파생된 명사들을 관형사로도 볼 수 있었던 것은 이러한 명사가 관형어로 쓰였을 때 어휘범주로 설명하였기 때문이다. 그러나 이러한 명사가 관형어로 쓰인 것은 어휘범주 단위가 아니라 명사구의 단위이기 때문인 것으로 보아야 한다.
한정한(1999)에서는 Lambrect(1994)의 논의를 이용하여 질문에 대답은 완전한 문장이나 명사구 형식이어야 한다고 설명하고 있다.

(15) ㄱ. Which shirt did you buy?
　　ㄴ. I bought the green one.
　　ㄷ. The green one.
　　ㄹ. *Green.
(16) ㄱ. 차가 무슨 색이죠?
　　ㄴ. 빨간 색입니다.
　　ㄴ. *빨간.

(15)의 예문은 Lambrect(1994)의 예문이며, (16)의 예문은 한정한(1999)의 예문이다. 영어의 형용사나 우리말의 용언의 관형형이 쓰인 관형어는 후행명사와 분리되어 독립된 성분으로 질문이 될 수 없는 것은 이들이 명사구를 형성하지 못했기 때문이다. 이러한 이유를 Lambrect(1994)에서는 초점 영역으로 설명한다. 질문의 대답이 될 수 있는 성분은 초점을 받는 성분이며, 이 성분은 구 단위 이상이어야 한다는 설명이다.31)

Lambrect(1994)의 이러한 설명을 한정한(1999)에서는 한국어에도 무리없이 적용 가능하다는 근거로 (16)의 예문을 들고 있다. 다음 예를 보면 그 근거는 더욱 공고해진다.

(17) ㄱ. 말씀하신 차가 어떤 차죠?
　　ㄴ. 제가 말한 것은 저 차입니다.
　　ㄷ. 저 차요.
　　ㄹ. *저요.

---

31) 이 점에 대하여 Lambrect(1994)는 다음과 같이 설명하고 있다.
"이것은 초점 영역이 '구 범주'이어야 한다는 것을 함축한다(동사구 혹은 형용사구, 명사구, 전치사구, 부사구 그리고 문장). 초점 영역은 '어휘 범주'일 수 없다. 왜냐하면, 정보 구조는 단어와 그것의 의미, 혹은 단어들의 의미와 구 혹은 문장의 의미 사이의 관계가 아니라, 주어진 담화 상황 내에서 '개체와 사태간(entities and state of affairs)'의 화용적 해석에 관련되어 있기 때문이다. 개체와 사태는 통사적으로 어휘 단위가 아니라 구 단위로 실현된다." (한정한(1999)에서 재인용)

우리말에서 용언의 관형형 뿐만 아니라 관형사 '저'가 단독으로 질문의 대답이 될 수 없는 것을 볼 때 한정한(1999)의 설명은 타당성이 있다. 이렇게 명사구가 단독으로 질문의 대답으로 쓰일 수 있는 것은 후행성분과 분리되어 초점을 받을 수 있기 때문이다. 따라서, 후행성분과 분리되어 쓰일 수 있는 명사는 어휘범주가 아니라 명사구인 구의 범주로 해석해야 한다.

'학교', '애인'과 같은 명사가 홀로 후행명사를 수식하는 것처럼 보여도 실은 명사구의 자격이라는 것을 다음 예를 보면 알 수 있다.

(18) ㄱ. 어느 운동장에서 축구를 한다고? 학교?
ㄴ. 그래 학교.
(19) ㄱ. 걔네들 무슨 사이야? 애인? 친구?
ㄴ. 애인.
(20) ㄱ. 상급자가 부하를 엄격히 통제할수록 하급자는 창의적 또는 혁신적 노력은 아예 하지 않으려 할 것이다.
ㄴ. 나는 불교의 혁명적 또는 혁신적 성격 때문이라고 생각한다.
ㄷ. 동화는 공상적, 상징적 문학형식인데, 소설은 현실적, 구상적 문학형식이란 것이죠. (예문 (13)을 다시 쓴 것임)
(21) ㄱ. **물에 젖은** 쓰레기 처리 문제는…
ㄴ. 그는 **아주** 현대적 건물을 지은 사람으로….

'학교'나 '애인'은 예문 단독으로 질문의 대답이 될 수 있고, 후행명사와 분리되어 단독으로 문장 뒤에 첨가될 수 있다. 이는 '학교'나 '애인'의 지위가 어휘범주가 아니라 구 범주라는 것을 설명한다. 또한, '-적' 파생어가 후행명사와 분리되어 (20)의 예문과 같이 쓰일 수 있는 것도 '-적' 파생어가 초점을 받을 수 있는 성분, 즉, 구 범주임을 보여 준다. 특히, (21)에서처럼 관형어로 쓰인 '쓰레기', '현대적'이 후행명사와 분리되어 독자적으로 수식을 받을 수 있다는 것은 이들이 명사라는 어휘범주가 아니라 구 범주임을 설명해 준다.32) 즉, 명사가 단독으로 후행명사를 수식하는 관형어로 쓰인 것은 이들이 명사구이기 때문이다.

  3.1.3 본 연구에서는 명사가 조사와 결합하지 않고 관형어로 쓰이는 것을 명사의 관형성과 관형기능으로 설명하고자 한다. '학교 운동장'의 '학교', '애인 사이'의 '애인', 그리고 '제도적 교육'의 '제도적'과 같은 명사는 단독으로 명사구를 형성하여 조사와 결합하지 않고도 후행명사를 수식한다고 보는 것이다. 이처럼 명사구가 조사 없이 후행명사를 수식하는 것은 핵을 이루는 명사의 통사적 특성이 반영된 것이며, 이 명사의 통사적 특성을 관형성으로 설명하고자 한다.

  관형성을 가진 명사가 관형어 자리에 쓰이면 그 관형성을 통사적으로 드러내어 자신이 속한 명사구를 조사 없이 후행 성분을 수식하게 하는데, 이것을 명사구의 관형기능으로 본다.

  관형성은 다시 관형성$_1$과 관형성$_2$로 나누어진다. 명사는 일반적으로 관형성을 가지나, 명사의 의미에 따라 관형성의 성격은 달라진다. 관형성$_1$은 지시대상이 있는 '학교', '친구'와 같은 명사의 특성으로, 후행성분과의 의미관계에 따라 통사적으로 드러날 수도 있고, 통사적으로 드러나지 않을 수도 있다. 지시대상이 있는 명사는 관형성이 통사적으로 드러나지 않는 않아야 할 때, 그 명사가 쓰인 명사구는 '-의'와 함께 후행명사를 수식하고, 관형성이 통사적으로 드러나야 하는 경우에는 해당 명사가 쓰인 명사구는 '-의' 없이 후행명사를 수식한다. 언제 관형성이 통사적으로 드러나는지에 대해서는 3.2절에서 자세히 살펴볼 것이다. 관형성$_2$는 지시대상의

---

32) 그러나 '학교 운동장'의 '학교', '애인 사이'의 '애인'은 후행명사와 분리되어 독자적으로 관형어의 수식을 받지 못한다. 이는 이들이 명사구가 아니어서가 아니라 후행명사와 이루는 의미관계 때문이다. 이에 대해서는 3.2절에서 자세히 보게 될 것이다.

속성을 가리키는 '제도적'과 같은 명사의 특성으로, 관형어의 자리에서 반드시 통사적으로 드러나야 한다. 지시대상의 속성을 가리키는 명사가 쓰인 명사구는 관형어의 자리에서 '-의'와 결합하지 않는 것이다. 이러한 명사의 특성은 3.3절에서 자세히 볼 것이다.

지시대상이 있는 명사가 '-의' 없이 관형어로 쓰일 수 있다고 보면, 첫째, 명사와 명사가 결합한 구조에서, '-의'가 쓰인 구조와 '-의'가 쓰이지 않은 구조의 통사-의미적인 차이와, 둘째 '학교 운동장'과 같은 구조가 '돌다리'와 같은 합성어와 변별될 수 있는가 하는 점을 설명할 수 있어야 할 것이다. 첫 번째 문제는 언제 명사의 관형성이 통사적으로 구현되는가와 관계가 있다. 관형성을 가진 명사가 후행성분과 어떤 의미관계에 있을 때 관형성이 통사적으로 구현되는가를 밝히는 것은 곧 '-의'가 쓰인 구조와 '-의'가 쓰이지 않은 구조의 의미차이를 밝히는 것이 된다.

이와 관련하여, 명사가 조사 없이 후행명사를 수식하는 구조를 관형명사구 구조, '-의'와 함께 후행명사를 수식하는 구조를 '-의' 명사구 구조라 하고, 관형명사구 구조에 쓰인 선행명사구를 관형기능 명사구, '-의'와 함께 선행명사구에 쓰인 명사를 '-의' 명사구라 하기로 하자. '인'이 쓰인 구조는 '무엇이 무엇이다'의 구조와 관계되므로 논의에서 제외한다.[33]

---

[33] '인'이 쓰인 구조를 '무엇이 무엇이다'의 변형으로는 볼 수 없다. 용언의 관형사형이 언제나 종결형으로 환원되는 것은 아니기 때문이다. '깊은 생각'이 '생각이 깊다'의 변형이라고 볼 수 없는 것이다. '인'이 쓰인 구조 역시 모두 '무엇이다'로 환원되지는 않는다. '제도적인 모순'이 '모순이 제도적이다'로 될 수 없는 것이다. 그러나 이러한 특성은 용언의 관형사형에 대한 논의에서 다루어져야 하므로 본 논문에서는 다루지 않는다.

## 3.2 명사의 관형성과 후행성분과의 의미관계

### 3.2.1 '-의' 명사구 구조와 관형명사구 구조

'-의' 명사구 구조와 관련하여, 관형기능 명사구가 후행명사와 어떠한 의미관계를 형성하는지 살펴보자. '-의' 명사구 구조의 의미관계와 관형명사구 구조의 의미관계는 다음과 같다.

(22) 「명사1+의 명사2」의 의미관계[34]
1) "선행명사가 가진"(소유-가짐)의 관계 : 나의 책, 너의 집, 우리의 학교
2) "선행명사에 대한"(관계-걸림)의 관계 : 나의 언니, 너의 아우, 누구의 아들(문중의 딸, 연구회의 회원)
3) "선행명사에 있는(소재-있는 데)의 관계 : 동래의 온천, 강원도의 금강산(강가의 모래, 도시의 처녀)
4) "선행명사에서 나는"(소산-나는 데)의 관계 : 제주의 말, 안성의 유기, 고려의 자기(강원도의 감자)
5) "선행명사에 대하여 지은"(대상-마주 것)의 관계 : 가을의 노래, 어머니의 사진, 인물의 평론
6) "선행명사와 같은"(비유-비김)의 관계 : 일장춘몽의 인생, 서시의 미
7) "선행명사에서 일어난"(소기-생긴 데)의 관계 : 육지의 전(戰), 공중의 비행, 인간의 상사
8) "선행명사가 이룬"(소성-이룸)의 관계 : 신라의 통일, 백제의 부흥, 고대의 문화
9) "선행명사라 하는"(명칭-이름)의 관계 : 백두의 산, 예루살렘의 성지
10) "선행명사에 붙는"(소속-딸림)의 관계 : 한강의 근원, 사람의 아들

---

[34] 이 의미관계는 최현배(1982)에서 제시한 '-의'의 뜻을 토대로 정리한 것이다. 위의 의미 중, 1-12까지는 최현배(1982)에서 따 온 것이고, 그 다음과 괄호안의 것은 최현배(1982)의 부족한 점을 보충한 것이다.

11) "선행명사가 지은"(소작-지음)의 관계 : 충무공의 거북선, 김부식의 삼국사기, 솔거의 그림
12) 선행명사가 후행명사의 속성을 나타냄(이 경우 '-의'는 그 임자씨가 내포하고 있는 그림씨스런 성질을 그대로 매김꼴처럼 만드는 단순한 매김자리 토이다)
최대의 경의, 평화의 세계, (최고의 휴머니즘, 절세의 미인, 고도의 기술, 가상의 적, 비장의 무기, 소기의 목적, 벽안의 처녀, 가는 다리의 미녀)
13) 전체와 부분의 관계를 나타냄 : 학교의 운동장, 국민의 다수
14) 선행명사가 후행명사의 주체임을 나타냄 : 석유 가격의 하락, 이라크 전쟁의 종식
15) 선행명사가 후행명사의 객체임을 나타냄 : 바스티유 감옥의 습격, 정의의 회복
16) 후행명사의 내용을 설명함 : 고국의 소식, 김씨의 말
17) 수량을 나타냄 : 한 사람의 환자, 한 시간 가량의 이야기
18) 어떤 나라의 출생임을 나타냄 : 한국의 이광수, 인도의 간디
19) 여럿 가운데 하나를 들어 말함을 나타냄; '중의'의 관계 : 가설의 하나, 형벌의 하나
20) '-에 대한'의 뜻을 나타냄 : 건강의 고마움.
21) 앞 뒤의 두 명사가 같은 자격임을 나타냄; '라는'의 관계 : 각하의 칭호. 조국 통일의 위업
22) 선행명사와 후행명사가 함께 비유어로 쓰이는 관계 : 성공의 주인공, 공포의 도가니, 비난의 화살, 오해의 벽

이 중 '-의'가 쓰이지 않아도 되는 것은 1), 2), 3), 4), 5), 13), 14), 15), 16)의 관계를 나타낼 때이다.

(23) ㄱ. 소유주-피소유물의 관계를 나타내는 경우
동생의 모자 / 동생 모자
ㄴ. 소속 관계를 나타내는 경우.

시누이의 남편 / 시누이 남편
　　　김회장의 미망인 / 김회장 미망인
　　　문중의 딸 / 우리 문중 딸
　　　연구회의 회원 / 연구회 회원
　ㄷ. 선행명사가 후행명사의 산지를 나타내는 경우
　　　강원도의 감자 / 강원도 감자
　ㄹ. 소재의 관계를 나타내는 경우
　　　강가의 모래 / 강가 모래
　　　도시의 처녀 / 도시처녀
　ㅁ. 후행명사가 선행명사에 대한 것임을 나타냄
　　　가을의 노래 / 가을 노래
　　　어머니의 사진 / 어머니 사진
　ㅂ. 전체-부분의 관계를 나타내는 경우
　　　학교의 운동장 / 학교 운동장
　　　문의 손잡이 / 문 손잡이
　ㅅ. 선행명사가 후행명사의 주체임을 나타냄
　　　석유 가격의 하락 / 석유 가격 하락
　　　이라크 전쟁의 종식 / 이라크 전쟁 종식
　ㅇ. 선행명사가 후행명사의 객체임을 나타냄
　　　바스티유 감옥의 습격 / 바스티유 감옥 습격
　　　정의의 회복 / 쓰레기 처리
　ㅈ. 선행명사가 후행명사에 대한 설명을 나타냄
　　　김씨의 말 / 김씨 말
　　　고국의 소식 / 고국 소식

　여기서, '-의' 명사구 구조와 관형명사구 구조를 동의관계로 볼 것이냐 는 문제가 발생한다. 관형명사구 구조를 안병희(1975)의 부정격으로 설명 하는 것은 설득력이 없다. 속격 구성에서 부정격으로 쓰일 수 있는데, '-의'가 쓰이는 것은 통합관계를 명확히 해 주는 것이라는 설명은 관형명사 구 구조와 '-의' 명사구 구조가 의미적으로 또는 통사적으로 어떠한 차이를 보이는지 설명해 줄 수 없다. 안병희(1975)의 부정격을 이용한 이남순(1988)의 논의 역시 불충분한 점이 있다. 이남순(1988)의 논의는 관형명사구 구조를 명사의 연접으로 보고, 격표지 없이도 격을 표시할 수 있다는 점에서 안병희(1975)의 논의와 같다. 그러나, 이남순(1988)은 부정격('-의'가 나타나지 않은 명사구의 격)과 정격('-의'가 쓰인 명사구의 격)의 의미차이를 인정함으로써 '-의'의 의미와 기능을 인정한 셈이다. 즉, '-의'가 단순히 통합관계만을 나타내는 조사가 아니라는 결론이다.35)

'-의' 명사구 구조에서 '-의'가 언제나 수의적으로 쓰이는 것은 아니다. 선행명사구와 후행명사의 여러 의미관계 중에서 위의 (23)에 보인 의미관계에서만이 '-의'가 수의적으로 쓰인다.36) 그리고, '-의' 명사구 구조와 관형명사구 구조를 동의관계로 설명할 수 없다. 이에 대해서는 3.2.2에서 살펴보기로 하자. 그리고, (20)의 예 중에서 (ㅂ,ㅅ,ㅈ)은 후행명사가 서술성37)

---

35) 이남순(1988)의 논의는 부정격과 정격이라는 용어를 사용하고 있는데, 여기서 '격'의 개념이 무엇인가 하는 문제가 있다. 정격을 표시하는 '-의'가 특수한 의미를 나타내기 위하여 명사구에 결합한 것이라고 한다면, '-의'가 순수한 격표지가 아니라는 것인데, 격이라는 용어를 쓰고 있는 것이다.
36) 이외에도 '절세의 미인', '절세 미인', '가상의 공간', '가상 공간'같이 '-의'가 수의적인 구성이 보인다. '절세'와 '가상'은 일반 명사구의 쓰임은 보이지 않고 언제나 명사앞에서 관형어처럼 쓰이는 특수한 명사들이다. 이들은 '그 임자씨가 내포하고 있는 그림씨스런 성질을'(최현배, 1982: 618) 가진 명사들로서 의미적으로는 '거짓', '진짜'와 유사하다. 그러나, '거짓', '진짜'는 일반 명사구로의 쓰임이 자유로운 데 반해 이들은 그 쓰임상 명사로서의 지위가 의심스러운 것들이다. 따라서, 지시대상이 있는 명사들처럼 후행명사와의 의미관계에 의해 '-의'의 실현을 결정하는 것이 아니라 명사로서의 자격을 획득하기 위해 '-의'와 결합하는 것처럼 보인다. 즉, 명사로서의 지위가 약하기 때문에 '거짓', '진짜'와는 달리 관형어의 자리에서 '-의'와 결합하는 것으로 설명할 수 있겠다.
그리고 '소기의 목적', '소정의 고료'의 '소기'와 '소정'은 언제나 '-의'와 결합한 형태로만 쓰인다. 이 때, '소정', '소기'를 명사로 볼 수 있을지는 좀더 깊은 고찰이 필요하다. '소기의', '소정의' 자체를 관형사로 볼 가능성이 있기 때문이다.
37) 명사의 서술성은 명사의 서술기능에서 자세히 설명된다. 명사의 관형기능과 관련한 서술성은 해당 명사의 어휘의미구조를 완성하기 위해 명사구를 관형어로 요구하는 특성이다.

을 지니거나 보문명사이므로, 일반 명사와 분리하여 논의할 필요가 있다.
이에 대해서는 3.2.3에서 살펴보기로 하자.

3.2.2 일반명사의 관형어

선행명사구의 명사가 지시대상이 있는 명사일 경우, 그 명사가 쓰인 관형명사구 구조가 '-의' 명사구 구조와 어떠한 의미적인 차이를 보이는지 살펴보자.

(24) ㄱ. 학교의 운동장
    ㄴ. 학교 운동장

'학교'와 '운동장'은 전체와 부분의 의미관계로 이어지므로 조사 '-의'가 쓰일 수도 있고 '-의'가 나타나지 않을 수도 있다. (24ㄴ)의 '학교 운동장'은 '학교'나 '운동장' 중 어느 것도 전제가 되어 있지 않은 상황에서, '학교 운동장이 참 넓구나'와 같은 발화에서는 '학교의 운동장'이라는 의미를 나타낸다. 그러나, 여러 개의 운동장이 전제가 되어 있는 상황에서는 '학교 운동장'이 운동장의 종류 중에 '학교 운동장'이라는 의미를 나타내게 된다.

(25) ㄱ. 무슨 운동장에서 체육회를 한다고?
    ㄴ. ?*학교의 운동장에서.
    ㄷ. 학교 운동장에서
(26) ㄱ. 학교의 어디에서 기념식을 한다고?
    ㄴ. (학교의) 운동장.
    ㄷ. ?*학교 운동장.
(27) ㄱ. 어디{-의, ∅} 운동장이라고? 학교의 운동장? 제조창의 운동장?
    ㄴ. 체육대회를 하는 곳이 어디{*-의, ∅} 운동장이라고? 학교? 제조창?

(25ㄱ)의 대답으로 (25ㄴ)이 쓰일 수 없다. (25ㄴ)이 자연스러울 경우는 운동회를 하는 장소가 다른 곳이 아닌 '학교'인데, 그 학교의 한 부분인 운동장에서 한다는 의미이다. 반면에 (25ㄷ)의 경우에는 운동회를 하는 장소가 공설운동장이나, 시 운동장이 아니라 '학교 운동장'이라는 의미를 나타낸다. 따라서, '운동장'을 전제로 이야기하는 (25ㄱ)의 대답으로 '학교의 운동장'이 쓰일 수 없다. 이러한 의미차이는 (26)의 각 예문에서도 볼 수 있다. '학교'라는 곳을 전제로 하여 이야기를 할 경우에, 그리고 그 중의 한 부분을 지칭할 때는 '학교의'로 쓰이거나 '학교의'가 생략된다. 반면에 '학교 운동장'이라는 (26ㄷ)의 대답은 어색하다. 즉, '학교 운동장'의 경우는 '운동장'이 전제가 되어 있고, '학교'가 '운동장'을 한정해 주는 반면에 '학교의 운동장'은 '학교'가 전제가 되어 있고, '운동장'이 학교의 한 부분을 지칭한다. 그렇기 때문에 (27)에서처럼 '학교의 운동장'을 다시 한 번 확인할 때에는 '어디의'로 되물어보나, '학교 운동장'을 다시 한 번 확인할 때에는 '어디의'로 되물어 보지 않는다. 이 때 전제가 되지 않은 성분이 초점을 받게 된다. 따라서, '학교 운동장'에서는 '학교'가, '학교의 운동장'에서는 '운동장'에 초점이 있다.

'학교의'와 같은 '-의' 명사구와 '학교'와 같은 관형기능 명사구가 후행명사와 가지는 의미관계가 다르다는 것은 다음 예를 통해서도 알 수 있다.[38]

(28) ㄱ. 훌륭한 인재를 많이 배출한 <u>학교의</u> 운동장에서 체육회를 한다더라.
ㄴ. ?*훌륭한 인재를 많이 배출한 <u>학교</u> 운동장에서 체육회를 한다더라.

'-의' 명사구는 (28ㄱ)에서 보듯이 관형어의 수식을 받을 수 있다. 관형기능 명사구는 관형어의 수식을 받지 못한다. '-의' 명사구 구조에서는 선

---
[38] 조사없이 관형어로 쓰인 명사는 어휘단위가 아니라 구범주이므로 관형기능 명사구, 선행명사구라는 용어를 쓰기로 한다. 하지만 후행명사의 범주가 어휘인지 구인지를 검증하지 않았으므로 후행명사라는 용어를 쓰기로 한다.

행명사가 전제가 되고 그의 한정된 부분을 후행명사가 설명해 주는 구조이므로 관형어의 수식을 받아도 이러한 의미관계에 변화가 없다. 관형어 특히 관형절의 수식을 받는 말은 초점을 받을 수 없기 때문이다.[39] 그러나, 관형명사구 구조에서는 후행명사가 전제가 되고 그 부분을 한정해 주는 것이 선행명사구이다. 이 때 선행명사구가 관형어의 수식을 받으면, 의미관계가 바뀌게 된다. 관형어의 수식을 받으면 선행명사구가 전제가 되고 후행명사가 그 부분을 이야기하는 구조로 후행명사가 초점이 되기 때문에 관형명사구 구조의 의미관계와 충돌을 일으킨다. 따라서 관형기능 명사구는 다른 관형어의 수식을 받지 않는다.

또 다른 예를 보자.

(29) ㄱ. 학교의 운동장, 돌다리, 나무 등은 모두 우리의 추억으로 간직될 것이다.
ㄴ. 학교 운동장, 돌다리, 나무 등은 모두 우리의 추억으로 간직될 것이다.
(30) ㄱ. *나의, 영희의, 순자의 얼굴은 각각 다르다.
ㄴ. 나, 영희, 순자 얼굴은 각각 다르다.

'-의' 명사구는 후행명사의 전제를 나타내므로, (29ㄱ)의 병렬구성에서는 선행명사구가 생략되어 나타나도 '돌다리', '나무' 등이 '학교의' 한 부분임을 의미할 수 있다.[40] 앞 부분에서 전제가 되므로, 그 전제가 다음 명사에까지 영향을 미칠 수 있다. 그러나, (29ㄴ)에서는 후행명사가 전제된 구조이므로, 선행명사구가 생략된 '돌다리'는 '학교 돌다리'임을 의미하지 못한다. (29ㄴ)에서는 추억 속에 있는 '돌다리'나 '나무' 등은 그 속성을 한정해

---

[39] Van Valin & Lapolla(1997: 627)에 따르면, 관계 관형절 내의 요소는 대부분 초점을 받을 수 없다. 따라서, 관형절의 받침말은 관형절 내의 한 부분이 분리되어 나온 것이므로 초점을 받을 수 없게 된다. 다시 말하자면 관형절의 수식을 받는 말은 이미 전제가 되는 성분이라는 해석이 가능하다.
[40] 물론 (25ㄱ)의 '돌다리'는 '학교'와 관계없는 '돌다리'일 수도 있다.

주는 선행명사구가 쓰이지 않았기 때문에 '학교'와는 관계없는 '돌다리'와 '나무'로 이해된다.

(30ㄱ)이 비문이 되는 것은 전제만이 나열되고 그 전제의 부분을 한정하는 성분, 즉 초점이 나타나지 않았기 때문이다. 반면에 후행명사가 전제가 되는 (30ㄴ)의 구조에서는 앞 부분에서 후행명사가 생략되어도 '나'와 '순자'는 '얼굴'을 한정해 주는 의미를 가질 수 있다.[41] 이처럼 관형명사구 구조와 '-의' 명사구 구조는 선행명사구와 후행명사가 가지는 의미관계가 다르기 때문에 통사적인 특성도 다르다.

'-의' 명사구 구조에서 선행명사구와 후행명사의 의미관계는 다음과 같이 정리될 수 있다. 선행명사구가 전제가 되고, 그 부분적인 속성을 후행명사가 설명해 준다. 이 부분적인 속성이 바로 초점이 된다. 반면에 관형명사구 구조에서는 후행명사가 전제가 되고 선행명사구인 관형기능 명사구가 후행명사를 한정해 주는 의미관계가 보인다. 이 때, 후행명사를 한정해 주는 의미가 초점이 된다.[42] 즉, '-의' 명사구 구조와 관형명사구 구조는 선행명사구가 전제가 되느냐, 후행명사가 전제가 되느냐, 바꾸어 말하자면 선행명사구가 초점을 받느냐, 후행명사가 초점을 받느냐에서 차이를 보이는 것이다.

---

[41] 병렬 구성에서 선행명사와 후행명사의 생략 현상에 대한 것은 왕문용(1988)의 논의를 이용한 것이다. 왕문용(1988)은 '명사1+의 명사2'의 구조와 '명사1 + 명사2'의 구조를 통보적인 초점의 차이로 설명하면서, '명사1 + 명사2'의 구조는 선행명사에 통보적인 초점이 놓이므로 병렬연결에서 선행명사의 생략이 불가능함을 보이고 있다. 반면에 '명사1+의 명사2'의 구조는 후행명사에 통보적인 초점이 놓이므로 병렬연결에서 후행명사의 생략이 불가능하다고 설명하고 있다.

[42] 선행명사구와 후행명사구가 '-의' 없이 결합할 때 전제와 초점의 관계로 논의한 것은 왕문용(1988), 김기혁(1990)과 김봉모(1992)에서도 보인다. 그리고 이남순(1988)에서는 '-의' 명사구 구조를 선택한정, 관형명사구 구조를 부분한정으로 설명한다. 이는 기본적으로는 왕문용(1988), 김기혁(1990), 김봉모(1992)와 관점이 같다. 그러나 이들은 전제와 초점을 의미적으로 설명하기 때문에 전제와 초점이 바뀌면서 통사적으로 어떤 차이를 보이는지는 명확히 밝혀 놓지 못했다.

따라서, 선행명사구가 전제가 되거나, 혹은 전제 여부에 관계없이 선행명사구와 후행명사가 모두 초점을 받을 때는 '-의'가 반드시 쓰인다.

(31) ㄱ. 이순신의 거북선
    ㄴ. 아인시타인의 상대성 이론
    ㄷ. 이광수의 무정

(31)의 각 예는 선행명사구가 전제가 되는 구조로 볼 수도 있고, 선행명사구와 후행명사가 모두 초점을 받는 구조로 볼 수도 있다. 이 경우에는 '-의'를 생략할 수 없다. '이순신의 거북선'은 선행명사구가 전제가 되고 후행명사는 선행명사구의 속성이나 한 부분을 설명해 주는 구조로 볼 수도 있고, '이순신'과 '거북선'이 모두 초점을 받는 구조로 볼 수도 있는 것이다. 선행명사구와 후행명사가 모두 초점을 받는 구조는 대개 후행명사가 여러 개 전제가 될 수 없는 구조이다. 즉, '이순신의 거북선'에서 '거북선'이 여러 개 전제가 되는 것이 아니라 '이순신이 만든 거북선'만이 존재하기 때문이다. 그렇기 때문에 (31ㄷ)의 '이광수의 무정'은 성립하나, '이광수 무정'은 성립할 수 없다.43) '무정'이 여러 개 존재하는 것이 아니라 '이광수가 쓴 무정'만이 전제가 되기 때문이다. 따라서, '-의'의 실현이 필수적인 여러 예는 후행명사가 여러 개 전제가 될 수 없는 경우이다.

'이광수의 무정'이나 '이순신의 거북선', '아인시타인의 상대성 이론'에서 '-의'가 나타나는 것은 후행명사 '무정'이나 '거북선', '상대성 이론'이 고유명사이기 때문이다. 이들을 보통명사인 '책'이나 '이론'으로 바꾼다면, '-의'

---

43) 이러한 관계를 김광해(1984)에서는 '양도할 수 있는 소유'와 '양도할 수 없는 소유'의 관계에서, 양도할 수 있는 소유의 관계에서는 '-의'의 실현이 수의적이나, 양도할 수 없는 소유의 관계에서는 '-의'의 실현이 필수적이라고 설명한다. 그러나, 의미적으로는 선행명사와 후행명사가 '양도할 수 있는 소유'와 '양도할 수 없는 소유'의 관계로 이해되나, 이보다는 본문에서 설명되었듯이 전제와 초점의 관계로 설명하는 것이 다른 구조와의 관계에서 설명력을 가진다.

가 쓰이지 않기도 한다. 이 때는 '책'이나 '이론'을 전제로 하고 그것을 한정하는 성분이 그 앞에 쓰일 수 있기 때문이다. 그러나, 후행명사가 고유명사이면 후행명사를 전제로 이야기할 수 없다.

(32) ㄱ. 이광수의 책 / 이광수 책
ㄴ. 아인시타인의 이론 / 아인시타인 이론
(33) ㄱ. 동래의 온천 / 동래 온천
ㄴ. 강원도의 감자 / 강원도 감자
ㄷ. 피카소의 그림 / 피카소 그림
(34) ㄱ. 동래의 명성온천 / *동래 명성온천
ㄴ. 강원도의 주먹감자 / *강원도 주먹감자
ㄷ. 피카소의 게르마니카 / *피카소 게르마니카

(32ㄱ,ㄴ)에서 보듯이 후행명사가 '책'이나 '이론'일 경우에는 여러 '책', '이론' 중에서 '이광수'가 지은 '책'이나 '아인시타인'이 만든 '이론'을 한정할 수 있으므로 '이광수'나 '이순신'이 관형기능을 할 수 있다. 이러한 것은 (33)와 (34)에서도 볼 수 있다. '온천' 중의 동래에 있는 온천을 이야기할 수 있으므로, '동래 온천'이 될 수 있으며, '그림' 중에 피카소가 그린 그림으로 한정할 수 있기 때문에 '피카소 그림'이 될 수 있다.

(35) ㄱ. 성공의 주인공 / *성공 주인공
ㄴ. 눈물의 손수건 / *눈물 손수건
ㄷ. 비난의 화살 / *비난 화살

'성공의 주인공'은 선행명사 '성공'과 후행명사 '주인공'은 어느 하나가 전제가 되는 상황이 아니라 모두 초점의 관계에 놓이게 되므로 '이광수의 무정'과 같은 맥락에서 설명이 될 수 있을 것이다.44) '성공의 주인공', '눈물의 손수건', '비난의 화살' 등의 전체 구성이 비유의 의미를 지니게 되는 이유도 이 때문이다.

다음과 같이 후행명사만이 전제가 되는 구조에서는 '-의'가 쓰이지 않는다.

(36) ㄱ. 여성 잡지 / *?여성의 잡지
ㄴ. 가축 병원 / *?가축의 병원
ㄷ. 야구공 가방 / *?야구공의 가방
ㄹ. 음식물 쓰레기 / *?음식물의 쓰레기

'여성 잡지'는 '-의'가 쓰일 수 없거나 쓰이면 어색하다. 이는 '잡지'와 '여성'의 관계가 소유주와 피소유주의 관계도 아니며, 부분과 전체의 관계를 형성하지도 않는다. 이를 초점과 전제로 이야기한다면, '잡지'가 전제가 된 상태에서 '여성'에 초점을 두어 이야기된 것이라고 볼 수 있다. '여성'이 전제된 가운데, 그 속성으로 '잡지'를 이야기할 수는 없다. '가축 병원'과 '야구공 가방', '음식물 쓰레기'도 같은 맥락으로 설명이 가능하다.[45]

'-의'의 쓰임이 수의적으로 보이는 '학교(의) 운동장'과 같은 결합체에서는 선행명사구 '학교'가 전제되고 그 부분적인 속성을 후행명사 '운동장'이 설명하느냐, 후행명사가 전제가 되고 선행명사구가 후행명사를 한정해 주느냐 하는 데에 따라 '-의'의 쓰임이 결정된다. 즉, '-의'의 실현이 수의적으로 보이는 것은 선행명사구와 후행명사의 의미관계가 위의 두 가지 경우를 모두 설명할 수 있을 때이다. 그러나, '-의'가 반드시 나타나야 하는 구조나 '-의'가 나타나지 않는 구조는 위의 두 가지 의미관계 중 어느 하나만을 나타낼 때이다.

---

44) '벽안의 처녀', '가는 다리의 여인' 등과 같은 구성은 이와 같은 설명이 가능하다.
45) '여성 잡지'에서 '여성'은 관형성을 지닌 명사이기 때문에 '-의' 없이 관형기능을 한다. 그러나 '여성들만의 잡지'와 같은 구성에서 '여성들만'은 명사구에 조사가 붙은 구성체이므로 관형기능을 할 수 있는 구성체가 아니다. 그러므로 언제나 '-의'가 쓰여야 한다.

'학교(의) 운동장'과 같은 구조에서는 '학교'가 후행명사에 대한 전제가 될 수도 있고, 초점도 될 수 있으므로 그 의미관계에 따라 관형성이 통사적으로 구현되어 '-의' 없이 쓰일 수도 있고, 관형성이 구현되지 않아 '-의'와 함께 쓰일 수도 있다. '이광수의 무정'과 같은 경우는 '이광수'가 전제가 되고 '무정'이 초점이 되어 '이광수'의 한 부분을 설명해 줄 수 있으나, '무정'이 전제가 되고 선행명사 '이광수'가 후행명사를 한정해 주는 의미관계를 나타내지 못하므로 선행명사구인 '이광수'는 관형성을 통사적으로 구현하지 못해 '-의'와 함께 쓰여야 한다. '야구공 가방'과 같이 '-의'가 나타나지 않는 구조는 후행명사 '가방'이 전제가 되고 그의 종류를 선행명사구인 '야구공'이 한정하는 의미관계를 나타낼 수 있으나, 선행명사구 '야구공'이 전제가 되고 그의 한 부분을 후행명사 '가방'이 설명하는 의미관계를 나타낼 수 없다. 그래서 '야구공'의 관형성이 통사적으로 구현되어 '-의' 없이 관형기능을 할 수 있다.

여기서, 우리는 명사구가 관형기능을 할 때 후행명사와의 의미관계를 추출해 낼 수 있다. 명사구가 관형기능을 할 때는 후행명사로 여러 가지가 전제된 가운데 그 중 하나를 한정한다. 그러므로 '-의' 명사구 구조와 관형명사구 구조는 동의관계가 아니다. 선행명사구와 후행명사의 이러한 의미관계에 의해 '시누이의 남편'과 '시누이 남편', '강원도의 감자'와 '강원도 감자'의 의미 차이가 드러나게 된다.

지금까지의 논의를 정리해 보자. 명사와 명사가 연결된 구조는 다음과 같은 의미관계로 맺어진다. 첫째가, 선행명사구가 전제가 되고 후행명사가 선행명사의 한 부분을 나타내는 의미관계이고, 둘째는 후행명사가 전제가 되고 선행명사구가 후행명사를 한정하는 의미관계로 선행명사구가 초점을 받는 관계이다. 첫 번째 의미관계는 선행명사구에 조사 '-의'가 쓰이고, 두 번째 의미관계는 '-의' 없이 선행명사구와 후행명사가 '-의' 없이 연결된다.

명사의 관형성 65

　　명사구와 명사의 연결체가 나타낼 수 있는 의미관계와 그 통사적 실현을 표로 보이면 다음과 같다.

<표 2>

| 명사와 명사 | 의미관계 | | | 통사적 실현 |
| --- | --- | --- | --- | --- |
| | 선행명사구가 전제가 되는 구조 | 선행명사구가 초점이 되는 구조 | 선-후행명사가 모두 초점이 되는 구조 | |
| 학교, 운동장 | O | | | 학교의 운동장 |
| | | O | | 학교 운동장 |
| 강원도, 감자 | O | | | 강원도의 감자 |
| | | O | | 강원도 감자 |
| 피카소, 그림 | O | | | 피카소의 그림 |
| | | O | | 피카소 그림 |
| 이광수, 무정 | O | × | O | 이광수의 무정 (*이광수 무정) |
| 이순신, 거북선 | O | × | O | 이순신의 거북선 (*이순신 거북선) |
| 여성, 잡지 | × | O | | 여성 잡지 (*여성의 잡지) |
| 야구공, 가방 | × | O | | 야구공 가방 (*야구공의 가방) |
| 가축, 병원 | × | O | | 가축 병원 (*가축의 병원) |
| 성공, 주인공 | | | O | 성공의 주인공 (*성공 주인공) |
| 눈물, 손수건 | | | O | 눈물의 손수건 (*눈물 손수건) |
| 비난, 화살 | | | O | 비난의 화살 (*비난 화살) |

　　이처럼 지시대상이 있는 명사의 관형성은 후행명사와의 의미관계에 의

해 통사적으로 드러나는 특성으로 관형성$_1$이다.46)
 지금까지 본 것은 선행명사구와 후행명사가 어떠한 의미관계를 가질 때, 선행명사구가 관형기능을 하는가 하는 것이었다. 명사구가 관형기능을 할 때는 위와 같은 의미관계, 후행명사가 전제가 되고 선행명사구가 초점을 받는 관계일 때만은 아니다. 후행명사가 서술성을 띠거나 보문성을 띠면 선행명사구와 후행명사의 의미관계가 전제와 초점의 관계가 아니라 선행명사구가 후행명사를 보충해 주는 관계가 된다.47)

3.2.3 서술성 명사와 보문명사의 관형어

 특히 후행명사가 서술성 명사인 경우에는 '-의' 명사구로 나타나는 경우와 관형기능 명사구로 나타나는 경우의 의미관계가 다음과 같이 나타난다. 선행명사구가 '-의' 명사구로 쓰이면 후행명사의 행위나 상태의 주체의 의미를 지닌다. 이 명사구 구조를 문장으로 쓰면, '-의' 명사구는 후행명사의 주어가 된다.

   (37) ㄱ. 김형사의 조사 ← 김형사가 (무엇을) 조사를 한다.
        ㄴ. 미국의 진출 ← 미국이 (어디로) 진출을 한다.

---

46) 선행명사와 후행명사와 의미관계에 의해 '-의'가 쓰일 수 있다는 것은 '-의'가 단순히 명사와 명사를 결합시키는 기능만을 하는 것이 아니라 명사와 명사의 결합에서 자신의 의미기능을 담당하고 있음을 의미한다. 이를 바꾸어 말하면, 명사와 명사의 결합에서, 명사는 홀로 관형어로서 쓰일 수 있으나, 전제와 초점의 관계를 구분해야 할 때, 그 중의적인 해석을 피하기 위해, 조사 '-의'와 함께 나타나는 것이다. 그러므로, 명사의 명사의 결합체에서, 조사 '-의'가 쓰인 경우 경우와 쓰이지 않은 경우의 의미관계가 다르게 나타나는 것이다.
47) 관형기능 명사가 서술성 명사나 보문성 명사를 보충해 준다는 점에서 이를 보충어라 할 수 있다. 일반적으로 보충어는 서술어의 어휘의미구조에 의해 요구되는 명사구를 가리키나, 이 연구에서는 넓게 보아, 서술어나 명사의 의미를 보충해 주는 성분으로 쓰겠다.

(37ㄱ)에서 '김형사의'는 '조사'의 의미적인 주어이다. 따라서 이를 문장으로 만들면 '김형사의'는 '김형사가'가 된다. 마찬가지로 (37ㄴ)에서 '미국의'는 '진출'의 주어 성격을 보이는 것이다.

   (37') ㄱ. 김형사 조사 ≠ 김형사의 조사
         ㄴ. 미국 진출 ≠ 미국의 진출

(37'ㄱ,ㄴ)의 '김형사의 조사'나 '미국의 진출'은 '김형사 조사', '미국 진출'과 의미가 같다고 할 수 없다. '김형사 조사'는 '김형사가 조사하는' 의미가 아니라 '김형사를 조사'하는 의미를 나타낼 수 있으며, '미국 진출'은 '미국'이 진출하는 의미가 아닌 '미국으로의 진출'을 의미할 수 있기 때문이다. 다른 예를 보자.

   (38) ㄱ. 지은이의 경영 → *지은이 경영
        ㄴ. 기황이의 수리 → *기황이 수리

'경영'이나 '수리'도 서술성을 가지는 명사로 서술어의 자리에 쓰이면, 두 개의 논항을 요구한다. 이 때 주어의 성격을 가지는 선행명사는 (38)의 예문에서 보듯이 '-의'와 함께 쓰인다.[48]

---

48) 그러나 다음과 같은 경우, 선행명사가 서술성 명사와 결합하여 주어의 의미를 가지는 것으로 이해되나 '-의'가 쓰이지 않은 것처럼 보인다.
  (ㄱ) 벼리의 결정 / 벼리 결정
  (ㄴ) 지은이의 생각 / 지은이 생각
  명사가 '동작'이나 '행위'를 의미하는 서술성을 가질 경우, 관형어로 주어의 기능을 할 수 있는 명사구를 요구하는데, 위에서 보았듯이 언제나 조사 '-의'가 쓰인다. '결정', '생각'은 '행위'의 의미를 가지는 서술성 명사이다. 이 때 '벼리 결정'으로 실현되면 '결정'은 '결정하는 행위'가 아니라 '결정한 내용'을 의미하며, '지은이 생각'에서 '생각'은 '생각한 내용'을 의미한다. 반면에 '벼리의 결정'의 '결정'은 맥락에 따라 '결정하는 행위'를 의미할 수 있다. 이와 같은 의미의 차이는 '결정'이나 '생각'이 서술성을 나타내느

행위를 뜻하는 '경영'이나 '수리'처럼 상태를 뜻하는 '부족', '아름다움'의 주어적인 명사는 '-의' 명사구로 나타난다.49)

  (39) ㄱ. 군수품의 부족 ← 군수품이 부족하다.
    ㄴ. 여자의 아름다움 ← 여자가 아름답다.

서술성 명사는 논항으로 주어만을 요구하는 것이 아니라 다른 명사구를 요구할 수도 있다. 이 때 주어 이외의 다른 명사구는 관형기능 명사구로 나타난다.

  (40) ㄱ. 행위의 대상 : 입당 결정, 영어 공부, 실수 인정, 서울 통과…
    ㄴ. 행위의 방향이나 장소 : 미국 진출, 국정 개입, 서울 도착…

(40)의 각 예에서 보듯이 관형기능 명사구는 후행명사가 나타내는 행위의 대상이나 방향 등을 의미한다. 여기서 '행위'의 대상을 의미하는 관형기능 명사구는 문장으로 풀어쓰면, '-를' 명사구로 나타나며, 행위의 방향이나 장소는 문장으로 풀어쓰면, '-에' 명사구나 '-로' 명사구로 나타난다.50)

  (41) ㄱ. 야당을 탈당한 의원들이 <u>여당에 입당할 것을</u> **결정**했다.
    ㄴ. 그들이 <u>입당을</u> **결정**한 것은 아주 잘 한 일이다.
    ㄷ. 철수가 드디어 <u>영어를</u> **공부**하기로 마음 먹었다.

---

  냐, 아니면 일반 명사(또는 보문명사)로서 쓰였느냐와 관계가 있다. 즉, '벼리 결정'이나 '지은이 생각'에서, '결정'이나 '생각'은 의미적으로 행위성을 나타내지 못함과 동시에 서술성을 띠지 못한다고 본다.
49) '부족'의 관형어는 '군수품 부족으로'처럼 관형기능 명사구로도 쓰이나 '아름다움'의 관형어는 '*여자 아름다움'처럼 관형기능 명사구로는 쓰이지 않는다.
50) 이러한 특성은 이선희(1993)에 자세히 설명되어 있다.

ㄹ. 한국이 <u>미국시장으로</u> **진출**했다.
ㅁ. 김씨가 <u>국정에</u> **개입**했다고 한다.

그런데, 후행명사의 주어의 지위를 가지는 관형어에 '-의'가 쓰이지 않을 때가 있다.

(42) ㄱ. 그것도 **미국이 갖다 심은** <u>식생활</u> 변화, 분식과 육식문화 때문인가
ㄴ. <u>그 친구</u> 입원 소식 들었냐?
ㄷ. <u>학생들</u> 접근도 최루탄으로 저지하고 있었다.

(42)의 '변화', '입원', '접근'의 주어적인 위치에 있는 '식생활', '그 친구', '학생들'은 '-의' 없이 뒤에 있는 서술성 명사를 보충해 주고 있다. 이러한 현상에 대해서는 두 가지 해석이 가능하다. 첫째, '변화'나 '입원', '접근' 등에 '-의'가 쓰이지 않아도 주어적인 지위를 누구나 인지할 수 있기 때문에 '-의'가 잉여적이라는 해석과, 둘째 전제와 초점의 관계에서, 선행명사구가 초점이기 때문에 '-의'가 쓰이지 않았다는 해석이다.

그러나, 서술성 명사의 보충어로 실현되는 관형어와 그 뒤의 서술성 명사의 의미관계는 전제와 초점의 관계가 아니다. 후행명사를 한정하는 관형기능 명사구는 다른 관형어의 수식을 받을 수 없다. 다른 관형어의 수식을 받으면 전제와 초점의 관계가 바뀌기 때문이다.

(43) ㄱ. ?*고생하는 아내 손
ㄴ. ?*키가 큰 동생 모자

(43)에서 후행명사를 한정해 주는 '아내', '동생'은 후행명사 '손', '모자'와 분리되어 독자적으로 관형어의 수식을 받을 수 없다. 이는 관형어의 수식을 받으면, 화자가 말하고자 전제하는 것이 선행명사구가 되어 '아내 손'

의 의미관계와 충돌을 일으키기 때문이다. 반면에 (42ㄱ)에서 '변화'의 주어적인 지위를 차지하는 '식생활'은 '변화'와 관계없이 '미국이 갖다 심은'의 수식을 받을 수 있다. 즉, '식생활'에 '-의'가 쓰이지 않은 것은 선행명사구가 초점이기 때문이라는 해석은 불가능하다. 이는 서술성 명사와 선행명사구는 전제와 초점의 관계가 아니라 선행명사구가 후행명사를 보충해 주는 보충관계이기 때문이다.

다음 (44)의 각 예문을 보면, 주어 이외에 다른 성분이 관형어로 실현될 때 주어적인 관형어는 언제나 '-의'와 함께 쓰인다.

(44) ㄱ. 기황이{-의, *∅} **컴퓨터** 수리 실력은 알아주어야 해.
ㄴ. 지은이{-의, *∅} **기업** 경영 능력이 향상되었다고 한다.
ㄷ. 검찰{-의, *∅} **대구 사건** 처리 과정에서 발생했다고 야당이 주장한….

(44)의 각 예문에서 주어적인 지위를 차지하는 명사구와 대상을 의미하는 명사구가 동시에 후행명사의 보충어로 실현되면 주어적인 관형어는 언제나 '-의'와 결합하는 현상을 볼 때, 서술성 명사의 보충어가 하나만 있어서 그 지위가 쉽게 인식되면 '-의'의 쓰임은 수의적이라는 것을 알 수 있다. 즉, (42)에서 주어적인 지위를 가지는 명사구에 '-의'가 쓰이지 않은 것은 '-의'가 잉여적이기 때문이라는 해석이 타당하다. 후행명사의 주어의 지위를 가지는 명사구가 하나만 나타나서 그 지위가 쉽게 인식이 되기 때문에 '-의'가 쓰일 필요가 없는 것이다.51)

서술성 명사의 대상을 뜻하는 관형기능 명사구에 '-의'가 나타나기도 한다.

---

51) 그러나 후행 서술성 명사의 보충어로 명사구 하나만 실현되어도 언제나 '-의'를 쓰는 일이 있다.
 (ㄱ) 윤설민{-의, *∅} 접근으로 은연중에 마음의 갈등이 일어나고 있음을 실토했다.
 (ㄴ) 동숙{-의, *∅} 변화 이유를 순옥마저도 잘 모르고 있던 터였으니까.

(45) ㄱ. 밖에 관람객의 이해를 돕기 위한 유물 설명 비디오 테이프의 제작,
비좁은 주차장의 확보 등 당장 해야 할 일들이 많은 만큼…
ㄴ. 대구 사건의 처리 과정에서 발생했다고 야당이 주장한 구속 운전 기
사고문 사건…
(46) ㄱ. *검찰의 운전기사의 처리 과정에서 미흡한 점을 시민단체가 지적했
다.
ㄴ. *민간단체의 김형사의 조사는 큰 반향을 불러 일으켰다.

(45ㄱ)에서는 서술성 명사 '제작'의 주체를 나타내는 명사구가 보이지 않으며, '-의' 명사구인 '비디오 테이프'는 의미적으로 '제작'의 주체로 인식될 가능성이 없다. 그러므로 '비디오 테이프'가 '제작'의 대상을 가리키는 '-를' 명사구의 지위에 있으면서도 '-의'와 결합한다. (45ㄴ)에서도 '대구 사건의'는 '처리'의 주체로 인식되지 않으며, '-의'가 쓰여도 자연스럽다. 그러나, (46ㄱ)에서 주체와 대상의 지위를 가지는 명사구는 모두 인성명사로서 '-의'와 결합하여 '처리'의 관형어로 쓰였다. 이 경우, 이 문장은 비문이 된다. '검찰'이 '운전 기사'를 처리하는 의미인지, 아니면, '운전기사'가 '검찰'을 처리하는 의미인지가 구별되지 않기 때문이다. (46ㄴ)에서도 같은 현상을 보인다. (46)의 각 예문에서 주체를 나타내는 명사구만이 '-의' 명사구로 쓰이고, 대상을 나타내는 명사구가 관형기능 명사구로 쓰이면 정문이 된다.

(47) ㄱ. 검찰의 운전기사 처리 과정에서 미흡한 점을 시민단체가 지적했다.
ㄴ. 김형사의 민간단체 조사는 큰 반향을 불러 일으켰다.

이처럼 선행명사구가 그 뒤의 서술성 명사와 의미적으로 어떤 관계에 있는지에 따라 '-의'와의 결합여부가 결정된다.[52]

---

52) 다음과 같은 문장을 어색하게 받아들이지 않는 이유는 선행명사가 후행 서술성 명사

후행명사가 서술성을 띠고 선행명사구가 방향이나 목적지를 나타낼 경우에 조사 '-의'와 결합하는 경우가 있다. 이 때는 방향이나 목적지를 표시하는 조사 '-에'나 '-로'가 함께 쓰여 '-에의', '-로의'의 꼴로 쓰이기도 한다.

(48) ㄱ. 미국으로의 진출
ㄴ. 사회에의 진출

이 경우에도 주어의 지위를 가지는 명사구가 관형어로 나타날 경우에 '-의'의 중복은 어색한 표현이 된다.

(48') ㄱ. ?한국의 미국으로의 진출
ㄴ. ?여성의 사회에의 진출

후행명사의 서술성을 보충해 주는 명사구의 관형성은 뒤에 있는 서술성 명사와의 관계에 따라 통사적으로 구현되어 '-의' 없이 관형기능을 할 수도 있고, '-의'와 함께 후행명사를 수식할 수도 있다. 첫째, 서술성 명사의 보충어로 나타난 명사구가 하나인 경우에는 그 지위가 주어의 지위이든 '-를' 명사구의 지위이든 명사의 관형성을 구현하는 것은 수의적이다. '미국이 가져다 심은 식생활 변화'에서 '식생활'은 주어의 지위이나 관형성

---

와 어떤 관계를 가지는지 의미적으로 구별할 수 있기 때문이다.
(ㄱ) **비디오 제작 업체의** 비디오 테이프의 제작이 늦어지고 있다.
(ㄴ) **검찰이** 대구 사건의 처리 과정에서 발생했다고 야당이 주장한…
(ㄱ)에서 '제작'의 주체는 '비디오 제작 업체'이며, 제작하는 것은 '비디오 테이프'라는 것이 명사의 의미에 의해서 인식되기 때문에, 이들 모두에 '-의'가 쓰여도 의미가 혼동되지 않는다. (ㄴ)에서도 '처리'의 주체는 '검찰'이며, 처리하는 것은 '대구 사건'이라는 것이 명사구의 의미에 의해서 인식된다. 그러므로, '-의'의 실현이 선행명사구가 후행명사와 어떤 관계에 있는지를 구별해 주지 못한다. 그러나, 이 문장이 '비디오 제작 업체의'와 '비디오 테이프의' 사이에 휴지가 들어가야 그 의미가 제대로 인식될 수 있다는 점에서 엄밀히 말하자면 정문이 아니라고 볼 수도 있다.

이 통사적으로 구현되어 '-의' 없이 쓰일 수 있으며, '테이프의 제작'에서 '테이프'는 '제작'의 대상을 나타내도 관형성을 통사적으로 드러내지 않고 '-의'와 함께 쓰일 수 있다. 이 경우는 서술성 명사의 보충어로 쓰인 명사구가 '-의'와 함께 쓰이든 '-의' 없이 쓰이든 주어의 지위인지 '-를' 명사구의 지위인지가 의미적으로 쉽게 파악될 때이다. 둘째, 대상이나 방향을 뜻하는 명사구가 주어적인 명사구와 함께 모두 서술성 명사의 관형어로 나타나면, 대상, 방향을 뜻하는 관형어는 관형성을 통사적으로 구현하여 '-의' 없이 쓰인다. 즉, 서술성 명사의 관형어는 주체와 대상, 주체와 방향을 구별해 주기 위해 '-의'와 함께 관형어로 쓰이거나 '-의' 없이 관형어로 쓰이는 것이다.53)

후행명사가 보문명사일 때, 선행명사구의 명사는 관형성을 통사적으로 드러내기도 한다.

(49) ㄱ. 국내소식, 이를테면, 고국{-의, ∅} 소식 말씀입니다.
ㄴ. 솜리까지 나가서 대식이{-의, ∅} 소식이라도 알아보려 애를 써 보았지만 모든 것이 헛수고였다.
ㄷ. 그것도 육 년 전{-의, ∅} 소식이요, 지금은 정씨로서는 밥벌이는 커녕 제 몸 가축조차 힘들어 보였다.

보문명사를 보충하는 선행명사구가 서술성과 관련이 없을 경우에는 '-의'의 쓰임이 수의적이다. (49ㄱ)에서 '소식'을 보충하는 선행명사 '고국'은

---

53) 서술성 명사가 '와' 명사구를 요구할 경우, 이들이 관형어로 실현될 경우에는 다음과 같다.
 (ㄱ) ?한국의 미국과의 결합
 (ㄴ) *미국 결합
 (ㄷ) 한국과 미국의 결합
'와' 명사구의 지위를 가지는 명사구가 관형어로 쓰이면 필수적으로 '-와의'의 꼴로 나타난다. 그리고 '-에' 명사구나 '-로' 명사구처럼 관형기능 명사구로 쓰이지 않는다.

서술성이 없는 명사이다. '고국'은 '-의'와 결합하기도 하고 결합하지 않기도 한다. (49ㄴ,ㄷ)의 '대식이'와 '육 년 전'의 경우도 마찬가지다.

### 3.2.4 서술성 명사의 관형성

서술성 명사가 관형어로 쓰이면, 관형성의 구현은 그 서술성 명사가 쓰인 명사구의 내부구조와 관계가 있다.

(50) ㄱ. 다름이 아니라 **어머니의** 입원 소식이었다.
　　 ㄴ. 지난날 크게 문제를 일으켰던 **선원들의** 투쟁 가능성과 동향에 대한 브리핑을 받았다.
　　 ㄷ. 신문이나 라디오에 **좌익의** 체포 소식이 나면 두려워 가슴이 떨려요.
　　 ㄹ. 가령, 각 사찰에 있는 탑의 축조 형태라든가 **고려청자의** 재현 가능성 혹은 조선 백자의 현대적 활용 같은 거지요.
(51) ㄱ. *다름이 아니라 **어머니** 입원의 소식이었다.
　　 ㄴ. *지난날 크게 문제를 일으켰던 **선원들** 투쟁의 가능성과 동향에 대한 브리핑을 받았다.
　　 ㄷ. 신문이나 라디오에 **좌익** 체포의 소식이 나면 두려워 가슴이 떨려요.
　　 ㄹ. 가령, 각 사찰에 있는 탑의 축조 형태라든가 **고려청자** 재현의 가능성 혹은 조선 백자의 현대적 활용 같은 거지요.

'입원', '투쟁'은 서술성 명사이다. 서술성 명사가 관형어로 쓰인 (50)의 각 예문에서는 관형기능 명사구와 뒤의 보문명사 사이에 '-의'가 쓰이지 않는다. (50ㄱ,ㄴ)에서는 서술성 명사의 주체가 '-의' 명사구로 나타나며, (50ㄷ,ㄹ)에서는 서술성 명사의 대상이 '-의' 명사구로 나타나 있다.

그런데, 서술성 명사와 후행명사 사이에 '-의'가 쓰이느냐, 안 쓰이느냐 하는 것은 서술성 명사에 이끌리는 명사구의 구조와 관련을 보인다. 서술성을 띤 명사의 주체와 함께 쓰인 (51ㄱ,ㄴ)에서는, 서술성 명사가 '-의'와 결합할 수 없음에 반해, 서술성 명사의 대상과 함께 쓰인 (51ㄷ,ㄹ)에서는 '-의'와 결합하여 쓰인다. 이 때, 서술성 명사의 대상을 나타내는 명사구는 '-의'와 결합하지 않는다. 이러한 현상에서 서술성 명사에 '-의'가 쓰이는 것은 서술성 명사가 쓰인 명사구의 내부구조와 관계가 있음을 알 수 있다. 즉, 서술성 명사의 관형성은 서술성 명사의 주체와 함께 쓰였느냐, 아니면 서술성 명사의 대상과 함께 쓰였느냐에 따라 관형성의 통사적 구현이 결정된다. 주체와 함께 관형기능을 할 때에는 관형성이 반드시 통사적으로 구현되나 대상과 함께 관형기능을 할 때에는 관형성은 수의적으로 구현된다.54)

## 3.3 명사의 관형성과 의미

### 3.3.1 명사의 의미와 관형성의 통사적 구현

3.3.1.1 '학교 운동장'의 '학교'나 '회사 경영'의 '회사'는 후행명사와의 의

---

54) 지금까지 본 것은 명사와 명사의 결합에서 '-의'가 실현되는 구조와 '-의'가 실현되지 않는 구조가 어떻게 다른 의미관계를 가지는지, 그 통사적인 차이는 무엇인지에 대한 것이었다. '학교의 운동장'과 '학교 운동장'은 부분적으로는 동일한 의미를 표현할 수도 있으나, 전제와 초점의 관계로 들어가면, 이들이 담당하는 기능이 달라진다. 이는 후행명사와의 의미관계에 의해 '-의'의 실현여부가 결정됨을 보여 준다. 후행명사가 서술성을 띨 경우, 선행명사가 후행 서술성 명사와 어떠한 관계에 있느냐에 따라 '-의'의 실현여부가 결정된다. 또한 후행명사가 보문성을 띨 경우에는 선행명사구의 성격과 선행명사구의 구조에 의해 '-의'의 실현 여부가 결정된다.
 이는 '-의'가 단순히 명사와 명사를 결합시키는 조사가 아니라 그 자체가 의미적인 기능을 담당하며, 선행명사구의 구조와 관련을 맺고 있음을 보여준다. 이러한 점에서 '-의'에 대한 세밀한 연구가 필요하다. 즉, '-의'는 단순히 명사와 명사만을 결합시키면서, 선행명사와 후행명사의 소유관계만을 나타내는 조사로 볼 수 없다는 것이다. 문장의 구조에 관여하는 조사가 의미를 가질 수 있느냐 하는 문제와 관련하여 '-의'에 대한 고찰이 뒤따라야 할 것이다.

미관계에 의해 관형성을 통사적으로 드러낸다. 그런데, 명사 중에는 후행 명사와의 관계뿐만 아니라 명사 자신의 의미 때문에 관형성을 통사적으로 드러내는 명사가 있다.

'거짓'과 '진짜', '보조'와 같은 명사는 주로 지시대상의 속성을 가리킨다. 이들이 관형어로 쓰이면 관형성을 반드시 통사적으로 드러낸다.

(52) ㄱ. 명색이 벙어리인 민우의 친구가 되어 버린 이상 그에게 수화로 어떤 <u>거짓</u> 제스처라도 연기해 보여야 하는 것이 당연한 일이 아닌가.
　　ㄴ. 그들은 이해 못할 죄의식과 <u>거짓</u> 눈물로 괴로운 참회의 길을 걷기보다는…
　　ㄷ. 수령들은 언제나 임금의 마음에 들 만한 어승마를 고르지 못했다는 <u>거짓</u> 핑계를 내세워…
　　ㄹ. 매를 맞아 죽은 사람도 많고 견디다 못해 <u>거짓으로</u> 자백한 자도 있었다.
　　ㅁ. 어머니에 관한 그런 주관적인 자랑은 적어도 당사자에게 있어서는 <u>거짓이</u> 하나도 없는 자랑인 것이다.
　　ㅂ. 그는 번번이 자신의 진술이 <u>거짓임</u> 탄로나면 그것을 번복하고 새로운 진술이 틀림없는 사실이라고 주장하였다.
　　ㅅ. <u>거짓과</u> 탐욕의 옷을 입는 사람들은 그 안에서 설 자리를 본다.
　　ㅇ. 오늘날 <u>거짓</u>과 불학실성에 대항해 싸우려는 자.
(53) ㄱ. 오래간만에 <u>진짜</u> 두부찌개를 먹어보겠군요.
　　ㄴ. 상무사의 <u>진짜</u> 두목은 오좌수가 아니라 대정군 사똥인 줄은 삼척동자도 아는 사실, 자, 정 나를 패고 싶거들랑 어서 바삐 서두르시오.
　　ㄷ. 이 두부찌개는 <u>진짜군</u>.
　　ㄹ. <u>진짜</u>와 가짜 물건을 구별하는 방법은 여러 가지이다.
(54) ㄱ. 이 때, 단추를 단 천의 안 쪽에 <u>보조</u> 단추를 달기도 한다.
　　ㄴ. 여기서 중요한 것은 <u>보조</u> 수단을 이용하여 그 것을 지각하고 작용하는 주체가 가려져 있다는 것이다.
　　ㄷ. 상희의 소리가 떨어지기 무섭게 <u>보조</u> 사원 이 군이 튀듯 일어나 조명스위치 앞으로 달려갔다.

ㄹ. 학생들은 <u>보조로</u> 쓰는 것이 좋을 것이다.
ㅁ. 승상이 황제의 <u>보조이자</u> 모든 관료들의 우두머리로서…
ㅂ. 사람은 기계의 <u>보조나</u> 간수 노릇만 한다.

  (52ㄱ,ㄴ,ㄷ)에서 '거짓'은 명사 앞에 쓰여 '사실이 아닌 것을 사실처럼 꾸민'의 의미를 가지며, '-의'와 결합하지 않는다. 이처럼 명사가 자신이 가진 의미에 따라 그 용법이 달리 나타나며, 의미적인 특성에 의해 용법이 결정된다고 할 수 있다. 마찬가지로 (53ㄱ,ㄴ)의 '진짜', (54ㄱ,ㄴ,ㄷ)의 '보조'도 역시 관형어로 쓰일 때는 조사 '-의'와 결합하지 않는다.
  '거짓', '진짜', '보조' 등이 명사를 수식할 때 관형사로 보지 않는 것은 '지시대상의 속성'을 의미할 때도 명사적인 쓰임을 보이기 때문이다.[55] (52ㄹ,ㅁ,ㅂ,ㅅ,ㅇ)과 (53ㄷ,ㄹ), (54ㄹ,ㅁ,ㅂ)에서 '거짓'과 '진짜', '보조' 등은 지시대상의 속성을 가리키나 명사구를 형성하여 문장의 한 성분으로 쓰이고 있다.
  '거짓', '진짜', '보조' 등과 같은 명사는, 후행명사와의 의미관계에 의해 관형성을 통사적으로 구현하는 명사들과는 달리 관형어로 쓰이면 반드시 관형성을 통사적으로 구현하는 특성을 보인다. 즉, 지시대상의 속성을 가리키는 '거짓', '진짜' 등은 관형어 자리에 쓰이면, 관형성은 반드시 통사적으로 구현되어 조사없이 관형어로 쓰인다. 이와 같이 자신의 의미로 인해 가지게 되는 관형성이 관형성$_2$이다.

3.3.1.2 지시대상의 속성만을 의미하는 명사의 경우, 일반 명사구로 잘 쓰이지 않기도 한다.

---

[55] '거짓'이나 '진짜', '다음'이 지시대상을 뜻할 때에는 '-의' 명사구로 나타날 수 있다.
  (ㄱ) 그 거짓의 주인공은 누구?
  (ㄴ) 진짜의 주인을 찾을 수 있을까?
  (ㄷ) 다음의 몇 가지를 주원인으로 삼을 수 있을 것이다.

(55) ㄱ. 이 주장은 지역내의 선진 5개국 사이에 무역관세를 철폐하여 제도적
인 경제통합을 모색하자는 것이었다.
ㄴ. 여성을 차별하고 억압하는 가부장제의 전통을 제도적으로나 문화적
으로 개혁하려는 의식화교육이나 운동이 전혀 대두되지 않았다.
ㄷ. 더 이상 민중을 제도적 교육으로만 묶어둘 필요가 없어졌는지도 모
른다.
ㄹ. 우리의 결혼제도나 친족제도 상에는 여자를 차별하는 제도적 모순이
많이 내포되고 있다.
(예문 (16)을 다시 쓴 것임)
(56) ㄱ. 아암, 그 늙은이가 예사 망나니가 아니거든.
ㄴ. 그것은 울음은 울음이되 예사 울음과는 다르다.
ㄷ. 성장이라고는 하지만 그렇게 보일 뿐이지 집안에서의 예사 차림인
모양이다.
ㄹ. 내 집안의 쓰레기는 담 너머 남의 집에 버리는 일이 예사가 아닌가?
ㅁ. 주인을 보면 일자리를 달라고 쫓아오는 것도 예사가 되었다.
ㅂ. 대부분의 술사들은 아무 기별도 없이 홀연히 증발해 버리기가 예사
였다.
ㅅ. 보안 점검이 다가 오면 사나흘씩 철야하기가 예사였다.

'-적'으로 파생된 어휘는 명사성이 약해 문장의 여러 성분으로 쓰이지 못하며, 일반 한정수식 관형어의 수식을 받지 못한다. (55ㄱ,ㄴ)에서 보듯이 '-적'으로 파생된 어휘가 명사로서 기능할 경우에는 '-로'와 함께 쓰이거나 '이다'와 결합하여 쓰일 때뿐이다. 이것은 '-적'으로 파생된 대부분의 어휘의 의미가 구체적인 지시대상이 있는 것이 아니라 어떤 대상의 속성을 뜻하므로 그 쓰임이 제약된다고 할 수 있다.

(56)의 '예사' 역시 '이다'와 결합하여 쓰이거나 관형어로 쓰이는 제약을 보인다. 이러한 현상에서 '예사'나 '제도적'을 명사로 보는 근거는 무엇인가? '예사'나 '제도적'을 명사로 보는 근거는 이들이 '이다'와 조사 '-가' 또는 '-로'와 결합하여 쓰인다는 특성이다. 그러나, '이다'나 '-로'와 결합하여

쓰일 수 있는 것은 명사뿐만은 아니다. 부사나 부사절도 '이다'와 결합할 수 있으며, 특히 부사는 '-로'와 결합하여 쓰일 수 있다. 그러므로 '-로'나 '이다'와 함께 쓰일 수 있다는 특성으로 인해 '예사'나 '제도적'을 명사로 처리하기에는 근거가 부족하다. 또한, 이들은 다른 한정수식어, 곧 관형사나 관형절의 수식을 받지 못한다. 그럼에도 이들을 명사로 처리한 이유는 다음과 같다. '예사'나 '제도적'을 명사로 설명하지 않는다면, 주로 명사 앞에서 명사를 수식한다는 점에서 관형사로 보거나, '-로'와 결합할 수 있다는 점에서 부사로 보아야 할 것이다. 관형사로 보았을 때, 이들은 일반적인 관형사와 그 특성이 다르다. 우선 관형사는 어떠한 경우에도 '-로', '이다'와 함께 쓰일 수 없다.56) 그리고, 앞 절에서도 보았듯이 '제도적 또는 경제적 모순'과 같은 구성에서 '제도적'은 '모순'과 분리되어 초점을 받는 자립성분이 될 수 있다. 따라서, '예사'나 '제도적'은 관형사의 범주로 설명할 수 없는 것이다. 그리고, '제도적'은 '-로'와 결합하여야만이 부사어로 쓰인다. 만일 '제도적'이 부사라면 조사 없이 부사어로 쓰일 수 있어야 한다. 조사 없이 부사어로 쓰일 수 없다는 점에서 '예사'나 '제도적'은 부사로 볼 수 없다.57) 따라서, 이들은 '-로'와 '이다'와 결합할 수 있다는 특성으로 인해 명사의 범주로 설명할 수밖에 없는 것이다. 이들이 주로 관형어로 쓰이거나 '이다'와 결합하는 것은 이들의 의미 때문이라고 할 수 있다. 이들은 지시하는 대상이 없으므로 한정관형어의 수식을 받지 못하며, 명사구를 형성하여 문장의 여러 성분으로 쓰일 수 없는 것이다.58)

---

56) '새로'와 같은 구성에서 관형사가 '-로'와 결합했다고 생각하기 쉬우나, '새로'는 그 자체를 부사로 보아야 할 것이다.
57) '가급적'은 이러한 면에서 부사로 볼 수밖에 없다. '가급적'은 조사 없이 부사어로 쓰이며, '가급적이면'의 꼴로만 쓰인다. '가급적이면'에서 '이-'는 일반적인 '이다'와 속성이 다르다. '가급적'과 다른 성분을 지정하는 어휘의미를 가지지 못하며, '이면'의 꼴로만 쓰인다. 따라서, '가급적'과 '가급적이면'을 모두 부사로 처리하는 것이 좋을 듯하다.
58) 의미 때문에 쓰임의 제약이 있는 명사가 모두 관형성을 통사적으로 구현하는 것은 아니다.

3.3.1.3 의미적인 특성에 의해 관형어 자리에서 관형성을 통사적으로 드러내는 명사는 관형사로 파생될 가능성이 높다.

(57) ㄱ. 이는 우리가 해결해야 할 과제라고 본다.
ㄴ. 이들 논의는 앞으로 많은 변화를 겪게 될 것이다.
ㄷ. 이 사람들을 뚫고 어떻게 지나가지?
ㄹ. 이 많은 사람들을 뚫고 어떻게 지나가지?
(58) ㄱ. 새 옷
ㄴ. 헌 옷도 새 ᄀᆞ호리니(月八100)

(57ㄷ,ㄹ)과 (58ㄱ)의 '이'와 '새'는 관형사이다. 그러나, (57ㄱ)에서 '이'는 대명사로서, '이것'의 의미를 가지는 명사이며, 명사적인 특성은 (57ㄴ)에서도 볼 수 있다. '-들'과 결합하여, '이들'이 '논의'와 동격 관계를 이룬다. (57ㄷ)은 '이것'의 의미를 가지지 못한다. (57ㄷ)에서 '이'는 '말하는 이에게 가까이 있거나, 바로 전에 말한'의 의미로, 이때의 '이'는 주로 관형어로 쓰인다. 지시대상의 속성을 가리키는 '거짓'이나 '진짜'가 관형어의 자리에서 반드시 관형성을 통사적으로 드러내는 것과 유사한 모습이다. 그러나, (57ㄷ)의 '이'를 '거짓'이나 '진짜'처럼 명사의 한 쓰임으로 보지 않는 것은 (57ㄹ)에서처럼 '이'가 후행명사구를 수식할 수 있기 때문이다. 명사가 관형기능을 할 때면, '많은 사람들'과 같은 후행명사구를 수식하지 못하는데 반해, '이'는 후행명사구를 수식할 수 있다.59) 이것은 결국 명사 '이'가 '거짓'

---

(ㄱ) 고도의 기술을 발휘하여…
(ㄴ) 고도로 발달한 기술을 바탕으로…
(ㄷ) 고도 성장
'고도'는 지시대상의 속성을 의미하나, 관형성과 부사성을 띠지 못해 조사와 함께 관형어와 부사어로만 쓰이나, (ㄷ)에서처럼 서술성 명사 앞에서는 관형성을 통사적으로 드러내어 관형기능을 한다. 이는 '고도'가 행위의 정도를 나타낼 수 있기 때문이다.
'고도'처럼 서술성 명사 앞에서만 관형성을 드러내는 명사로는 '동시'가 있다.
(ㄹ) 동시 상영

이나 '진짜'처럼 의미에 따라 관형성을 통사적으로 드러내어 관형기능을 하였으나, 이 관형성이 강해져 후행명사구까지를 수식할 수 있게 되면서 관형사로 그 범주를 바꾼 것으로 설명된다. '새'와 같은 경우는 (58ㄴ)에서 보듯이 15세기 중세어에서는 지시대상의 속성을 뜻하는 명사로도 쓰였으나 현대어에서는 명사적인 쓰임을 보이지 않으므로 관형사로 볼 수밖에 없다.

명사가 관형성을 통사적으로 드러내는 것은 후행명사와의 의미관계에 의해서이다. 그러나, '거짓'과 '진짜' 등이 관형성을 통사적으로 드러낼 때는 관형사의 의미와 유사해 보인다. 이러한 특성으로 인해 '거짓'이나 '진짜' 등이 '이'처럼 지시대상을 뜻할 수 없게 되거나 '새'처럼 명사적인 쓰임이 약화되면, 관형사로 범주를 바꾸게 될 것이다.

3.3.1.4 '다음', '거짓', '진짜' 등은 자신의 의미 때문에 관형어 자리에서 관형성을 통사적으로 드러내는 명사이다. 이들은 후행명사와의 관계에 의해 관형성을 통사적으로 드러내는 '학교', '회사'와는 자립성의 정도가 다르다.

(59) ㄱ. 무슨 운동장? 학교?
ㄴ. *어떤 사람? 다음?
ㄷ. *어떤 물건? 진짜?

(59)에서 보듯이 이들은 후행명사와 분리되어 쓰이지 못한다. '다음', '거짓', '진짜' 등이 지시대상의 속성을 나타내는 것이므로 이들은 지시 대상을 가리키는 명사와 다른 특성을 보이는 것이다.[60] 이러한 특성을 보이는

---

59) 관형기능 명사구의 수식범위는 3.5절에서 자세히 볼 것이다.
60) 지시대상의 속성을 나타내는 명사들이 예문 (59)에서처럼 후행명사와 분리되어 단독으로 문장의 뒤에 나타날 수는 없으나, 후행명사와 분리되어 쓰일 수 있는 특성은 '창의

명사는 다음과 같다.

(60) ㄱ. 거짓, 진짜, 절대, 보통, 예사, 보수, 기본, 근본, 기초, 원시, 현대, 과거, 국립, 공립, '-적'으로 파생된 어휘. 보조, 신식, 구식, 현대식.
ㄴ. 여류, 다음, 고가, 현행, 골수, 강성, 통속, 우리, 자기.
ㄷ. 반독재, 반독립 등 '반-'으로 파생된 어휘, 저개발, 저공해 등 '저-'로 파생된 어휘, 요주의, 요시찰 등 '요-'로 파생된 어휘, 미확인, 미집행 등 '미-'로 파생된 어휘 등.

(60ㄱ)은 주로 지시대상의 속성을 가리킨다. (60ㄴ)은 지시대상의 속성을 가리키나 일반 명사구로 쓰일 때는 지시대상까지도 내포하는 명사들이다.61) (60ㄷ)은 주로 관형성이 강한 명사들로 명사의 범주에 속한 것인지의 여부가 논쟁이 되었던 것들이다. 이들이 명사라는 것은 3.8절에서 보려고 한다.

3.3.1.5 지시대상의 속성만을 의미하는 특성으로 인해 주로 관형기능을 하는 명사구는 일반 명사와 달리, 부사의 수식을 받을 수 있다.62)

(61) ㄱ. 유능한 정보원의 관찰은 때때로 **매우** 개인적이다.
ㄴ. 안 형사는 김 동재의 행방불명에 대해서는 **매우** 비관적이었다.
ㄷ. 어쨌든 동학에 대한 다음과 같은 기록은 **매우** 시사적입니다.
ㄹ. 그는 **매우** 보수적으로 보였다.
ㅁ. 그는 얼굴이 하얀 편이라 **매우** 신경질적으로 보이었고 실제로 신경

---

적 또는 혁신적 노력', '진짜와 가짜 물건'과 같은 예에서 볼 수 있다.
61) '여류들을 싸잡아 경멸하는…', '다음 들어오세요.'와 같은 문장에서 '여류', '다음'은 '여류 문인', '다음 사람'의 뜻으로 지시대상이 있다. 자세한 설명은 3.8.1절을 참조할 것.
62) '-적'으로 파생된 모든 명사가 부사의 수식을 받는 것은 아니다.
 (ㄱ) *아주 경제적 요인
 (ㄴ) *아주 제도적 모순

　　　　질을 내면 날카롭기 그지없어 보였다.
　　ㅂ. 방안은 **아주** <u>초현대적</u> 디자인으로 스마트하게 꾸며져 있어서 속된
　　　　냄새가 전혀 나지 않았다.
　(62) ㄱ. 오래간만에 **아주** <u>진짜</u> 두부찌개를 먹어보겠군요.
　　ㄴ. 상무사의 **아주** <u>진짜</u> 두목은 오좌수가 아니라 대정군 사똥인 줄은 삼척
　　　　동자도 아는 사실, 자, 정 나를 패고 싶거들랑 어서 바삐 서두르시오.

　지시대상의 속성을 나타내는 명사는 다른 체언을 한정하는 관형어의 기능을 할 수 있으나, 그 자신이 한정수식 관형어의 수식을 받지 못한다. '-적'에 의해 파생된 명사가 부사의 수식을 받는 것은 명사 자체가 아니라고 할 수 있다. '-적' 파생어가 쓰이는 성분이 주로 부사어나 서술어, 관형어이므로 부사가 수식하는 것은 부사어, 서술어, 관형어라고 할 수 있다. 위의 예문에서 보자면, (61ㄱ)에서 '매우'의 수식을 받는 것은 '개인적'이 아니라 '개인적입니다'로 볼 수 있다는 것이다. 그러나, 일반 명사가 이처럼 '-로'에 이끌리는 부사어에 쓰이거나 '이다'와 결합하여 서술어를 형성한다고 해도 부사의 수식을 받는 것은 아니다.63) 이런 점으로 보면, '개인적'의 의미적인 특성에 의해 부사의 수식을 받는다고 보아야 한다.
　지시대상의 속성을 나타내는 명사가 부사의 수식을 받는 것은 예문 (62)에서도 볼 수 있다. (62)의 '진짜'는 구체적인 지시대상이 있는 것이 아니라 '두부찌개', '두목'의 속성을 드러내고 있다. 그러므로 부사 '아주'의 수식을 받는 것이다. 이러한 명사를 수식하는 것은 정도부사이다. 정도부사는 주로 상태동사를 수식하는 부사이다(서정수, 1975). 그런 점에서 보면, 지시대상의 속성은 의미적으로 상태성과 관련이 있는 듯하다.64)

---

63) 지시대상이 있는 명사는 '로명사구'에 쓰이거나 '이다'와 함께 쓰여도 부사의 받을 수 없다.
　(ㄱ) *이런 감정이야말로 매우 사람이야.
　(ㄴ) *아주 사랑으로 모든 사람을 감싸 안을 수 있다면…
64) 명사가 부사의 수식을 받는 현상은 서정수(1975ㄴ)과 최경봉(1996)에서도 지적된 바 있

### 3.3.2 후행명사의 의미와 관형성의 통사적 구현

명사의 관형성은 후행명사의 의미적 특성에 의해 통사적으로 구현되기도 한다.

(63) ㄱ. 일본의 어느 집을 막론하고 가족 중에 적어도 한 사람 꼴의 희생자를 낸 전쟁이었는데도 말이다.
ㄴ. 주인 여자는 이틀에 한 번 꼴로 낙엽을 쓸어 냈다.
ㄷ. 시장에 가더라도 오 백 원어치 꼴은 실히 될 만한 양이었기 때문이었다.

---

다. 서정수(1975ㄴ)은 특히 정도부사의 수식을 받는 명사를 명사적 서술어로 설명하면서, 명사적 서술어는 주로 서술어의 자리에서 부사의 수식을 받는다고 설명한다.
최경봉(1996)에서는 관계명사와 정도명사가 정도부사의 수식을 받는 현상에 대해 설명하고 있다.
(ㄱ) 가방 아주 밑에 담배를 숨겼다.
(ㄴ) 그는 아주 바보이다.
(ㄱ)의 '밑'은 상대어휘와의 관계를 통해서 자신의 의미가 결정되는 관계명사로 정도성 부사와의 공기관계는 이 명사의 관계성을 나타내는 것이라고 보았다. (ㄴ)의 '바보' 역시 지시체와 속성이 일치하는 것이 아니라는 점에서 상대적인 의미를 가지는 명사이나 일정한 지시체를 전제하고 있는 명사라는 점에서 정도명사로 분류하고 정도명사 역시 정도성 부사와 공기하는 특성을 보인다고 하고 있다. 그러나, 정도명사가 일반 한정 수식 관형어와 결합할 때 지시체의 의미가 드러나는 현상에 대한 설명은 있으나 (124-125), 관계명사가 일반 한정 관형어의 수식을 받을 때, 정도부사의 수식을 받을 때와 어떠한 의미의 차이를 보이는지에 대한 설명이 없다.
(ㄷ) 나는 뒤란 앵두나무 밑에 가서 울었다.
(ㄹ) 단상에는 관복을 준절히 차려입은 법관들이 준엄한 표정으로…
'위', '아래', '밑' 등은 절대적인 지시공간이 있는 것이 아니라 다른 공간과의 관계에 의해 지시공간이 결정되는 특성을 보인다. 그러나, (ㄷ)과 (ㄹ)처럼 한정수식 관형어와 결합할 때는 구체적인 지시공간을 의미하게 된다. 즉, 관계명사와 정도명사가 정도부사의 수식을 받느냐, 한정 수식 관형어와 결합하느냐는 지시하는 의미가 구체성을 띠느냐 상대성을 띠느냐에 달려 있다.
명사가 부사의 수식을 받는 경우는 이외에도 부사성을 띨 때와 행위, 상태를 나타낼 때이다. 부사성을 띠는 명사와 부사의 수식관계는 제4 장에서, 행위와 상태를 나타내는 명사와 부사와의 수식관계는 제5 장에서 다루어질 것이다.

(64) ㄱ. 재워 주고 먹여 죽 한 마당에 그만한 부탁 쯤 못 들어 줄 것도 없지 않은가?
ㄴ. 경옥이가 시내버스에서 내려서 전봇대 하나 간격 쯤 걸어갔을 때 집 쪽에서 미숙이가 왔다.
(65) ㄱ. 법국 함장은 목사의 항의 <u>따위는</u> 아랑곳없이 즉시 수병들 20명을 입성시켜 성문을 지키게 했다.
ㄴ. 사무실에서 잔심부름이나 해 주구 돈 받아 세어 보구 하는 일 <u>따위</u> 없을까?
ㄷ. 그것은 두터운 책으로 제작되었으며, 전투적 용어나 실제적 행동 강령 <u>따위</u> 등은 철저히 회피되어 있었다.
ㄹ. 사자머리가 조잡하게 양각된 열쇠에서는 뒤틀리거나 긁힌 자국 <u>따위</u>의 알아볼 수 있는 어떤 흔적도 없었다.

(63)의 '꼴'이나 (64-65)의 '쯤', '따위'는 홀로는 제 의미를 온전히 나타내지 못하며, 위의 예문에서 보듯이 명사구의 보충을 받아야 제 의미를 온전히 나타낸다. 이러한 후행명사의 의미를 보충해 주는 명사는 관형성을 통사적으로 드러내어 '-의' 없이 관형기능을 한다.

여기서 생각해야 할 문제는 위의 '꼴', '쯤', '따위' 등이 명사인가 하는 점이다. 사전에서는 '꼴'은 접사로, '쯤'은 보조사로, '따위'는 의존명사로 처리한다. 접사는 형태론의 개념으로 어기나 어근과 결합하여 새로운 단어를 형성하는 의존형태소이다. 그러나, '꼴'과 결합하는 것은 형태소가 아니라 '한 사람', '이틀에 한 번'이라는 구이다. 따라서, '꼴'을 접사로 볼 수 없다.[65]

'쯤'을 보조사로 본다면 다음과 같은 현상을 설명할 수 없다.

---

65) '꼴'과 같은 성분이 통사적 구성체와 결합한다고 해서 통사적 접사라는 개념을 새로 만들기도 한다(임홍빈: 1989). 단어는 형태소가 결합하여 이루어진 것이고, 구는 단어의 결합으로 이루어지며, 문장은 구의 결합으로 만들어진다. 단어의 결합으로 이루어진 구에 접사가 연결된다는 것은 받아들일 수 없다.

(66) ㄱ. 약만 제대로 먹으면, 오래 가는 감기 쯤으로 생각하면 될 거야…
　　ㄴ. 오오노 씨가 방문해서 무슨 말을 하는지 들어본 후에 10월 쯤에 일본으로 건너갈 테니…
　　ㄷ. 그가 가고자 하는 술거리까지는 길의 3분의 2 쯤이 비탈진 비포장도로였다.

보조사가 주어나 '-를' 명사구에 쓰일 때는 그 앞뒤에 '-가'와 '-를'이 나타나지 않는다. 그리고, 보조사가 주어나 '-를' 명사구 이외에 다른 명사구에 쓰일 때는 조사 '-에게'나 '-에' 뒤에 쓰인다.66) (66ㄷ)에서는 '쯤'은 조사 '-이'와 함께 쓰이며, (66ㄱ,ㄴ)에서는 '-에', '-로' 앞에 쓰인다. '꼴'이나 '쯤'은 접사나 보조사로 볼 수 없다.

'꼴', '쯤', '따위' 등을 서로 다른 문법범주로 설명하는 이유는 이들의 의미가 명확하게 드러나지 않기 때문이다. 일반적으로 명사와 명사의 연결체가 있을 때, 그 연결체의 핵은 맨 뒤에 나타난 명사이다.

(67) ㄱ. 한국 민주주의 사회
　　ㄴ. 학교 마당
　　ㄷ. 쓰레기 처리

(67ㄱ,ㄴ,ㄷ)에서 중심어인 핵은 '사회'와 '마당', '처리'이다. (67ㄱ)에서 '한국'와 '민주주의'는 '사회'를 한정하는 수식어이며, (67ㄴ)에서 '학교'는

---

66) (ㄱ) 냄새가 요란하니 우선 코부터 즐거웠다.
　　(ㄴ) 술집 주인조차 하품 반 웃음 반으로 그들의 싸움을 지켜보고 있었다.
　　(ㄷ) 아들에게는 간다는 말도 없이 떠났다.
　　(ㄹ) 사전에조차 흔적이 없는 일본말을 강요하는 모순이 사라져야 한다.
　　(ㅁ) 그런데, 이 사람이 그 후에도 큰 공사만 나오면 자기가 맡으려고 욕심을 부렸다.
　　위의 예문은 이원근(1996)에서 따온 것으로 '부터'나 '조차' 등의 보조사는 주어나 '-를' 명사구에 쓰일 때는 '-가', '-를' 없이 쓰이며, '-에게' 명사구나 '-에' 명사구에 쓰일 때는 '-에게', '-에' 뒤에 쓰인다.

'마당'을 한정하는 수식어이다. (67ㄷ)에서 '쓰레기'는 '처리'의 의미를 완성하는 보충어이다. 즉, 명사가 여러 개 나타나는 구성에서 선행명사구는 후행명사를 수식하는 명사구이거나 후행명사의 보충어가 된다. 선행명사구가 후행명사를 한정 수식하든, 보충하든 그 구성체에서 중심어인 핵은 맨 뒤에 나타나는 명사이다.

  그런데, '꼴', '쯤', '따위' 등은 그 구성체에서 핵의 지위에 있지 않는 것처럼 보인다. 여기서 '핵'이라는 것을 그 구성체의 중심어라 생각해 보자. '꼴'이나 '쯤' 등은 그 의미를 나타내는 데 의존적인 속성이 있다. 언제나 다른 성분과 함께 쓰여야만 의미가 명확하게 인식된다. '이틀에 한 번 꼴'에서 '꼴'은 언제나 '이틀에 한 번'이라는 명사구의 보충을 받아야 제 의미가 온전히 드러난다. 이는 '꼴'이 서술성 명사 '처리'와 마찬가지로 다른 성분의 보충을 받아야 의미적으로 완전해지기 때문이다.67) '이틀에 한 번 꼴'은 '이틀에 한 번'을 뜻하는 것이 아니라 '이틀에 한 번'이라는 형식(꼴)을 문제삼아 이야기하는 것이다. 따라서, 의미가 강하게 드러난다 하더라도 '이틀에 한 번'을 중심어로 볼 수 없다. 또한, '이틀에 한 번'이라는 의미가 강하게 드러난다 하더라도 '이틀에 한 번'을 조사와 결합하여 문장의 한 성분으로 쓰이게 하는 것은 '꼴'이다. 즉, '이틀에 한 번 꼴'의 핵은 기능상으로도 '꼴'이 된다.

  즉, '꼴', '쯤', '따위'는 명사구의 보충을 받아야 하는 의존명사로 분류될 수 있겠다. 그리고 이들 앞에 오는 명사(구)는 관형성을 반드시 통사적으

---

67) 서술성 명사가 서술어의 자리에 쓰일 때는 명사만으로 쓰일 수 있으나 일반 명사구에 쓰일 때는 보충어를 반드시 필요로 한다.
    (ㄱ) 그가 **쓰레기**를 깨끗하게 <u>처리</u>를 했다.
    (ㄴ) 그가 **쓰레기** <u>처리</u> 문제를 깔끔하게 매듭지었다.
    (ㄷ) *그가 처리 문제를 깔끔하게 매듭지었다.
  (ㄷ)에서처럼 '처리'가 일반 명사구로 쓰일 때는 처리하는 대상이 나타나지 않으면 비문법적인 표현이 된다. 이처럼 '처리'와 '꼴'은 다른 성분과 함께 쓰여야만 하는 특성을 공유하는 것이다.

로 드러내어 '-의' 없이 관형기능을 한다.

## 3.4 관형성과 관형기능의 성격

관형성은 명사의 의미가 어떠한가에 따라 다시 분류될 수 있다. 지시대상이 있는 명사의 관형성은 통사적으로 구현되는 조건이 첫째, 관형어의 자리에서, 둘째, 후행명사와의 의미관계에 의한 것이다. 그러나, 지시대상의 속성을 뜻하는 명사의 관형성은 관형어의 자리에서는 반드시 통사적으로 구현되어야 한다. 명사의 의미에 따라 관형성의 성격이 달라지는 것이다.
핵 명사가 가지는 관형성의 통사적 구현에 따른 명사구의 관형기능은 한정수식기능과 보충기능으로 나누어진다.

(68) 명사의 관형기능
    ㄱ. 한정수식기능 : 여자 친구, 학교 운동장, 아내 손, 다음 사람, 진짜 두목
    ㄴ. 보충기능 :
       a. 후행명사가 서술성 명사일 경우 : 쓰레기 처리, 미국 진출, 결혼식 참석, 영어 공부, 그리운 고향 생각
       b. 후행명사가 보문명사일 경우 : 그들의 결혼 소식
       c. 후행명사의 내용 : 감기 쯤, 목사의 항의 따위

이렇게 명사구의 관형기능을 한정수식기능과 보충기능으로 나눈 것은 의미적인 면에서뿐만 아니라 통사적으로도 차이를 보이기 때문이다. 한정수식기능을 하는 명사구는 후행명사와 관계없이 다른 관형어의 수식을 받지 못한다.[68] 그러나, 보충기능을 하는 명사구는 후행명사와 관계없이

다른 관형어의 수식을 받을 수 있다.

(69) ㄱ. *?고생하는 아내 손.
ㄴ. *?훌륭한 인재를 많이 배출한 학교 운동장
ㄷ. *우리가 살고 있는 현대 음악
ㄹ. *땅이 넓은 중국 요리를 맛보려면…
(70) ㄱ. 물에 젖은 쓰레기 처리는…
ㄴ. 친구의 결혼식 참석을 위해 아침부터 서둘렀다.
ㄷ. 그리운 고향 생각
ㄹ. 광활한 미국 시장 진출을 축하하기 위해 모든 사람이 모였다.
ㅁ. 그들의 결혼 소식

(69)의 각 예문에서 보듯이 한정수식을 하는 관형기능 명사구는 독자적으로 관형어의 수식을 받지 못한다. 이는 앞에서도 보았듯이 선행명사와 후행명사의 전제와 초점이 바뀌기 때문이다.

보충기능을 하는 명사구는 (70)의 각 예문에서 보듯이 후행명사와 관계

---

68) '새 야구공 가방', '철수네 학교 운동장'과 같은 구성에서는 '새'가 야구공을, '철수네'가 '학교'를 수식하는 것처럼 보인다. 이는 '철수네'가 관형기능을 하는 명사로 '학교'와 '학교 운동장'을 모두를 수식할 수 있기 때문이다. 즉, 관형기능 명사구의 수식은 전제와 초점의 관계에 영향을 미치지 않는 듯하다. '새'가 '야구공'을 수식할 수 있는 것은 '새'가 관형기능 명사구에서 관형사로 파생되었기 때문이라고 본다. 다음과 같은 문장에서는 관형절이 관형기능 명사구를 수식하는 것처럼 보인다.
(ㄱ) 우리가 다니는 학교 선생님.
(ㄴ) 이왕이면 아주 넓은 우리 학교 운동장에서 개최하면 좋겠는데…
(ㄷ) *아주 넓은 학교 운동장이 왜 이리 작아.
(ㄱ)에서 '우리가 다니는'은 '학교'를 수식하는 것처럼 보이나, (ㄴ), (ㄷ)을 보면 관형절은 '운동장'을 수식한다. '넓은 학교'라는 표현이 자연스러움에도 '넓은'은 '운동장'만을 수식하기 때문에 다시 '작다'로 서술되지 못한다. 이것은 한정수식을 하는 관형기능 명사구가 다른 관형어의 수식을 받으면 전제와 초점의 관계가 바뀌기 때문으로 설명할 수 있겠다. 따라서, (ㄱ)과 같은 문장은 문법적으로는 정상적인 문장이라고 볼 수 없을 듯하다.

없이 관형어의 수식을 받을 수 있다. 보충기능을 하는 선행명사구는 후행명사를 한정하는 것이 아니라 보충을 해주는 것이기 때문에 선행명사구와 후행명사가 전제와 초점의 관계로 이어진 것이 아니다. 따라서 선행명사구가 관형어의 수식을 받더라도 전제와 초점이 바뀌지 않는다.

이와 같은 특성에 따라 관형기능 명사구는 한정수식기능을 하는 명사구와 보충기능을 하는 명사구로 나뉠 수 있다.

## 3.5 관형기능 명사구의 수식 범위

관형기능 명사구와 '-의' 명사구는 수식의 범위가 다르다. 다음 예문을 보자.

(71) ㄱ. 학교의 운동장 - 학교의 넓은 운동장
     ㄴ. 학교 운동장 - *학교 넓은 운동장 -넓은 학교 운동장
(72) ㄱ. 전라도의 남자 - 전라도의 모든 남자
     ㄴ. 전라도 남자 - *전라도 모든 남자 - 모든 전라도 남자
(73) ㄱ. 누나의 애인 - 누나의 멋진 애인
     ㄴ. 누나 애인 - *누나 멋진 애인 -멋진 누나 애인
(74) ㄱ. 외삼촌의 집 - 외삼촌의 멋진 집
     ㄴ. 외삼촌 집 - *외삼촌 멋진 집 -멋진 외삼촌 집
(75) ㄱ. 문의 손잡이 - 문의 둥그런 손잡이
     ㄴ. 문 손잡이 - *문 둥그런 손잡이 - 둥그런 문 손잡이[69]

---

[69] 김광해(1984)에서 뽑은 예이다. 김광해(1984)에서는 '중국 요리', '학생 문제'는 통사적 복합어로, '아내 손', '누나 애인'은 명사구절로 분류했으나, 분류의 기준이 명확하지 않다. 김광해(1984)에서는 Lyons(1977)의 논의를 빌어, 'country house'를 예로 들어 설명하고 있다. "Lyons(1977)은 그 예로서 영어의 'country house'에서 이를 편의상 X, Y, Z의 세 가지 요소로 구분하여, X를 'house'의 의미, Y를 'in the country'의 의미, Z를 '特異的 잉여물

'-의' 명사구는 각 예문의 (ㄱ)에서 보듯이 용언의 활용꼴이 수식어로 쓰인 후행명사구를 수식하나, 관형기능 명사구는 이러한 후행명사구를 수식하지 못한다. 즉, '학교의'는 '넓은 운동장'을 수식할 수 있으나, '학교'만으로 쓰이면, '넓은 운동장'이라는 명사구를 수식할 수 없다. (73ㄴ)의 '누나 멋진 애인'이 적절한 표현으로 인정되는 것은, '누나의 멋진 애인'이라는 의미가 아니라 '누나가 멋진 애인'이라는 동격 관계를 보일 때이다.[70]

---

(idiosyntacratic residue)'로 각각 대응시켜서 이말의 어휘소로서의 위치를 집중하였다. […] 즉, 통사적 합성어란 그 의미에 있어서 궁극적으로 X, Y, Z 또는 H, M, S-Space에 존재하는 의미의 종합적 산물이라는 사실을 인정할 수 있을 경우에 해당하는 연어(Word-group)를 지칭한다"(여기서, H는 H-Space(head)를, M은 M-space(Modifier)를, S-Space는 specialization을 의미한다.) 이 논의는 결국 통사적 합성어와 명사구절의 구분을 의미의 측면에서 고찰한 것이다. 그러나, 김광해(1984)에서 통사적 합성어로 처리한 것과 명사구절로 처리한 것의 통사적 차이는 보이지 않는다. 오히려, 김광해(1984)에서 통사적 합성어로 처리한 '중국 요리', '학생 문제' 등도 명사구절로 보아야 한다.

70) 명사와 명사의 결합체에서 선행명사와 후행명사가 동등한 자격으로 나열된 구조를 볼 수 있으며, 이를 동격 구조라 할 수 있다. 서정수(1995)에서 동격 구조로 제시한 것 중에 관형명사구 구조와 관계된 것을 보이면 다음과 같다.
ㄱ. 나라꽃 무궁화, 어릴 적 친구 갑돌이
ㄴ. 저들 반역자, 우리 한국인
ㄷ. 정영희 선생, 조용구 아저씨
ㄹ. 이창희 이사, 이승만 대통령
이들 동격구조는 통사적인 특성이 다르다. (ㄱ)과 (ㄴ)의 동격구조는 선행명사나 후행명사가 각각 다른 관형어의 수식을 받을 수 있는 반면에 (ㄷ)과 (ㄹ)은 선행명사만이 관형어의 수식을 받을 수 있다.
ㄱ'. 어릴적 친구 갑돌이 / 어릴 적 친구 깨복쟁이 갑돌이
ㄴ'. 저기 있는 저들 반역자 / 저기 있는 저들 저 못된 반역자들
ㄷ'. 멋있는 조용구 아저씨 / *조용구 멋있는 아저씨
ㄹ'. 잘 생긴 이창희 이사 / *이창희 잘 생긴 이사
(ㄱ)의 동격구조는 선행명사 '친구'가 후행 명사 '갑돌이'와 관계없이 관형어 '어릴적'의 수식을 받을 수 있으며, 후행명사 '갑돌이' 역시 선행명사 '친구'와 관계없이 관형어 '깨복쟁이'와 결합한다. 마찬가지로 (ㄴ)의 선행명사 '저들'은 후행명사 '반역자'와 관계없이 '저기 있는'의 수식을 받으며, 후행명사 '반역자'는 '저들'과 관계없이 '저 못된'의 수식을 받는다. (ㄱ)과 (ㄴ)의 동격구조는 선행명사와 후행명사와 동격의 관계로 나열된 것이기 때문에 선행명사와 후행명사 사이에 쉼표(,)를 두는 것이 자연스럽다. 그러나, (ㄷ), (ㄹ)의 동격구조는 동격구조이기보다는 관형명사구 구조이다. '이사'라는 직함

보충기능을 하는 관형어의 경우에도 같은 양상을 보인다.

(76) ㄱ. 영이의 무리한 회사 경영으로 인해 결국 회사가 망하고 말았다.
ㄴ. *회사 무리한 경영은 결국 회사의 부도를 야기했다.
ㄷ. 김형사의 꼼꼼한 조사는 많은 사람들의 귀감이 되었다.
ㄹ. 쓰레기의 꼼꼼한 처리만이 환경을 살리는 길이다.
ㅁ. *쓰레기 꼼꼼한 처리만이 환경을 살리는 길이다.
ㅂ. 미국으로의 무리한 진출이 결국 건강을 해치는 결과를 가져 왔다.
ㅅ. *미국 무리한 진출이 결국 건강을 해치는 결과를 가져 왔다.

후행명사가 서술성을 띨 경우, '-의' 명사구는 의미적으로 후행명사가 나타내는 행위의 주체이다. 이 때, '-의'와 결합한 선행명사구는 후행명사가 관형어의 수식을 받는 명사구로 나타나도 후행명사구를 수식한다. 즉, (76ㄱ)에서 '영이의'는 '무리한 회사 경영'을 수식할 수 있다. 반면에 서술성 명사의 대상을 나타내는 선행명사구는 '-의'와 결합하지 않으면, 후행명사구를 수식할 수 없다. (76ㄴ)의 '회사 무리한 경영'이 비문법적인 표현이 되는 것이다. 오히려 '회사 경영'이 한 단위가 되어 '무리한'의 수식을 받는다. (76ㄷ)의 '김형사의'도 후행명사구인 '꼼꼼한 처리'를 수식할 수 있다. 마찬가지로 '-의' 명사구인 (76ㄹ)의 '쓰레기의 꼼꼼한 처리'는 자연스러운 표현이 되나, (76ㅁ)에서와 같이 관형기능 명사구인 '쓰레기'는 '꼼꼼한 처리'를 수식하지 못한다.

선행명사구가 서술성 명사의 방향을 의미할 경우에도, 선행명사구가

---

에 누가 있는지를 설명해 주는 구조이며, 후행명사는 선행명사와 관계없이 다른 관형어의 수식을 받지 못한다. 이 구조는 후행명사의 의미에 의해 선행명사의 관형성이 통사적으로 드러나야 하는 '이틀에 한 번 꼴'과 같은 구조인 것이다. '이창희 잘 생긴 이사'나 '조용구 멋있는 아저씨'가 자연스러운 표현일 때는 '이사'가 직함의 의미를 가지는 것이 아니라, 이사 직위에 있는 사람을 의미하며, '아저씨'도 또한 칭호가 아니라 지시체를 가지게 된다. 따라서, '이창희 잘 생긴 이사', '조용구 멋있는 아저씨'는 (ㄱ)의 동격 구조로 이해된다.

'-의'와 결합할 수 있는 환경이 되면 후행명사구를 수식할 수 있다. (76ㅂ)과 (76ㅅ)을 비교해 보면 '-의'와의 결합 여부로 선행명사구가 후행명사구를 수식할 수 있는지가 결정되는 것을 알 수 있다. 즉, '-의' 명사구의 수식을 받는 후행명사는 확장되어 쓰일 수 있는 것이다. 이처럼 관형기능 명사구의 수식 범위는 '-의' 명사구와 다르다.

다음 예를 보자.

(77) ㄱ. <u>회사</u> **경영 방침**
ㄴ. <u>회사</u> **경영의** 방침
(78) ㄱ. 속시원한 해결책을 제시하지 못하는 <u>현행</u> **교육 풍토가** 안타까웠다.
ㄴ. 속시원한 해결책을 제시하지 못하는 <u>현행</u> **교육의** 풍토가 안타까웠다.
(79) ㄱ. 기존의 법적 질서의 산물인 <u>현행</u> **실정법 체계** 안에서 재판하기에는 몹시 부적당한 것인지도 모른다.
ㄴ. 기존의 법적 질서의 산물인 <u>현행</u> **실정법의** 체계 안에서 재판하기에는 몹시 부적당한 것인지도 모른다.
(80) ㄱ. 골수 **여당 의원**
ㄴ. *골수 **여당의** 의원
ㄷ. **여당의** 골수 의원
(81) ㄱ. 교과서에서 대하게 되는 최초의 낱말과 문장은 어떻게 되는지, <u>현행</u> **국민학교 1학년 교과서를** 살펴보자.
ㄴ. *교과서에서 대하게 되는 최초의 낱말과 문장은 어떻게 되는지, <u>현행</u> **국민학교 1학년의** 교과서를 살펴보자.
ㄷ. 교과서에서 대하게 되는 최초의 낱말과 문장은 어떻게 되는지, **국민학교 1학년의** 현행 교과서를 살펴보자.

(77ㄱ)의 '회사'는 '경영 방침'을 보충해 주는 관형기능 명사구이다. 그러나, '경영 방침'이 '경영의 방침'으로 되면, '회사'는 '경영'만을 보충하며, '경영의 방침' 또는 '방침'을 보충해 주지 못한다. 이러한 예는 (78)과 (79)에서도 볼 수 있다. '현행'이 '교육 풍토'를 수식할 수는 있으나, '교육의

풍토'는 수식하지 못한다.71) (78ㄴ)에서 '현행'이 수식하는 것은 '교육' 뿐이다.

(80)의 '골수'는 바로 뒤에 오는 '여당'을 수식하지 못하나, '의원'을 수식할 수 있기 때문에 (80ㄱ)은 정문이 된다. 그러나, '여당'이 '여당의'로 되면 '의원'이 '여당의'로 인해 '골수'와 분리되어 '골수'가 '의원'을 수식할 수 없게 되며, 또한 '골수'는 바로 뒤에 오는 '여당의' 또한 수식하지 못한다. 그리고, '골수'가 '여당의 의원'도 수식하지 못하기 때문에 (80ㄴ)은 비문이 된다. 마찬가지로 (81)의 '현행'은 '교과서'를 수식할 수 있기 때문에 (81ㄱ)은 정문이 되나 '국민학교 1학년'을 수식하지 못하므로 (81ㄴ)은 비문법적인 표현이 된다. 즉 관형기능 명사구가 명사구를 수식할 수 있다 하더라도 뒤에 오는 명사구는 '경영의 방침'이나 '교육의 풍토'처럼 '-의'가 나타난 명사구가 아니라 '관형기능 명사구 + 명사'의 구성체이다. 이러한 현상에서 '회사 경영 방침'의 '회사'가 '경영 방침'을 수식하는 것이 아니라 '방침'만을 수식한다고 볼 수도 있을 것이다.

결론적으로 '-의' 명사구와 관형기능 명사구의 수식을 받는 후행명사구는 다음과 같은 차이를 보인다. '-의' 명사구의 수식을 받는 명사는 관형절이나 관형사의 수식을 받을 수 있으나, 관형기능 명사구의 수식을 받는 명사구는 관형절이나 관형사의 수식을 받을 수 없다. 관형기능 명사구의 수식을 받는 명사구가 관형절이나 관형사의 수식을 받을 때는 (80ㄷ), (81ㄷ)과 같이 관형절이나 관형사가 관형기능 명사구 앞에 위치한다.

---

71) '현행'은 관형사로 볼 수도 있으나, 다음 예문에서 명사로 쓰이고 있다.
   (ㄱ) 현역군인만으로 임명하도록 되어 있는 <u>현행의</u> 비상조치법을 개정해서현행 행정의 중앙집권제를 깨뜨리고 지방 분권제를 채택하여야 한다.
   (ㄴ) 당해년도 재정계획을 가급적 충실히 반영해야 한다는 점이 <u>현행과</u> 다르다고 하겠다.
   (ㄷ) 세부지침으로서는 입학금 및 수업료를 <u>현행대로</u> 하고 세입예산의 급격한 팽창을 수반하는 의욕적인 사업은 …
   (ㄹ) <u>현행보다</u> 훨씬 폭이 넓은…

## 3.6 관형명사구 구조와 합성어

후행명사가 관형기능 명사구와 분리되지 않는다는 점에서, 관형명사구 구조는 합성어와 유사성을 보이고 있다. 앞에서도 보았듯이 특히 한정수식을 하는 선행명사구는 독자적으로 관형어의 수식을 받지 못한다.

(82) ㄱ. 고생하는 아내의 손
ㄴ. *?고생하는 아내 손
ㄷ. 뚱뚱한 사장 부인

'-의'의 실현여부로 의미가 분화되는 '아내 손'의 경우에는 '아내'가 '손'과 분리되어 관형어의 수식을 받으면 어색한 표현이 된다. 오히려 '아내 손'은 한 단위처럼 관형어의 수식을 받는다. 즉, '고생하는 아내 손'의 경우, '고생하는'의 수식을 받는 것은 '아내 손' 전체가 되어 어색한 표현이 되며, '뚱뚱한 사장 부인'의 경우에는 '뚱뚱한'의 수식을 받는 것이 '사장 부인'이 되어 자연스러운 표현이 된다. 이렇게 '-의'가 쓰이지 않은 상황에서는 선행명사구와 후행명사가 한 덩어리로 관형어의 수식을 받으므로 이러한 구조를 합성어로 볼 가능성이 있다. 즉, 관형명사구 구조가 합성어와 어떻게 다른가 하는 문제가 나타나는 것이다.[72]

합성어와 통사적 구를 구별하는 기제는 보통 띄어쓰기, 쉼, 분리성 등이다(남기심・고영근, 1985).[73] 합성어는 하나의 낱말이므로, 붙여쓰며, 두 성

---

[72] 김광해(1984)에서는 명사1과 명사2가 지니고 있는 의미자질에 따라 '-의'의 생략 가능성을 살피면서, '서울의 거리, 미국의 사슴, 영국의 버스, 이집트의 군인' 등이 '서울 거리, 미국 사슴, 영국 버스, 이집트 군인' 등이 되면 의미의 특수화를 거쳐 통사적 합성어가 된다고 설명하고 있다. 그러나, '서울 거리, 미국 사슴, 영국 버스, 이집트 군인'에서 선행명사와 후행명사의 관계는 '강원도 감자'와 같은 관계이다. 따라서 '서울', '미국', '영국', '이집트' 등은 후행명사를 한정하는 관형기능 명사구이다.
[73] 이외에 합성어와 통사적 구를 구별하는 기준으로는 이익섭(1968)에서는 액센트를, 김규

분사이의 분리성이 없다. 따라서, 두 성분사이에 '쉼'을 둘 수 없다. 반면에 통사적 구는 띄어쓰며, 두 성분사이에 '쉼'을 둘 수 있다. 통사적 구를 형성하는 성분들은 서로 분리될 수 있는 것이다.

합성어를 형성하는 것은 성분의 개별적인 결합이다. 따라서, 합성어를 형성하는 규칙을 체계적으로 세우기가 힘들다. 그러나, 통사적 구는 범주와 범주간의 결합이므로 이들의 결합을 규칙으로 설명할 수 있다. 또한 통사적 구는 범주와 범주간의 결합이므로, 통사적 구를 형성하는 각 성분은 각각 자신이 속한 범주의 특성을 유지한다. 이러한 특성은 분리성으로 드러난다.

다음 예는 통사적 구의 선행성분이 후행성분과 관계없이 자신의 통사적인 특성을 유지하는 것을 보여 준다.

(83) ㄱ. 작은아버지
　　ㄴ. *키가 작은아버지
　　ㄷ. 훌륭한 작은아버지
　　ㄹ. *매우 작은아버지
　　ㅁ. 큰집
　　ㅂ. 부유한 큰집
　　ㅅ. *매우 큰집 / *가장 큰집
(84) ㄱ. 작은 아버지
　　ㄴ. 키가 작은 아버지
　　ㄷ. 매우 작은 아버지
　　ㄹ. *훌륭한 작은 아버지
　　ㅁ. 큰 집

---

선(1970)에서는 휴지와 연접, 강세, 음소의 변화, 어순, 구성성분의 내적 확장, 구성성분이 수반할 수 있는 외적 분포류의 차이, 관용화 등 7가지를 제시하였다. 서정수(1981)에서는 재적 분리성, 외적 분포, 의미적 융합관계를 주된 구별 기준으로, 음운변화 휴지와 연접, 강세, 어순 등을 보조기준으로 제시하고, 이주행(1981)에서는 연접, 구성성분의 배열순서, 음소변화의 유무, 구성성분의 내적 확장, 외적 분포를 제시하였다.

ㅂ. *부유한 큰 집
ㅅ. 매우 큰 집 / 가장 큰 집

　합성어를 구성하는 '작은'과 통사적 구를 구성하는 '작은'은 차이점을 드러낸다. 합성어의 '작은'은 합성어에 녹아 들어가면서, 형용사 '작다'와 의미적으로 관련성이 있으나, 통사적인 관련성을 잃게 된다. 그러므로, 형용사로서 주어를 상정하는 특성을 가질 수 없게 되는 것이다. 반면에 통사적 구를 형성하는 '작은'은 형용사로서 주어를 요구하는 특성을 가지고 있다. 그러므로, '키가 작은아버지'는 비문법적이나 '키가 작은 아버지'는 문법적인 구성이다. 통사적인 구를 형성하는 '작은'은 형용사로서의 특성을 지녔기 때문에 부사 '매우'나 '가장'의 수식을 받을 수 있다. 반면에 합성어를 형성하는 '작은'은 부사의 수식을 받을 수 없게 된다. 즉, '작은'은 어원적으로 속했던 형용사의 범주를 벗어나게 된 것이다. '큰'의 경우도 같은 설명이 가능하다. 합성어를 형성하는 '큰'은 형용사로서의 특성을 잃게 되는 것이다. 이는 '작은'이 '아버지'와 결합하여, '작은아버지'가 되고, 이는 명사의 범주에 들게 되므로, '작은아버지' 전체가 '훌륭한'의 수식을 받는다.
　이처럼, 통사적 구를 형성하는 성분은 각기 자신이 속한 범주의 특성을 간직하게 되므로, 후행성분도 선행성분과 관계없이 다른 성분과 결합할 수 있다.

(85) ㄱ. 큰집
　　 ㄴ. *큰 나의 집
(86) ㄱ. 큰 집
　　 ㄴ. 큰 나의 집

　합성어 '큰집'의 구성성분인 '-집'은 이미 자립적인 명사로서의 특성을 잃었기 때문에 '큰-'과 분리되어 '나의'의 수식을 받을 수 없다. 반면에 통사적 구인 '큰 집'의 '집'은 명사로서의 기능을 간직하게 되므로 '큰'과 분리되어 '나의'의 수식을 받을 수 있다.

합성어와 통사적 구를 구분하는 요건인 '분리성', '쉼', '띄어쓰기' 등은 결국 그 구성성분이 원래의 통사적인 기능을 간직하고 있느냐 아니냐에 따른 결과이다. 통사적 구를 구성하는 성분은 원래의 통사적인 기능을 간직하고 있으나, 합성어를 구성하는 성분은 원래의 통사적인 기능을 잃는 차이점이 있는 것이다. 이는 통사적 구를 구성하는 성분 등이 서로 독립적인 관계를 유지함을 의미한다. 이러한 관점에서, 관형명사구 구조를 합성어와 비교해 보자.

관형기능 명사구와 후행명사 사이에는 다른 어떤 성분이 개입될 수 없다. 이는 앞에서 본 바와 같다.

(87) ㄱ. 동생의 모자    ㄴ. 동생의 예쁜 모자
(88) ㄱ. 동생 모자      ㄴ. *동생 예쁜 모자
(89) ㄱ. 시냇물         ㄴ. *시냇 맑은 물」

(88)과 (89)를 보면, 선행명사구와 후행명사 사이에 다른 성분이 개입될 수 없다는 점에서, 관형명사구 구조는 합성어와 유사성을 보인다. 즉, 선행명사와 후행명사의 결합이 형태적인 결합에 가깝다.

이는 관형기능 명사구의 수식 범위가 바로 뒤에 오는 후행명사나 '관형기능 명사구 + 명사'의 구성체에만 국한되며, 관형기능 명사구의 수식을 받는 후행명사는 독자적으로 관형사나 관형절의 수식을 받을 수 없기 때문이다. 그렇다면, 관형기능 명사구는 후행명사와 분리되어 독자적으로 수식을 받을 수 있는가? 관형명사구 구조와 합성어가 다르다면, 관형기능 명사구는 후행명사와 분리되어 관형어의 수식을 받을 수 있어야 한다. 이는 관형기능 명사구의 핵 성분이 명사의 범주를 유지하고 있으며, 명사구

의 지위라는 증거가 된다.
　관형기능 명사구가 후행명사와 분리되어 관형어의 수식을 받는 것은 3.4절에서 본 것처럼 그 기능에 따라 다른 양상을 보인다.

(90) ㄱ. *고생하는 아내 손.
ㄴ. *?훌륭한 인재를 많이 배출한 학교 운동장
ㄷ. *우리가 살고 있는 현대 음악
ㄹ. *땅이 넓은 중국 요리를 맛보려면…
(예문 (69)를 다시 쓴 것임)

(91) ㄱ. 물에 젖은 쓰레기 처리는…
ㄴ. 친구의 결혼식 참석을 위해 아침부터 서둘렀다.
ㄷ. 그리운 고향 생각
ㄹ. 광활한 미국 시장 진출을 축하하기 위해 모든 사람이 모였다.
ㅁ. 그들의 결혼 소식
(예문 (70)을 다시 쓴 것임)

　위의 예문에서 보듯이 보충기능을 하는 관형기능 명사구는 후행명사와 분리되어 관형어의 수식을 받음으로써 합성어와 차이를 보이고 있다. 합성어에서는 선행성분만이 분리되어 관형어의 수식을 받지 못한다.

(92) ㄱ. 우리 학교 돌다리
ㄴ. 이 번에 새로 만든 돌다리

　합성어인 '돌다리'의 경우는 '돌-'이 '-다리'와 분리되어 독립적으로 관형어의 수식을 받을 수 없다. (92ㄱ)에서 '우리 학교 돌'의 의미를 전혀 가지지 못하며, '이번에 새로 만든'도 '돌다리' 전체를 수식하게 된다.
　이로써 볼 때, 관형명사구 구조 중에서 선행명사구가 보충기능을 하는 구조에서는 선행명사구가 후행명사와 분리되어 명사구의 기능을 함을 알 수 있다. 선행명사구가 후행명사를 보충해 주는 구조는 통사적 구성체인 것이다.

그러나, 한정 수식을 하는 관형기능 명사구는 후행명사와 분리되어 관형어의 수식을 받지 못한다. 한정 수식을 하는 선행명사구가 후행명사와 분리되어 독자적으로 관형어의 수식을 받지 못한다는 점에서는 합성어와 유사하다. 그러나 한정 수식의 관형명사구 구조를 합성어로 볼 수는 없다. 선행명사구가 관형어의 수식을 받는 면에서는 이들의 분리성이 약하나 다른 측면에서는 이들도 분리되어 쓰일 수 있기 때문이다.

관형명사구 구조에서 선행명사구가 후행명사와 독립적으로 쓰임을 다음 예문에서도 알 수 있다.

(93) ㄱ. 영희는 현대 음악, 근대 음악, 고전 음악에 능통하다.
ㄴ. 영희는 현대, 근대, 고전 음악에 능통하다.
ㄷ. 영희는 현대와 근대, 고전 음악에 모두 능통하다
ㄹ. 선영이는 어린이 신문, 학생 신문, 성인 신문을 다 읽는다.
ㅁ. 선영이는 어린이, 학생, 성인 신문을 다 읽는다.
ㅂ. 선영이는 어린이와 학생, 성인 신문을 다 읽는다.[74]

(94) ㄱ. 국립 중학교, 사립 중학교, 공립 중학교를 통틀어서…
ㄴ. 국립, 사립, 공립 중학교를 통틀어서…
ㄷ. 국립과 사립, 공립 중학교를 통틀어서…

(95) ㄱ. 영희는 요즘 건축에 관심이 많아서, 돌집, 나무집, 흙집을 유심히 본다.
ㄴ. 영희는 요즘 건축에 관심이 많아서, 돌, 나무, 흙집을 유심히 본다.
ㄷ. 영희는 요즘 건축에 관심이 많아서, 돌과 나무, 흙집을 유심히 본다.

(96) ㄱ. 영희와 철수가 무슨 사이지? 애인? 친구?
ㄴ. 어디 감자가 맛있다고? 평창? 고성?
ㄷ. 어느 시대 음악을 좋아한다고? 현대? 근대?

---

74) (93)의 예문은 왕문용(1988)에서 인용한 것이다.

(97) ㄱ. *그 다리가 무슨 다리지? 돌? 나무?
     ㄴ. 그 다리가 무슨 다리지? 돌다리? 나무다리?

관형어와의 결합관계에서 선행명사구가 후행명사와 분리되지 않는 '현대 음악'과 같은 구조도 위와 같이 선행성분이 후행명사와 분리되어 쓰일 수 있다. 합성명사의 경우, 선행성분이 생략되고 후행성분만이 쓰일 경우, 그 의미는 전혀 달라진다. (95ㄴ)에서는 영희가 열심히 보는 대상은 '돌집', '나무집', '흙집'이 아니라 '돌', '나무', 그리고 '흙집'이다. (95ㄷ)에서도 (95ㄱ)의 의미를 나타낼 수 없다. 반면에 (93ㄴ,ㄷ)은 (93ㄱ)의 의미로, (94ㄴ,ㄷ)은 (94ㄱ)의 의미로 해석된다. 이는 선행성분이 후행명사와 분리되어 독립적으로 쓰일 수 있다는 점에서, 초점을 받을 수 있는 명사구임을 알 수 있다.

분리성은 (96), (97)의 형태로도 나타난다. 관형명사구 구조에서는 선행성분이 분리되어 '무슨'이나 '어디' 등으로 이루어진 의문문의 대답이 될 수 있다. 반면에 합성어에서는 (97ㄱ,ㄴ)에서 보듯이 '무슨'에 대한 대답으로 선행성분만이 분리되어 쓰이지 않고, 합성어 전체로 대답하게 된다. 이는 3.2절에서 설명되었듯이 관형명사구 구조의 선행성분은 명사구로 초점의 영역이 될 수 있기 때문이다. 그런데, 합성어의 선행성분은 명사구를 형성하지 못하므로 후행성분과 분리되어 초점의 영역이 되지 못한다.

이러한 분리성으로 볼 때, 관형명사구 구조에서 관형기능 명사구와 후행명사가 긴밀한 관계에 있다고 하더라도, 관형기능 명사구는 후행명사와 관계없이 초점을 받는 성분이 되어 자립적으로 쓰일 수 있음을 알 수 있다. 따라서, 관형명사구 구조와 합성어는 '쉼'이 다르다.

(98) ㄱ. 시냇물    ㄴ. 이슬비    ㄷ. 초생달

(99) ㄱ. 애인+사이   ㄴ. 이창희+이사   ㄷ. 학교+운동장

관형명사구 구조와 합성어에서 '쉼'이 다르게 나타나는 것은 관형명사구 구조는 선행명사구와 후행명사가 독립적이므로 그 사이에 '쉼'을 둘 수 있으나 합성어에서는 두 성분이 한 낱말을 형성하는 것이므로 두 성분이 독립적으로 쓰이지 못하기 때문이다.

이러한 점으로 보았을 때, 관형명사구 구조는 합성어와 달리 통사적 구성체이다.

## 3.7 관형기능 명사구와 관형사

3.7.1 명사 단독으로 쓰인 명사구는 조사와 결합하지 않고 다른 명사를 수식한다는 점에서 관형사와 유사해 보인다. 그러나, 명사구가 조사의 도움없이 관형어로 기능할 경우에도 그 명사구의 핵 성분을 관형사로 보지 않는 것은 관형사와 그 용법 및 기능면에서 차이를 보이기 때문이다.

관형사는 체언 앞에서 그 체언이 어떠한 것이라고 매기는 것을 이른다. 즉, 그것은 '어떠한 것이냐?' 하는 물음에 대하여 그 어떠한 것임을 답하는 말에 해당하는 것이다.[75] 따라서, 관형사는 의문문에서 '어떤'으로 대용되

---

[75] 체언을 꾸미는 관형사는 반드시 꾸미어 지는 체언의 앞에 가며, 그 뜻으로 보아 다시 성상관형사, 수량 관형사, 지시 관형사로 나뉜다. 성상 관형사는 일이나 물건의 겉모양과 속바탈을 실질적으로 그리는 관형사로 성질, 상태에 관한 '새, 헌', 공간에 관한 '대, 소', 서로 사이의 관계에 관한 '주, 준' 등이 이에 속한다. 수량관형사는 일이나 물건의 셈이나 양을 나타내는 것으로 셈을 나타내는 '한, 두, 한두' 등과 양을 나타내는 '온, 반' 등을 말한다. 지시관형사는 말하는 이가 가리키는 관형사를 이르며, 공간을 나타내는 '이, 그, 저' 등과, 시간을 나타내는 '내, 명', 가리키는 대상이 불분명한 '아무, 어느, 무슨' 등이 여기에 속한다. 이는 최현배(1982)의 정의와 분류를 소개한 것이다. 물론 이에는 관형사로 다루기 어려운 것도 있으나, 관형사에 관한 것은 깊이 다루지 않겠다.

는 모습을 보인다. 명사가 조사 없이 관형어로 쓰일 때도, 의문문에서 '어떤'으로 대용될 수 있다는 점에서 관형사와 같은 모습을 보인다.

(100) ㄱ : 그가 어떤 제스처를 취했는데?
　　　ㄴ : 거짓 제스처를 취해서 문제가 되었지.
(101) ㄱ : 어떤 집이 좋아?
　　　ㄴ : 그야 물론 새 집이 좋지.

관형기능 명사구가 '어떤'으로 대용될 수 있다는 것은 관형사와 의미적으로 공유하는 부분이 있다는 근거가 된다. 그러나, 일부 관형기능 명사구의 경우, '어떤'으로 대용되지 않기도 한다.

(102) ㄱ : 그 책이 어떤 책인데?
　　　ㄴ : 저 책이야.
　　　ㄷ : ?*말본 책이야.
　　　ㄹ : 말본에 관한 책이야.

'책'의 속성을 묻는 (102ㄱ)에 대한 대답으로 (102ㄴ,ㄹ)은 적절하나 관형명사구 구조인 (102ㄷ)의 대답은 어색하다. 이는 관형사나 관형절이 그 책의 속성을 설명해 줄 수 있는 데 반해, 관형기능 명사구는 그러한 속성을 나타내지 않기 때문이다. 이런 경우, '말본 책'이라는 대답을 얻기 위해서는 '무슨'으로 대용되는 의문문이 쓰인다.

(103) ㄱ : 무슨 책인데?
　　　ㄴ : *저 책이야
　　　ㄷ : 말본 책이야.

이처럼 관형기능 명사구는 관형사와는 달리 '무슨'에 대용되는 모습을 보이게 된다. 이는 관형기능 명사구와 후행명사가 이루는 의미관계가, 관형사와 후행명사가 나타내는 의미관계와 다르기 때문이다.

(104) ㄱ : 무슨 쓰레기?
　　　ㄴ : 음식물 쓰레기.
(105) ㄱ : 무슨 집이야?
　　　ㄴ : ?새 집이야.
(106) ㄱ : 걔네들 무슨 관계야?
　　　ㄴ : *그 관계야.
　　　ㄷ : 애인 관계야
(107) ㄱ : 무슨 소식을 들었는데?
　　　ㄴ : 친구의 결혼 소식.
(108) ㄱ : 무슨 공부를 한다고?
　　　ㄴ : 영어.

'무슨'으로 이루어진 의문문에 대답으로 관형사 '저'나 '새'로 받은 문장은 적절치 못한 대답이다.[76] 즉, 관형사는 후행명사에 대해 '어떤'으로 대치되는 의미관계를 나타내며, 관형기능 명사구는 '어떤'과 '무슨'으로 대치되는 의미관계를 나타낸다.

관형사는 성상 관형사, 수량 관형사, 지시 관형사로 나뉘는데, 이 중 '새'와 같은 성상 관형사와 '저'와 같은 지시 관형사가 '어떤'과 관련성을 보이며, 이들 관형사는 '무엇'처럼 지시 대상을 나타내지 못한다. 관형기능 명사구가 '어떤'으로 대용되는 것은 '거짓 제스처'의 '거짓'처럼 후행명사의 속성을 뜻할 때이다. 지시대상이 있는 관형기능 명사구는 '무슨'으로 대용

---

[76] 이러한 현상과 관련하여 김기혁(1990)에서는 선행명사만이 분리되어 대용을 받는다고 설명하고 있으나, 이는 대용된 형태와 대용되지 않은 형태의 의미가 다른 것을 전제하지 않은 결과라고 본다. 김기혁(1990)의 논의는 '주인 토끼'에서 '주인'이 대용되어 '그 토끼'의 형태로 실현될 수 있다고 보나, '무슨'과 '어떤'의 대응관계로 보았을 때 '주인 토끼'와 '그 토끼'의 의미를 같은 것으로 볼 수 없다.

된다. 따라서, '애인 사이'의 '애인'처럼 한정 수식을 하는 관형기능 명사구와 '결혼 소식'의 '결혼'처럼 보충기능을 하는 관형기능 명사구 모두 '무슨'으로 대용된다.77) 이러한 현상은 결국 관형사가 나타내는 의미이외에 다른 의미를 관형기능 명사구가 나타내는 것으로 설명이 된다.78)

3.7.2 관형사는 의존형식이므로, 후행명사와 분리되어 단독으로 쓰이지 않는다.

(109) ㄱ. 영희는 현대 음악, 근대 음악, 고전 음악에 능통하다.
ㄴ. 영희는 현대, 근대, 고전 음악에 능통하다.
ㄷ. 영희는 현대와 근대, 고전 음악에 모두 능통하다

---

77) 서술성 명사의 보충어는 '무슨'으로 대용되지 않을 때가 있다.
(ㄱ) 대구사건의 처리 과정에서 문제가 발생했다.
(ㄴ) *무슨 처리 과정에서 문제가 발생했다고?
(ㄷ) 뭔 처리 과정에서 문제가 발생했다고?
'무슨'과 '뭔'은 동의어 관계인 것 같으나 (ㄴ)은 비문이 되고, (ㄷ)은 자연스럽다.
78) '무슨'은 15세기에서는 '므슴', '므슥', '믓', '믓', '믓', '믓'의 꼴로 나타나며, '믓', '므슴'은 대명사와 관형사의 쓰임을 보이고, '므슥', '믓'은 대명사의 쓰임만을 보이고 '믓', '믓'는 관형사의 쓰임만을 보인다. 그리고, 대명사의 쓰임은 '믓것', '믓것'으로 나타나기도 한다.
(ㄱ) 그 닐온 것은 믓고(원각, 서 12) / 몬져 모로매 뼈곰 비호ᄂᆞᆫ 거시 믓 이린고 ᄒᆞ여(번소 8:33)
(ㄴ) 혼자 사라셔 므슴 효료(속삼, 열:8) / 일로 혜여 보건덴 므슴 慈悲 겨시거뇨 ᄒᆞ고(석보 6:6)
(ㄷ) 전(傳)ᄒᆞ샤미 믓기며 득(得)ᄒᆞ샤미 믓고(금삼 2:68)
(ㄹ) 길믈 ᄃᆞ토며 멸오물 ᄃᆞ토아 믓늘 ᄒᆞ고져 ᄒᆞ료(어내훈 3:34)
(ㅁ) 믓 이롤 겻고오려 ᄒᆞ눈고(석보 6:27)
(ㅂ) 믓 일이우리라 십년 지이 너룰 조차 내 ᄒᆞ일 업시셔 외다 마다 ᄒᆞᄂᆞ니(송강-이)21)
이 쓰임은 「우리말큰사전」에서 옛말과 이두 편을 참조한 것이다. 출전 역시 우리말 큰사전의 약어를 그대로 따랐다. 이러한 현상을 볼 때, 15세기에는 '므슴'이 '무엇'과 '무슨'의 의미를 모두 나타내는 어휘였으나 현대어에서는 '무엇'과 '무슨'으로 분화되어 쓰이기 때문에 관형기능 명사구를 '무슨'이 대용하는 것이 아닌가 한다.

ㄹ. 선영이는 어린이 신문, 학생 신문, 성인 신문을 다 읽는다.
ㅁ. 선영이는 어린이, 학생, 성인 신문을 다 읽는다.
ㅂ. 선영이는 어린이와 학생, 성인 신문을 다 읽는다.
(110) ㄱ. 이 집, 저 집, 새 집, 헌 집 할 것 없이 모두 문화주택이다.
ㄴ. *이, 저, 새, 헌 집 할 것 없이 모두 문화주택이다.
ㄷ. *이와 저, 새, 헌 집 할 것 없이 모두 문화주택이다.
(111) ㄱ. 영희와 철수가 무슨 사이지? 애인? 친구?
ㄴ. 어디 온천이 좋다고? 온양? 수안보?
(112) *그 집이 어떤 집이야? 새? 헌?

관형명사구 구조에서는 뒤에 오는 명사가 생략될 수 있다. 관형기능 명사구는 초점을 받을 수 있어서 후행성분과 분리될 수 있는 명사구이기 때문이다. 반면에 '관형사+명사'의 구조에서는 관형사만이 초점을 받아 분리될 수 없기 때문에 후행명사가 생략될 수 없다.

명사구가 관형기능을 할 경우에는 선행명사구만이 분리되어 '무슨', '어디'의 대용이 된다. 그러나 관형사가 쓰인 (114)에서는 관형사만이 분리되어 '어떤'에 대응되지 못한다. 이는 관형기능 명사구가 초점을 받을 수 있는 성분이기 때문에 단독으로 질문의 대답으로 쓰일 수 있기 때문이다.

즉, 관형사가 후행명사와 분리되어 쓰일 수 없는 의존성은 결국 초점을 받을 수 있는 성분이 될 수 있느냐와 관계가 있다. 관형기능 명사구는 초점을 받을 수 있는 성분이 되나 관형사는 그렇지 못하므로 후행명사와 분리되어 쓰일 수 없는 것이다.

### 3.7.3 관형기능 명사구와 관형사는 수식의 범위가 다르다.

(113) ㄱ. 현대 음악, 현대 무용, 현대 시는 이해하기가 어렵다.
ㄴ. *현대 음악, 무용, 시는 이해하기가 어렵다.
ㄷ. 어린이 신문, 어린이 아스피린, 어린이 잡지를 사 오너라.

ㄹ. *어린이 신문, 아스피린, 잡지를 사 오너라.
(114) ㄱ. 학기가 시작되면, 모두 새 공책, 새 필통, 새 가방을 가지고 학교에 간다.
ㄴ. 학기가 시작되면, 모두 새 공책, 필통, 가방을 가지고 학교에 간다.
(115) ㄱ. 저 넓은 바다
ㄴ. 별 희한한 것이 다 있네.
ㄷ. *애인 사랑하는 사이야

(113ㄴ)에서, '무용'은 '현대 무용'이라는 의미를 가지지 못한다. 전제된 성분의 속성을 한정해 주는 성분이 바로 앞에 나타나야 하는데, '무용' 앞에는 한정해 주는 성분 '현대'가 없으므로 '현대 무용'의 의미가 아니라 일반 무용의 의미이다. 반면에 (114ㄴ)에서 보듯이 '필통' 앞에 '새'라는 관형어가 실현되지 않아도 의미적으로 '새 필통'으로 이해된다.

또한 예문 (115)에서 보듯이 '저', '별'과 같은 관형사는 후행명사 사이에 다른 관형어를 개재시키기도 한다.[79] 관형기능 명사구와 후행명사 사이에 다른 성분이 끼이지 못한다. 이처럼 관형기능 명사구는 수식의 범위 면에서 관형사와 구별된다. 즉, 관형사는 '-의' 명사구와 수식 양상이 같다.[80]

3.7.4 지금까지의 논의를 정리해 보자. 관형기능 명사구와 관형사는 다음과 같은 점에서 차이점을 보이고 있다. 첫째, 관형사는 후행명사를 한정 수식하는 기능만을 하나, 관형기능 명사구는 후행명사를 한정 수식하는 기능 이외에 보충해 주는 기능을 가진다. 기능상의 차이점으로 인해 대응

---

79) 반면에 '새'는 명사와의 사이에 다른 성분을 개재시키지 못한다. '새'는 관형기능 명사구와 같은 양상을 보인다. 이는 '새'가 명사의 잔재를 보여, 관형기능 명사구와 같은 수식 범위를 가지기 때문이다.
80) 앞에서 보았듯이 '-의'와 결합한 명사구는 병렬관계에서 '새'와 같은 통사적 특성을 보인다.
 (ㄱ) 학교의 운동장, 돌다리, 나무는 우리의 추억속에 있을 것이다.
 (ㄱ)의 문장에서 '돌다리'는 '학교의 돌다리'로 해석될 수 있다.

되는 의문문의 형태가 달리 나타난다.

둘째, 관형기능 명사구는 후행명사와 분리되어 자립적으로 쓰일 수 있음에 반해 관형사는 의존 형식이므로 후행명사와 분리되어 자립적으로 쓰이지 못한다. 이는 초점의 영역이 되는 명사구를 형성하느냐 못하느냐와 관계가 있다.

셋째 수식의 범위가 다르다. 관형기능 명사구는 바로 뒤에 오는 명사나 '관형기능 + 명사'의 구성체만을 수식할 수 있으나, 관형사는 관형절의 수식을 받는 명사구까지도 수식할 수 있다.

## 3.8 관형기능 명사구와 명사성 어근

명사의 관형기능과 관련하여, 관형기능을 하는 명사구처럼 보이는 요소들을 명사구인지 아닌지를 밝힐 필요가 있다. '거대 도시'의 '거대'나 '국제 관계'의 '국제'와 같은 것들이 관형기능을 하는 명사구인지 아니면 단순히 어근인지가 밝혀져야 하는 것이다. 이에 대한 논의는 세 가지로 분류된다. 첫째는 이들을 "한자어인 관계로 이 단어들의 문법적 기능은 퇴화하지만 어휘적 의미는 변함이 없이 보존되고 있고, 단어로서의 기능은 점차 상실되어 가는 반면에 단어를 조성하는 기능이 적극화되고 있는" 특성을 지닌 어근적 단어로 서술하고 있는 고신숙(1987)과, 이들의 기능이 주로 명사 앞에서 명사를 수식하는 기능이 강하기 때문에, 관형명사로 서술하고 있는 김영욱(1994), 이들을 단어로 볼 수 없으므로, 형성소라는 문법범주를 설정한 남기심·이희자(1995)를 들 수 있다.

'거대', '국제' 등을 관형명사로 본 김영욱(1994)는 이들의 쓰임이 제약적이기는 하나 명사로 보아 단어의 지위를 준 것으로 볼 수 있다. 반면에 어근적 단어와 형성소로 본 견해는 단어와 형태소의 중간단계로 본 것으로 생각할 수 있다. 특히 고신숙(1987)과 남기심·이희자(1995)는 이들을 단어로 보기에는 무리가 있다고 본 점에서 공통성이 있다.

'거대'나 '국제' 등은 명사로 보기에는 부족한 점이 있다. 명사는 조사와 결합하여 문장의 여러 성분으로 쓰일 수 있는 특성을 가지나, 이들을 명사로 본다 하더라도 관형어로만 그 쓰임이 제약되며, 조사와의 결합이 자유롭지 못하다. 어휘적인 의미를 강하게 가진다는 점에서, 이들을 기존 사전에서는 명사로 분류하지만, 명사의 중요한 특성이 보이지 않는 것이다. 그렇다면, 이들을 명사와는 다른 문법범주로 보아야 할지 생각해 보아야 한다. 논의의 편의를 위해 이들을 의존적인 성분으로 통칭하기로 한다.

의존적인 성분의 모습은 조금씩 다르게 나타난다. 김영욱(1994)와 남기심·이희자(1995)에서 제시한 자료를 유형별로 보이면 다음과 같다. 우선, 제1 유형으로 주로 관형어처럼 쓰이고, 단어형성에서, '-적'과 결합할 수 있는 부류를 들 수 있다. 제1 유형에 속하는 것으로는 다음과 같은 것들이 있다.[81]

   (116) 제1 유형의 예.
      ㄱ. 원시 : 원시 시대, 원시 사회, 원시 상태
          원시적
      ㄴ. 국제 : 국제 관계, 국제 사회
          국제적
      ㄷ. 통속 : 통속 소설
          통속적

---

[81] 이 글에서는 의존적인 성분을 명사의 관형기능과 관계되는 부분에 국한하여 설명하고자 한다. 이외에 '깨끗하다'의 '깨끗'이나 '섭섭하다'의 '섭섭' 등도 의존적인 성분의 한 유형으로 설명이 될 수 있을 것이다. '깨끗'이나 '섭섭'이 자립적으로 쓰이지는 않으나 '깨끗도 하다', '섭섭은 하다' 등과 같이 '깨끗'이나 '섭섭'이 '하다'와 분리될 가능성을 보이기 때문이다.

제2 유형은 주로 관형사처럼 쓰이고, 단어형성에서, '-하다'와 결합하는 부류이다. 이들은 '-하다'와 결합하여 형용사가 된다.82)

(117) 제2 유형
  ㄱ. 강력 : 강력 살충제, 강력 사범
      강력하다
  ㄴ. 거대 : 거대 자본
      거대하다
  ㄷ. 극렬 : 극렬 시위, 극렬 분자
      극렬하다

'강력'은 명사 앞에서 관형사처럼 쓰이면서, '-하다'와 결합하여 형용사를 만든다.
제3 유형은 단어형성에는 관여하지 않으면서, 관형사처럼 쓰이기만 하는 부류이다. 이들은 다시 세 종류로 하위분류된다.83)

---

82) 남기심・이희자(1995)에서는 관형어로 쓰이면서 '하다'와 결합하여 동사를 형성하는 부류까지 논의하고 있으나 이는 우리의 논의에서 벗어난다.
  (ㄱ) 통원 : 통원 치료, 통원하다
  (ㄴ) 과적 : 과적 차량, 과적하다
  (ㄷ) 급성장 : 급성장 산업, 급성장하다
  (ㄹ) 급제동 : 급제동 차량, 급제동하다
  형용사를 형성하는 '강력'과는 달리 이들은 명사의 범주에 들 수 있다. 이들은 조사를 취할 가능성이 보이기 때문이다.
  (ㅁ) 대책없는 급성장은 위험하지 아마.
  (ㅂ) 급제동을 할 때, 몸이 앞으로 쏠리기 마련이다.
  조사와의 결합관계로 보았을 때 '통원', '과적', '급성장' 등은 명사의 범주에 들 수 있다. 특히 이들은 5장에서 볼 서술성 명사의 특성을 보인다고 할 수 있으며, '하다'와 결합하여 동사를 형성하는 것이 아니라 서술어를 형성한다고 보아야 할 것이다. 이에 대해서는 5장을 참조할 것.
83) 관형어적으로 주로 쓰이는 부류로 다음과 같은 준말을 들 수 있다.
  (ㄱ) 한일 (한국과 일본) - 한일 회담
  (ㄴ) 한미 (한국과 미국) - 한미 관계

(118) 제3 유형
  가. 단순형
    ㄱ. 기간 : 기간 도서, 기간 잡지, 기간물
    ㄴ. 고가 : 고가 도로, 고가 사다리
    ㄷ. 강성 : 강성 발언
    ㄹ. 여류 : 여류 작가
    ㅁ. 간이 : 간이 식당, 간이 시설
  나. 접두사가 붙어서 형성된 것
    ㄱ. 미- : 미취학 아동, 미확인 보도, 미전향 장기수, 미집행 사건
    ㄴ. 반- : 반국가 단체, 반독재 체재, 반미 감정
    ㄷ. 범- : 범국민 운동, 범민족 체육대회
    ㄹ. 저- : 저개발 국가, 저학력 사원, 저공해 상품.
    ㅁ. 비- : 비규격 제품, 비무장 지대, 비영리 단체
    ㅂ. 요- : 요주의 인물, 요시찰 지역
  다. 접미사가 붙어서 형성된 것
    ㄱ. -간 : 다국간, 다자간, 다년간
    ㄴ. -립 : 국립, 공립, 도립

이들이 우리의 논의에 등장하게 된 계기는 사전 편찬과 관련이 있다. 사전에 표제어로 등재되는 것은 단어의 범주에 속하는 것을 기준으로 하되, 몇몇의 접사를 예외로 하고 있다. 그러나, 위에 예에서와 같이 단어로 보기에는 불충분하며, 접사로 보기에는 그 어휘적 의미가 강해 접사로서의 성격을 가지지 못하는 것이 나타나기 때문에 이들을 어떤 범주로 묶어야 하는지가 먼저 해결되어야 하기 때문이다.

위에 든 예들은 앞에서도 잠시 이야기되었듯이 단어의 범주에 서기에

---

  (ㄷ) 농공 (농업과 공업) - 농공 단지
  준말은 그 자체의 통사적 특성을 보인다. '먹을 것이 많다'가 '먹을 게 많다'로 실현될 때, '것이'는 '게'로 줄어 명사와 조사의 융합체가 되어 문장의 한 성분으로 기능한다. 따라서, 위와 같은 준말도 준말의 한 특성으로 기술할 수 있을 것이다.

는 자립성이 부족하다. 그럼에도 기존사전에서는 이들을 명사로 취급하고 있다. 그러므로 이들의 범주를 확실히하여 단어로 인정할 것인지에 대한 논의가 있어야 한다. 이들의 범주를 확정짓기 위해서 먼저 이들의 쓰임을 살피려고 한다. 이들이 실제 언어생활에서 어떻게 쓰이는지에 따라 이들의 범주가 결정될 것이다.

3.8.1 의존적인 성분의 쓰임

명사로 취급하기에는 자립성에서 부족한 점을 보이는 부류들을 특정 범주로 설정하기 위해 (1) 이들을 접사로 볼 가능성은 없는지, (2) 주로 관형사처럼 쓰이므로 관형사의 범주에 넣을 것인지, (3) 비자립적 어기[84]인 어근으로 볼 수 있는지, (4) 이들을 명사로 볼 수 있는지를 중점적으로 보려고 한다.

3.8.1.1 제1 유형에 속하는 '원시', '국제', '통속'의 쓰임을 보자.

(119) ㄱ. 이 글의 내용으로 미루어보면 이조말에 이르러 항구는 거의 <u>원시</u> 상태였음을 알 수 있다.
ㄴ. 서민의 가옥은 초라하고 거의 <u>원시</u> 시대의 것이라고 생각되는 것도 있었다.
ㄷ. 그것은 우리가 우리의 과거를 너무도 소박한 <u>원시</u>로 바라보는, 진화론적 음모의 세뇌 속에서…
ㄹ. 식민주의는 다름 아닌 어둠을 밝히기 위해서 위험을 무릅쓰고 <u>원시</u>의 땅에 상륙한 것이며…
ㅁ. <u>원시</u>의 모습으로 비어 있는 파란 하늘.

---

84) 어기는 접사가 붙는 성분 전체를 가리킨다. 이 어기는 자립적 어기인 단어와 비자립적 어기인 어근으로 구분된다. '평화스럽다'에서 어기인 '평화'는 단어의 지위이나 '용감하다'의 어기인 '용감'은 비자립적인 어근이다.

ㅂ. <u>원시의</u> 가치가 역사를 통해 미흡하게나마 알려 지는 것이 다행이라고만 했다.

ㅅ. 또 그 마을의 촌 여자에게서 <u>원시의</u> 야성을 발견하기도 하는 것이었다.

(120) ㄱ. 무지는 범죄를 짓고도 돈 있는 작자들은 곧 석방되지만, 돈 없는 자들은 꼬박 형을 받고 나오는 사회적인 <u>통속을</u> 일례로 들려주었다.

ㄴ. <u>통속</u> 소설이나 쓰면서 대중적인 인기를 교묘하게 누리고 있는 작가들.

ㄷ. 백승하가 3류 영화들의 억지 멜러물에 신물이 난 상태라면 나 역시 이 세상에 실재하는 <u>통속</u> 드라마들에 어지간히 지쳐있는 사람이다.

ㄹ. 진정한 작가는 어떻게 하면 <u>통속으로</u> 매도당하지 않는 선에서 내 소설을 많이 팔아먹을 수 있을까 그 생각만 하는 사람이야.

ㅁ. 일류의 정신, 고급한 문화가 무엇인지를 한번도 체험해 보지 못하고 언제나 삼류와 <u>통속의</u> 세계만을 헤쳐온 것이 그의 성장 이력이었다.

(121) ㄱ. 그러나 이 사고 방식으로 <u>국제</u> 전쟁을 시작했으니 비극을 자청한 결과가 된 것은 당연하다.

ㄴ. 여기에서 두 사람의 대청관이 장황한 <u>국제</u> 문제로 등장하고 있다.

ㄷ. 서울 같은 대도시 경제의 원동력은 <u>국제</u> 공항이라 해도 무리가 아니다.

ㄹ. 병원의 응급실, <u>국제</u> 전화 교환대, 조간 신문사의 텔렉스실이 재생산의 힘을 모으려고 모두 잠든 사이에 서울을 지킨다.

ㅁ. 지금은 많은 나라들이 잦은 <u>국제</u> 교류에서 빚어지는 불편 때문에 중단했고…

제1 유형에 속하는 부류가 동질적인 특성을 보이는 것은 아니다. '원시'와 같은 경우는 '원시의 상태'의 의미로 '-의' 명사구나 '-로' 명사구에 쓰인다. 그러나 주로 관형기능을 하는 (119ㄱ,ㄴ)과 같은 구조에 쓰인다. 따라서, '원시'는 관형성이 강한 명사로 분류할 수 있다.

'통속'과 같은 경우는 (120ㄱ)의 의미와 (120ㄴ,ㄷ,ㄹ,ㅁ)의 의미가 다르다. (120ㄱ)에서는 '널리 통하는 풍속'의 의미로 쓰임의 제약이 없다. 주어나

'-를' 명사구, '-에' 명사구 등으로 쓰인다. 그러나, (120ㄴ)에서처럼 관형기능을 할 때는 '일반 대중에게 널리 쉽게 통하는'의 의미를 가지게 된다. (120ㄴ)의 의미를 가지는 '통속'은 쓰임에 제약을 보인다. '통속'은 주로 관형기능을 하거나 '-의' 명사구에 쓰이며, (120ㄹ)과 같은 쓰임은 많지 않다. 그러나 조사와 결합하여 문장의 한 성분으로 쓰일 수 있기 때문에, (120ㄱ)의 '통속'과 (120ㄴ)의 '통속'을 동형어로 본다 하더라도 '통속'은 명사의 범주에 든다.

'국제'와 같은 경우는 명사로 볼 근거가 없다. 조사와 결합하여 쓰이는 일이 없으며, 관형기능 명사구와 성격이 다르기 때문이다.

(122) ㄱ. 골수 **여당** 의원
ㄴ. ***국제** 학생 사회
ㄷ. 이렇게 함으로써 우리 산업도 국제경쟁력을 갖고 세계시장을 개척하도록 하자는 것이다.

관형기능 명사구인 '골수'는 '여당'을 수식할 수 없지만 '여당 의원' 앞에 쓰여 '의원'을 수식한다. 그러나, '국제'는 '사회'를 수식할 수 있으나 '학생'을 수식할 수 없기 때문에 '국제학생사회'는 비문법적인 구성이 된다.[85] 이것은 '국제'가 관형기능 명사구와는 달리 바로 뒤에 오는 성분에만 관여하기 때문인 것으로 보인다. 그렇기 때문에 '국제경쟁력'과 같은 구성에서는 '국제'가 '경쟁력'을 수식하지 못하고 '경쟁'만을 수식하는 의미가 된다.

그렇다면, '국제'와 같은 부류는 어떠한 범주에 넣을 수 있는가를 보자.

---

85) '국제학술회의'에서 '국제'는 '학술회의'를 수식하는 관형기능 명사구로 볼 수도 있다. 그러나 '학술회의'가 하나의 명사구를 형성한다고 해도 '국제'를 관형기능 명사구로 볼 근거는 미약하다. 이외에 '국제 외국어 경시대회'라는 구성체도 가능할 듯하다. 이처럼 '국제'가 관형기능 명사구와 같은 쓰임이 확대되면 명사의 지위를 가질 수 있을 것이다.

우선, 접사로 볼 가능성을 보자. 접사는 최현배(1982: 657)에 따르면 접사는 (1) 다른 성분과 어울려 문장의 구성체가 되는 부류이며, (2) 완성된 단어나 또한 완성되지 못한 어근에 붙고, (3) 기능은 뜻을 바꾸거나, 어근의 자격을 바꾸는 것이다.86) '국제'는 다른 성분과 어울려 문장의 구성체가 되지만, 접미사인 '-적'87)과 결합하여 파생어를 형성한다는 점에서 접사로 볼 수 없다. 만일 '국제'를 접사로 본다면, '국제적'은 접사와 접사로 만들어진 단어가 된다.

그렇다면, '국제'가 주로 명사 앞에 쓰인다는 점에서 관형사로 볼 가능

---

86) 그러나 이런 정의만으로는 접사와 다른 성분과를 가름하기 곤란한 경우가 있다.
 (ㄱ) 맨손, 맨주먹, 맨머리 (ㄴ) 맨 꼭대기, 맨 위, 맨 끝
'맨손'의 '맨-'은 접두사이며, '맨 꼭대기'의 '맨'은 관형사로 분류되어 있다. 의미의 차이를 무시한다면, 이들이 다른 범주에 속하는 근거를 찾기 힘들다. '맨손'의 '맨-'이나 '맨 꼭대기'의 '맨'이 모두 명사 앞에 쓰이며, 직접적으로 문장의 구성체가 되지 못하는 점에서 공통성을 보인다. 그럼에도 불구하고, '맨손'의 '맨-'은 접두사로, '맨 꼭대기'의 '맨'은 관형사로 설정하여, 서로 다른 문법범주로 설명한다. 이런 현상에 대해 최현배(1982: 670)는 다음과 같은 부연설명을 하고 있다. '씨와 씨가지와의 다름은 위에서 씨가지의 뜻을 말할 적에 이미 말한 바와 같다. 곧 씨가지는 말의 한 낱덩이(單位)가 되지 못하는 것이다. 그렇지마는 우리는 흔히 씨와 씨가지와를 가르기 어려운 것이 있음을 보나니 : 이를테면, 위에 든 앞가지와 씨와의 가름이 똑똑하지 못한 것과 같다. 곧, 앞가지 가운데에 (1) 임자씨 앞에 가는 것 가운데의 어떤 것(참, 맏…)은 이름씨와 비슷하고, 어떤 것(날, 한, …)은 매김씨와 비슷하고, (2) 풀이씨 앞에 붙는 것 가운데의 어떤 것(치, 올…)은 어찌씨와 비슷하다. 그러나 그것이 한 낱의 독립한 씨로서의 따로섬(分離性)이 있나 없나는, 오로지 우리말의 임자인 배달겨레의 말마음(言語意識)에 비추어 보아서 판단할 수밖에 없느니라(한가지의 것도 경우를 따라, 씨도 되고 씨가지도 되나니 : '참, 날'의 따위니라)'라고 설명하고 있다.
 즉, 언어현상에는 그 경계가 분명치 않은 부분이 있음을 인정하고, 이의 경계를 언중의 언어의식에 따라 결정해야 함을 말하고 있다. 이러한 경향은 허웅(1995)에서도 인정한다. 그러나 이러한 경향에도 불구하고 우리는 경계에 서 있는 부류들을 가장 가까운 특성을 보이는 부류에 편입시키려고 한다. 그러한 결과로 '원시'나 '통속' 등을 명사의 범주에 넣게 되는 것이다.
87) '-적'은 사전에서는 주로 한자말 뿌리에 붙는 것으로, 최현배(1982)에서는 '-적'이나 '-화'를 명사에 붙는 접미사로 설정하고 있다. 바꾸어 말하면, '-적'이 결합하는 어기는 명사이거나 한자말 뿌리 즉, 어근이라고 할 수 있다.

성을 보자. 단어 형성의 관점에서, 관형사는 조사뿐만 아니라, 다른 범주로 기능하게 하는 접사와의 결합이 부자연스럽다. 다른 문법범주가 관형사로 파생되는 일은 있으나, 관형사가 다른 문법범주로 파생되는 예는 극히 한정되어 있다.88) '국제'는 관형사와 결합하지 못하는 '-적'과 결합하여 파생어를 형성한다. 따라서, 관형사로 볼 수 없다. 또한 수식의 범위에서 관형사와 차이를 보인다.

(123) ㄱ. 거 참 별 **희귀한** 종자도 다 보겠구나.
ㄴ. 별 **엉뚱한** 얘기를 다 꺼내네 하는 표정과 함께.

관형사인 '별'은 '희귀한 종자', '엉뚱한 얘기'와 같이 명사구를 수식할 수 있다. 그러나, '국제'는 후행성분만을 수식한다. (121ㄹ)의 '국제 전화 교환대'에서 '국제'가 수식하는 것은 '전화'이지 '전화 교환대'는 아니다. 즉, '국제'는 바로 뒤에 오는 성분만을 수식한다.

'국제'를 명사, 접사, 관형사로 볼 근거가 없다. 그렇다면, '국제'를 어근으로만 볼 때, 생기는 문제를 보자. '국제'를 어근으로 처리한다면, '국제전쟁', '국제문제', '국제공항', '국제전화', '국제교류' 등은 합성어가 된다. 합성어는 개별단어에 관계되는 개념이다. 합성어는 그 규칙을 설정할 수 없는 개별적인 현상이므로 규칙적인 결합양상을 보이지 않는다. 그러나 '국제'와 명사와의 결합은 규칙적인 것처럼 보인다. 예문 (121)에서 보듯이 다

---

88) 최현배(1982)에서는 관형사가 접사와 결합한 예를 다음과 같이 제시하고 있다.
(ㄱ) 매김씨를 그림씨로 만드는 것(다른 씨로 바꾸는 뒷가지는 없는 듯)
"-롭다" 새롭다, 외롭다 / "-지다" 외지다, 찰지다, 메지다
'새롭다'의 경우는 관형사에 '-롭다'가 결합되었다고 볼 수 없다. 이 단어를 만들어질 당시 '새'는 명사로서의 쓰임이 없었다고 단정할 수가 없기 때문이다. 15세기 문헌에는 '새'가 명사로서 기능하고 있다.
(ㄴ) 헌 옷도 새 ᄀᆞᆮᄒᆞ리니(月八100)  (ㄷ) 新은 새라(訓諺)
'찰지다'나 '외롭다', '메지다' 또한 다른 면에서 고찰해 볼 수 있을 듯하다.

른 합성어와는 달리 '국제'와 결합할 수 있는 명사는 '국제'의 의미와 충돌하지 않는 한 규칙적으로 추정할 수 있다. 이것은 정도성의 문제로 생각할 수 있다. 접두사로 규정된 '허튼'의 경우도 그 결합빈도가 높은 편이다.

(124) 허튼가락, 허튼계집, 허튼고래, 허튼굿, 허튼말, 허튼 매, 허튼맹세, 허튼모, 허튼 무리, 허튼발, 허튼뱅이, 허튼사람, 허튼소리, 허튼수작, 허튼시침, 허튼향상치기, 허튼장, 허튼춤, 허튼타령, 허튼톱 등[89]

이러한 예들을 볼 때, 결합하는 정도에 따라 범주와 범주의 결합이냐, 개별단어의 현상이냐를 논의하기는 힘들다. 즉, 결합하는 정도가 높다고 하더라도 '국제'는 어근의 범주로 설정할 수 있다.

제1 유형에 속하는 '원시'나 '통속'은 주로 관형기능을 하는 명사로 그 특성을 설명할 수 있으며, '국제'는 어근으로 설명이 된다. 즉, 유형적으로는 '원시'나 '통속'과 같은 부류로 묶일 수 있으나, 그 쓰임을 보아 '국제'는 단어라 할 수 없는 것이다.

주로 관형기능을 하는 것처럼 보이는 '국제'와 같은 성분은 차츰 자립성을 띠어 가기도 한다. 특히 서술성 명사와 결합하는 어근은 부사성 명사로 그 지위를 넓혀 간다.

(125) ㄱ. 5월 하순부터 각 종목별 대표 선발전을 실시, 8월 초순까지 <u>최종</u> 대표단을 확정할 것으로 알려졌다.
ㄴ. 물가 안정 그 자체가 정착의 <u>최종</u> 목표는 아니나…
ㄷ. <u>최종</u> 결과는 편지나 전화로 결혼 상담소측에 연락을 해주는 것이다.
ㄹ. 며칠전 <u>최종으로</u> 마음을 떠 보았지만 실패했어.
ㅁ. 그 <u>최종의</u> 타깃이 박정희라면 첫 번째로 제거해야 할 인물은 김종필

---

[89] 이 예들은 대부분 고영진(1995)에서 재인용한 것으로 '허튼'을 '*헛틀다'의 관형형이 굳어져 접사가 된 것으로 설명한다.

ㅂ. 몇 번에 걸친 논의 끝에 <u>최종</u> 확정된 것이다.
ㅅ. 대회 조직 위원회는 8 개 참가국 엔트리를 마감하는 한편 경기 세부 일정을 <u>최종</u> 확정했는데…
ㅇ. 결과적으로 일은 잘 되어 순직으로 <u>최종</u> 결정되었다는 통보를 받고 나는 처음으로 눈물을 글썽거리게 되었다.
ㅈ. 이 총재는 11 일 정국 전반에 대한 당의 대책을 <u>최종</u> 결정지을 예정이다.
ㅊ. 29 일 대부분의 수험생들이 지원 대학 및 지망 학과를 <u>최종</u> 결정, 원서를 작성할 것으로 예상하고 있다.

위의 예문에서 '최종'은 그 소속 범주가 불분명하다. (125ㄱ, ㄴ, ㄷ)만으로는 '최종'은 어근이다. 그러나, '최종'은 '-의'나 '-로'와 결합하여 문장의 한 성분으로 쓰이고 있다. 이를 볼 때, '최종'은 '원시'류처럼 명사의 범주에 든다. 그런데, 이 '최종'은 (125ㄹ, ㅁ, ㅂ, ㅅ)에서 보듯이 서술성 명사를 수식하는 부사처럼 쓰이기도 한다. 그럼에도, '최종'을 부사로 보기에는 무리가 있다. 부사라면, 다른 동사를 수식할 수 있어야 하는데, '최종'이 부사로 쓰일 경우에는 서술성 명사와 '하다'가 결합된 서술어 앞에 쓰일 때이다. 또한, '최종'은 '-적'과 결합하여 '최종적으로, 최종적인'의 형태로 쓰일 수 있다. (125ㄹ)의 '최종으로', (125ㅁ)의 '최종의'에 근거하여 '최종'을 명사로 보고 명사의 부사성[90]으로 설명할 수밖에 없다. 즉, 어근이 불완전하나마 명사의 특성을 지니게 되면서 부사성까지 보이게 되는 것이다.[91]

---

[90] 명사의 부사성은 조사 없이 명사가 부사어로 쓰이는 특성을 말하며, 이에 대해 다음 장에서 자세히 볼 것이다.
[91] '적극'과 같은 경우는 '최종'과 같이 부사성을 보이다 부사로 전이된 것 같다.
  (ㄱ) 대대적인 개편을 이미 여러 경로로 건의받고 있으며, 이를 <u>적극</u> 검토 중인 것으로 안다.
  (ㄴ) 수배 학생은 주동자급 2 명, <u>적극</u> 가담자 13 명, 신체 검사 및 현역 입영 대상자 10 명 등이다.
  (ㄷ) 주민들의 소득 증대를 위해 91 년까지 6 백 정보의 새로운 농경지를 조성하고

'최종'과 유사한 특성을 보이는 것으로 '전면'을 들 수 있다.

(126) ㄱ. 관련자 사법 처리가 끝난 뒤, 전면적인 당-정 개편을 단행할 것을 검토 중인 것으로 5일 알려졌다.
ㄴ. 당-정 25일 쯤 전면 개편
ㄷ. 며칠 전부터 하루 50개씩으로 줄여 생산하던 구조물을 하루 한 개로 전면 축소하겠습니다!
ㄹ. 상공부는 한국형 승용차 양산계획은 물론 중대형 합작조립 생산차에 대해서도 전면 재검토에 들어가지 않을 수 없다는 표정이었다.
ㅁ. 회장님 말씀대로 전면 백지화가 됐습니다.
ㅂ. 우루과이라운드가 타결되고, 농축산물이 전면 수입개방되면서 상황은 완전히 딴판이 되어 버렸다.
ㅅ. 프랑스는 제네바협정을 어기고 전면 총선거를 외면한 채 군대를 철수해 버리고…
ㅇ. 저들의 전면 탄압이 시작된 것 같습니다.
ㅈ. 중앙에서는 우리 단위에 대한 전면 소독을 요청하고 있습니다.
ㅊ. 전면 파괴는 안되지만 내부 혼란을 유발할 수 있는 요란공격은 가능합니다.

　　　화훼 단지 등 고소득 작물 재배를 적극 유도키로 했다.
(ㄹ) 두 사람이 옛날처럼 자유롭게 영화를 만들기 위해 돌아왔다면 받아 들이는 것은 물론 내 힘이 미력하겠지만 적극 돕겠다.
(ㅁ) 정부는 주택 건설 촉진을 위한 예산 지원을 크게 늘려 서민층의 내 집 마련을 적극 뒷받침하기로 했다.
(ㅂ) 태평양 지역에 대한 적극 평화 공세를 폈다.
(ㅅ) 그런데 어머님께서 저희들에게 적극 분가를 제안하셨지요.
(ㅇ) 정부에서도 이 일을 알고 적극 도와 주었습니다.
'적극'의 경우, 명사로서의 쓰임은 보이지 않으며, '-적'과 결합하여 쓰일 수 있다. 부사적인 속성을 가지는 '최종'과는 달리 '적극'은 일반 동사와의 결합이 자유롭다. '적극 돕다'와 같은 구성이 자연스럽다. 또한, '분가를 제안하다'와 같이 서술구를 수식하기도 한다. 따라서, '적극'은 부사로 볼 수 있다. 그렇다면, (ㄴ)의 '적극가담자'는 부사와 명사 '가담자'가 결합한 합성어가 된다. -적과 결합하여 파생어를 만든다는 점에서 '적극'은 일반 부사와 다른 점이 있다. 그러나 '적극'을 명사로 볼 근거가 없으므로 부사의 범주에 포함시킨다.

ㅋ. 미국은 오히려 <u>전면</u> 경쟁과 적대 무역에 참가하기 위해 우리도 너희들과 똑같은 놈이다.
ㅌ. 그런가 하면 유엔군의 <u>전면</u> 후퇴가 벌써 시작되었다는 얘기도 나돌았다.
ㅍ. 70년도부터는 7개 차종의 생산을 <u>전면으로</u> 금지시키려 몇 가지 기본형의 양상을 촉구하고…

'전면'은 '-적'과 결합하여 쓰일 수 있다는 점에서 명사의 속성을 지닌다. 그러나, '전면'은 서술성 명사와 결합하는 특성으로 인해 부사의 속성도 보이고 있다. '전면적인 개편'이 '전면 개편'으로 실현되는 것은 '전면'이 명사적인 속성과 서술성을 수식할 수 있는 부사의 속성을 보이기 때문이다. '전면'도 불완전하나마 명사로 볼 수 있다. (126ㅍ)을 보면, '전면'이 '-으로'와 결합하여 부사어로 기능하고 있는 것이다. 이러한 면은 '절대'에 오면 더욱 강화된다.

'절대'의 경우는 '최종'과 유사한 면을 보이나, 사전에서는 명사와 부사의 범주로 기술되고 있다.

(127) ㄱ. 이 중앙 집권적 <u>절대</u> 권력은 바로 경제 영역에 있어서 군주의 절대적 지배와 우위를 기반으로 하고 있는 것이다
ㄴ. <u>절대</u> 권한, <u>절대</u> 추종이 우리의 미래를 얼마나 어둡게 하는가를 가르쳐야 합니다.
ㄷ. 읽을 수 있고 쓸 수 있는 것이 그 주고 받음의 <u>절대</u> 조건이기 때문이었다.
ㄹ. 농업 취업자 <u>절대</u> 인구의 증가는 대부분 이들 여성 취업자의 증가에 의했던 것이다.
ㅁ. 무엇보다 산모는 지금 <u>절대</u> 안정을 시켜야 해요.
ㅂ. 일본에서는 엄한 계급 조직과 권력에 <u>절대</u> 복종하는 일만을 미덕으로 알아 왔기 때문에 대화의 필요가 있을 수 없었다.
ㅅ. 못이 살림 집 왼쪽이나 오른쪽 혹은 뒤쪽에 있는 걸 모두 꺼리며 대

ㅇ. 문 앞에 못이 3개 있는 것을 <u>절대</u> 싫어한다.
ㅇ. 서쪽으로 향하는 것은 <u>절대</u> 불가하니 서쪽 문은 이롭지 못하기 때문이다.
ㅈ. 몇 년, 몇 월, 며칠, 몇 시, 몇 분, 몇 초의 시간의 거의 <u>절대</u>에 가까우리만큼 표준성을 가지고 나타난다.
ㅊ. 문학이 <u>절대</u>라고 믿는 마당인 만큼 다른 어떤 요소란 이 <u>절대</u> 앞엔 무의미한 것이 아닌가.
ㅋ. 그는 아무에게도 구속받지 않는 <u>절대</u>의 자유인이었다.

'절대'는 (127ㄱ,ㄴ,ㄷ,ㄹ)에서처럼 주로 명사 앞에 쓰인다. (127ㅈ,ㅊ,ㅋ) 과 같은 예문에서 '절대'는 명사로서의 쓰임이다. 그리고 (127ㅁ,ㅂ,ㅅ,ㅇ) 에서처럼 서술어를 수식한다. 주로 명사앞에 쓰이지만 명사의 범주에 속하며, 관형성과 부사성을 가져 관형기능과 부사적 기능을 할 수 있는 것이다. 즉, '절대'는 주로 관형성과 부사성을 가진 명사로 설명할 수 있다.

이처럼, 관형기능을 하는 명사구처럼 보이는 부류들의 쓰임을 보면 각각의 특성이 다름을 알 수 있다. '국제'와 같이 어근으로 보아야 하는 부류와 '원시'나 '통속'처럼 관형기능을 주로 하는 명사의 부류, '최종'처럼 부사성 명사로 볼 수 있는 부류, '절대'와 같이 명사의 지위를 확보하여, 관형기능과 부사적 기능을 주로 담당하는 명사류로 나뉜다. 따라서, 이들을 하나의 범주로 묶어 설명할 수 없다. 각각의 쓰임을 보아 그 범주를 결정해야 한다.

3.8.1.2 제2 유형에 속하는 '극렬', '거대'의 예를 보자.

(128) ㄱ. 돌팔매질 하나 없는 가운데 현장을 완전 장악한 김두한 부대는 <u>극렬</u> 분자를 색출해내는 작업부터 했다.
ㄴ. 이 과장은 노사분규가 전국적으로 확산되는 것을 막기 위하여 <u>극렬</u> 노조가 있는 사업장의 노사분규는 조기 타결의 분위기를 만들어…

ㄷ. 이유는 다름 아닌 정부에 대한 강한 비판 논조 때문. 소위 극렬 야당
지라는 이유 때문이었다.
ㄹ. 그런 서클에 들어갔다고 해서 다 극렬 시위자가 되는 것은 아니잖
아.
ㅁ. 협소하고 제한된 사회 속에서 오로지 권위의식만을 극렬하게 내세
우며…
ㅂ. 그 모습은 아까보다 더욱 극렬하고 처절했다.
(129) ㄱ. 이 여백의 시장은 거대 기업의 생산 방식과 기업 조직의 모습으로
바꾸어갈 뿐 아니라…
ㄴ. 얼마 전 정부는 서울특별시와 직할시급 거대 도시를 2년간 연구하고
검토한 후에 모두 중소 도시로 해체하고…
ㄷ. 언론이라는 또 다른 거대 자본이 자기 자본의 확대를 노리고…
ㄹ. 일본으로서도 장기적으로 거대 시장의 확보라는 의미에서 이 지역
에 대한 투자를 아낄 이유가 없었다.
ㅁ. 그 무엇. 그것의 힘이 너무도 거대하게 종만을 짓눌러와 아름다움은
점점 슬픈 빛깔을 띠게 되었다.
ㅂ. 미국 같은 거대한 나라와 싸우는 일은 물건과 사람의 목숨을 최대한
으로 바꿔가며…

'극렬', '거대'는 주로 명사 '분자', '노조', '야당지', '가담자' 앞에 쓰이거나 '하다'와 결합하여 형용사를 만든다. 이 때, '-하다'[92]와 결합한다는 점

---

[92] 기존 사전에서는 '-하다'를 이름씨나 어찌씨 뒤에 붙어 풀이씨를 만드는 뒷가지로 설명한다. 즉, '극렬'이나 '거대'가 접사라면, '극렬하다', '거대하다'는 접사와 접사가 결합한 형태로 해석된다.
접사와 접사가 결합하여 단어를 형성하는 예는 다음과 같다.
(ㄱ) 숫지다 / 숫처녀, 숫총각, 숫백성
(ㄴ) 찰지다 / 찰벼
'숫-'은 일부의 이름씨에 붙어, '본디의, 깨끗한, 순진한'의 뜻을 나타내는 접두사이다. '-지다' 역시 명사를 동사로 만드는 접미사로 등재되어 있다. 따라서, '숫지다' 접두사와 접미사가 결합된 단어로 설명할 수 있다. 마찬가지로 '찰-'역시 '끈기가 있고 차진'의 뜻을 나타내는 접두사이며, '찰지다'는 접두사와 접미사가 결합된 형태로 볼 수 있다. 그러나, 최현배(1982)에서는 '찰'을 관형사로 보고 '찰지다'를 관형사와 접미사가 결합된

에서 이들을 접사로 볼 수 없으며, 조사와 결합하여 명사구로도 쓰이지 않으므로 명사의 범주로 설명할 수 없다. 또한 명사로 본다 하더라도 수식의 범위가 관형기능 명사구와 다르다.

(130) ㄱ. *거대 마피아 조직
　　　ㄴ. *극렬 마피아 단체
　　　ㄷ. 골수 여당 의원

관형기능 명사구 '골수'는 (130ㄷ)에서 보듯이 바로 뒤에 오는 '여당'을 수식할 수 없으나 '의원'을 수식할 수 있기 때문에 '여당 의원'을 수식한다. 그러나 '거대'나 '극렬'은 '조직', '단체'를 수식할 수 있으나 '마피아 조직', '마피아 단체'를 수식하지 못한다. 이는 '거대', '강력'이 명사가 아니므로 뒤에 오는 '마피아'에 결합해야 하기 때문이다.

그렇다면, 이들은 관형사로 볼 수 있는가? 이 또한, '-하다'와 결합할 수 있다는 점에서 관형사로 보기 힘들다. 그리고, (130ㄱ,ㄴ)에서 보았듯이 수식의 범위가 제한된다.

(131) ㄱ. 거 참 별 **희귀한 종자**도 다 보겠구나.
　　　ㄴ. 별 **엉뚱한 얘기**를 다 꺼내네 하는 표정과 함께.
　　　　(예문 (123)을 다시 쓴 것임)
(132) ㄱ. *그런 서클에 들어갔다고 해서 다 극렬 **대담한 시위자**가 되는 것은 아니잖아.
　　　ㄴ. *이 여백의 시장은 <u>거대</u> **많은 기업의** 생산 방식과 기업 조직의 모습으로 바꾸어갈 뿐 아니라…

예문 (131)와 (132)에서 보듯이 수식의 범위에서 관형사와 '극렬'류의 명

---

형태로 설명한다. 이러한 차이는 이들을 과연, 접사와 접사가 결합된 형태라는 것에 의문점을 던져주는 것이라고 생각한다.

사는 차이를 보인다. 또한, 성상 관형사는 부사의 수식을 받을 수 있음에 비해, '극렬'류는 부사의 수식을 받을 수 없다.

 (133) **아주** 새 집에서 잠을 자니까 기분이 좋네.
 (134) ㄱ. *그런 서클에 들어갔다고 해서 다 **아주** 극렬 시위자가 되는 것은 아니잖아.
   ㄴ. *이 여백의 시장은 **아주** 거대 기업의 생산 방식과 기업 조직의 모습으로 바꾸어갈 뿐 아니라…

'극렬'류가 관형사라면, 성상 관형사이다. 후행명사의 성질을 나타내기 때문이다. 그런데, (134)의 예문에서 보듯이 '극렬'류는 '아주'의 수식을 받지 못한다. 즉, 이들을 관형사로 볼 근거가 없다.93) '극렬'과 같은 특성을 '주요'에서도 볼 수 있다.

 (135) ㄱ. 주요 일간지마다 매주 한 번씩 모의고사 문제를 전면으로 싣는 우리 사회에서 대학 입학은 국민 모두의 지상 과제다.

---

93) 특히, 제2 유형은 '-하다'와 결합할 수 있으므로, 형용사의 관형형이 줄어든 꼴로 생각할 수 있다. '극렬'을 '극렬한'의 줄임꼴로 볼 수 있다는 것이다.
 (ㄱ) *극렬한 시위자 / 극렬 시위자
 (ㄴ) ?강력한 접착제 / 강력 접착제
 (ㄷ) *강력한 사범 / 강력 사범
'극렬 시위자'는 '극렬한 시위자'로 쓸 수 없다. 또한, '강력 접착제'의 경우, '강력'이 '강력한'의 의미를 지니는 것 같으나, '강력한 접착제'라 하면, 어색한 구가 된다. 이는 '강력하다'가 요구하는 논항이 모두 실현되지 않은 결과이다. 따라서, '강력'과 '강력한'은 동의어의 관계에 있지 않다. '강력 사범'의 경우, 이러한 관계가 명확히 드러난다. '강력한 사범'은 불가능한 결합이다. 따라서, '강력'과 '강력한'의 의미를 동일하다고 볼 수 없다. 그러므로 '극렬'을 '극렬한', '강력'을 '강력한'의 줄임으로 볼 수 없다. '강력'과 '강력한'은 또한 수식을 받을 때 차이를 보인다.
 (ㄹ) 아주 강력한 접착제
 (ㅁ) *아주 강력 접착제
'강력한'의 경우, '접착제'와 분리되어 부사 '아주'의 수식을 받으나, '강력'의 경우에는 '아주'의 수식을 받지 못한다. 이는 '강력'이 '강력한'과 성격이 다름을 의미한다.

ㄴ. 주요 지휘관 회의라는 명칭이 말해 주듯이 소장급 이상의 지휘관
들은 한 사람도 빠짐 없이 참석했던 회의였다.
ㄷ. 파전, 떡볶이, 소시지 튀김, 팥빙수 따위가 주요 메뉴였고, 막걸리와
소주 칵테일도 있었다.
ㄹ. 오늘은 핵심들과 주요 연사가 다 모여 최종 점검을 하기로 했다.
ㅁ. 주요한 일을 맡지 못하기 때문에 회사의 주요 정책방향을 결정하
는 일에 참여하지를 못한다.
ㅂ. 복종보다는 자발적인 참여가 주요한 덕목으로 강조된다.
ㅅ. *오늘은 핵심들과 아주 주요 연사가 다 모여 최종 점검을 하기로 했
다.

'주요'가 명사 앞에 쓰여 명사를 수식하는 것처럼 보이나 어근으로 볼
수밖에 없다. '주요'는 (135ㅅ)에서처럼 '아주'의 수식을 받지 못하며, (135
ㄴ)에서 보듯이 '지휘관'을 수식할 수 있으나 '회의'를 수식하지 못한다. 만
일 '주요'가 관형기능 명사구라면, '회의'를 수식할 수 있으므로 '주요 지휘
관 회의'에서 '지휘관 회의'를 수식할 수 있어야 한다. 이러한 성분들은 어
휘적인 의미가 강해 명사의 지위에 가까이 가기도 한다.

(136) ㄱ. 이런 나라에서의 생산 교육, 직업 교육은 보통의 단순 논리의 액면
대로 실업 중-고등학교를 많이 세운다고 되는 것은 아니다.
ㄴ. 한국인의 사고 유형에는 단순 지정과 단순 부정 이외에 부정적 지
정 등이 있다.
ㄷ. 신생아도 할 수 있는 생득적 행동은 매우 단순, 졸렬하고 그 범위도
자못 좁다.
ㄹ. 코뮤니케이션을 구두로 할 것이냐, 서면으로 할 것이냐를 결정하여
야 하며, 내용을 단순, 명료하게 하여야 한다.
ㅁ. ?그러는 중에 장 누레는 건축가로서도 기능적 단순이 가지고 있는
우아와 기품과의 선전가로서 더욱 더 활동적으로 되었다.
ㅂ. ?역시 인간의 원시로 통하는 길은 단순과 욕정이라고 스스로 자신을

합리화해 보는 것이었다.

'단순'은 (136ㄱ,ㄴ)에서처럼 명사 앞에서 관형사처럼 기능한다. 그러나, (136ㄷ,ㄹ)에서처럼 서술성 명사처럼 기능하기도 한다. (136ㄷ,ㄹ)에서, '단순'을 '단순졸렬하다', '단순명료하다'로 합성어로 처리할 수도 있으나. 위의 예에서처럼 '단순'과 '졸렬하다' 사이에 쉼을 두어 '단순'을 서술성 명사처럼 볼 수도 있다. 이러한 특성은 (136ㅁ,ㅂ)에서 어색하기는 하나 명사로서의 쓰임으로 나타난다. 이처럼 의존적인 성격을 가지는 부류가 어휘적인 의미가 강해 명사처럼 쓰이는 것이다.[94]

'극렬'이나 '거대' 등을 어근으로 본다면, 문제가 되는 것은 '강력'이다.

(137) ㄱ. <u>강력</u> 사건이 꼬리를 물고 있다.
ㄴ. 문제는 연예인들은 우리식 이름으로 부르도록 <u>강력</u> 지시는 했지만…
ㄷ. 순화의 일환으로 스포츠 용어의 우리말화와 은어, 비어, 속어의 <u>강력</u> 규제를 다시 들고 나왔다.
ㄹ. 케이스 안에 들어 있는 <u>강력</u> 접착제를 가지고…
ㅁ. 13일부터는 본격적인 구사대 활동으로 파업투쟁을 <u>강력</u> 저지할 방침이라고 하면서 조업자들을 안심시켰다.
ㅂ. 이것은 다시 말하면 무질서나 불의에는 <u>강력</u> 대응해야 하지만…
ㅅ. 10대 소녀들을 보며 정부의 경직된 낙태법을 <u>강력하게</u> 비판했다.
ㅇ. 그 사람도 심사 케이스 해당자 속에 포함해야 한다는 여론이 <u>강력하게</u> 일기 시작했던 것이다.
ㅈ. 유엔군 총사령관으로서 6군단 포병단과 해병여단의 원대복귀를 <u>강력하게</u> 명령하오.
ㅊ. *이것은 다시 말하면 무질서나 불의에는 **아주** <u>강력</u> 대응해야 하지만…

---

94) 그러나, '단순'을 명사로 볼 수 없다. (136ㅁ,ㅂ)과 같은 문장이 실제로 쓰이지만 이 문장이 문법적인 문장이라고 하기는 어렵기 때문이다.

'강력'은 주로 후행명사를 수식하는 것처럼 보이며, '-하다'와 결합한다는 점에서 '극렬'과 공통성을 보인다. 그러므로, '강력'을 접사나 명사나 관형사로 볼 수 없다. 그런데, 특이한 것은 (137ㅁ,ㅂ)에서 보듯이 '대응하다', '저지하다'를 수식하는 부사로 보인다. 그렇다면, (137ㅁ,ㅂ)의 '강력'을 부사로 볼 수 있는가를 보자. '강력'이 부사로 보일 때는 주로 서술성 명사 앞에서이다. 즉, 서술성 명사를 수식하게 되는 것이다. 만일 '강력'이 부사라면, 다른 용언을 수식할 수 있어야 하나, 특별히 서술성 명사만을 수식한다는 점과 (137ㅊ)처럼 다른 부사의 수식을 받을 수 없다는 점에서 '강력'은 부사가 아니다. 오히려 '강력규제', '강력지시' 등을 합성어로 처리해야 할 것이다.

'강력'과 같은 특성을 보이는 것으로 '특별', '일괄'을 들 수 있다.

(138) ㄱ. 독일은 그들을 위한 <u>특별</u> 열차를 준비했다.
ㄴ. 지난 여름에 미국 대통령은 에너지 위기를 당하여 <u>특별</u> 방송을 했다.
ㄷ. 정용욱 사건을 담당하는 <u>특별</u> 취재팀이 구성되고, 차장급 인물이 팀장으로 취재를 통괄했지.
ㄹ. 유명 선수들은 자기 체형에 맞는 사이클을 <u>특별</u> 제작, 기록 단축에 큰 효과를 보고 있다.
ㅁ. 우리들을 <u>특별</u> 감시하며 미리 극장안에서 기다리고 있다가 잡아내는 바람에…
ㅂ. 누난 <u>특별이에요</u>.
ㅅ. 이건 참으로 <u>특별이오</u>.

(139) ㄱ. 한데, 장관들이 <u>일괄</u> 사표를 제출해 놓고 있는데다 장면마저 부통령 직에서 물러났으니…
ㄴ. 그는 그에 대한 대책마련이었던지 양씨에게 공장장의 임무를 <u>일괄</u> 책임 지워 주었다.
ㄷ. 한 달에 한 번 기혼 미혼을 가리지 않고 1만 8천 원씩 <u>일괄</u> 지급되는 수당만이라도 올려달라는 요구가 나왔던 것이다.

ㄹ. 통관 절차를 단축하고 운송, 보관 등 수송 업무의 일괄 처리 체제를 확립해 나가기로 했다.
ㅁ. 정무차관들이 일괄해서 사표를 제출하자, 장관들도 가만히 있기가 어렵게 되었다.

'특별'은 주로 명사 앞에서 관형기능을 하는 성분으로 보이며, 특별히 서술성 명사와 함께 쓰일 때는 부사처럼 쓰인다. 그러나 '특별'은 (138ㅂ, ㅅ)을 볼 때 명사로 설명할 수 있다. '무엇이 무엇이다'와 같은 구성에서 '무엇이다'의 자리에 올 수 있는 것은 명사나 절이다.95) 따라서, '특별'은 명사로 설명된다.

서술성 명사와 결합할 수 있는 어근은 '일괄'에 오면 부사로서 그 지위를 바꾸게 된다. '일괄'이 (139ㄱ)에서는 '사표를 제출하다'를 수식할 수 있기 때문이다.

제2 유형에 속하는 성분도 그 쓰임에 따라 '극렬'이나 '거대'처럼 어근으로 보아야 할 부류, '특별'처럼 명사로 설명이 되는 부류, '일괄'처럼 부사로 설명이 되는 부류로 나뉜다.

3.8.1.3 제3 유형은 관형사의 범주에 가장 가깝다. 이들은 다른 접미사와 결합하여 쓰이지 않으며, 그 기능이 주로 명사 앞에서 그 명사를 한정하기 때문이다. 그러나, 이들도 또한 각각 다른 특성을 보이고 있다.

'강성'은 명사로 설명할 수 있다.

(140) ㄱ. 항상 몇 사람의 강성 발언으로 그늘에 묻히는 익명의 다수가 비로소 얼굴을 드러내는 순간이다.
ㄴ. 이들이 군부 내 강성 그룹이라는 것은 잘 알려진 사실이다.
ㄷ. 대통령의 공약사업들을 차질없이 수행해 나가려면 이런 강성 인물

---

95) 분열문의 경우에는 '-이다' 앞에 부사구나 절도 올 수 있다. 각주 119번을 참조할 것.

들이 필요하겠죠.
ㄹ. 강성도 아니고 아주 무르지도 않은 진도의 성격은 세라 자신이 생각
하기에도 자기와 잘 맞지 않는다고 늘상 생각해 오고 있었다.
ㅁ. 업주측으로 보아서는 기존 방송사 노조들의 강성이 목에 가시가 되
었음에 틀림없다.

'강성'은 명사 앞에서 주로 관형사처럼 쓰인다. 그러나, (140ㄹ,ㅁ)에서 보듯이 명사적인 쓰임이 있으므로 '강성'은 명사이다.[96]
'강성'은 명사적인 쓰임에서도 지시대상의 속성을 뜻한다. 그러나, 다음 '여류'나 '고가'는 명사적인 쓰임에서는 지시대상을 가리킬 수 있다.

(141) ㄱ. 물론이지, 물감통이 큰 여류 화가라니까!
ㄴ. 정말이지 진향은 여류 시인이라도 된 기분이었다.
ㄷ. 용기를 내어 후배 여류 방송작가 한 사람의 소설을 얻어왔다.
ㄹ. 사실 나는 세상에 이름 석자를 팔고 있는 모든 여류들을 싸잡아 경
멸한다.
ㅂ. 그들의 신망과 존경을 받다 보니 자신도 모르게 그들 사회의 저명한
여류로 되어 있었다.
ㅂ. 사춘기 소녀다운 발상으로 위대한 여류를 꿈꾸던 나, 우리의 길은
거기서부터 갈라지고 있었던 것일까.
(142) ㄱ. 차는 시내 고가 도로를 타고 중심부를 향해 달렸다.
ㄴ. 차는 시내 고가를 타고 도쿄 중심부를 향해 달렸다.

'여류'나 '고가'는 명사 앞에 쓰일 때와 자립적인 쓰임을 보일 때의 의미가 다르다.[97] 이들이 자립적인 쓰임을 보일 때는 지시대상을 뜻할 수 있으

---

96) '강성'의 경우, 기존사전에서는 명사로 처리하여, '압력을 받아도 모양이 변하지 않는, 물질의 단단한 성질'이라는 뜻풀이를 하고 있다. 이 때 '강성'이 사전적인 의미로 쓰이는 경우가 별로 없고 '강성 인물'처럼 관형어로 쓰이는 경우가 많은 것을 보아 주로 관형기능을 하는 명사로 볼 수 있다.
97) 참고로 '여류'와 '고가'의 사전처리를 보면 다음과 같다.

나, 명사 앞에 쓰일 때는 후행명사의 속성을 뜻한다. (141ㄹ)의 '여류'는 '여류 문인'나 '여류 화가' 등 '어느 전문 분야에 종사하는 여성'을 뜻하며, (142ㄴ)의 '고가'는 '고가도로'를 뜻한다. '강성', '여류' 등은 의미에 의해 관형어의 자리에서 관형성을 통사적으로 드러내는 '거짓', '진짜'와 같은 부류로 보아야 한다.

그러나, '간이'나 '우범' 등은 명사로 설명할 수 없다.

(143) ㄱ. 전형적인 빈민촌의 <u>간이</u> 주택이었다.
ㄴ. 저기 와우산 골짜기에서 끌어오는 <u>간이</u> 수도를 쓰는데 이 여름에두 헉헉 느끼게 차다구요.
ㄷ. 박목사는 휘발유 깡통으로 늘어서 있는 <u>간이</u> 주유소를 시선 끝으로 가리키며 말했다.
ㄹ. 이때 내가 탄 칸의 뒷문이 열리더니 마침 <u>간이</u> 도시락과 음료수를 파는 이동수레가 들어오고 있다.
ㅁ. 한쪽 벽에는 철제 조립식 <u>간이</u> 책꽂이가 세워져 있었다.
ㅂ. 돼지 축사 같은 곳에 가마솥을 걸어 놓고 <u>간이</u> 의자와 탁자를 놓아 임시 식당으로 사용한다.

(144) ㄱ. 이곳은 거리의 부랑아, 하루 품팔이꾼, <u>우범자와</u> 건달들 그리고 보갈들이 하룻밤을 묵고 가는 그런 곳이었다.
ㄴ. 저지른 우리들을 잡기 위해서 여관이나 여인숙, 사창가 같은 <u>우범</u> 지역엔 경찰들이 쫙 깔리고, 인검이 잦아졌을 걸세.
ㄷ. 우리나라 도시마다 향락 <u>우범</u> 지대가 늘어만 가고 고등실업자들은 일은 하지 않고 놀고 쉽게 살려는 경향을 보이지.

'간이'와 '우범'은 언제나 명사 앞에만 쓰이며, 조사와 결합하는 일이 없

---

여류 : 어떤 전문 분야나 전문가를 나타내는 말 앞에 쓰이어, '여성, 여자'를 나타내는 말. 여류 문학, 여류 소설, 여류 화가, 여류 문사, 여류 시인, 여류 비행가
고가 : 사전적인 풀이 없음.
고가도로 : 도회지 같은 데서, 땅위로 높이 기둥 따위를 세워 건너 질러 만든 도로.

다는 점에서 이들을 명사로 처리할 수 없다. 명사 앞에만 쓰인다는 점에
서 관형사로 볼 가능성이 있으나, 이 또한 관형사가 아니다. 관형사와 달
리 명사구를 수식할 수 없으며, 부사의 수식을 받지 못한다. 이들은 어근
이다. 따라서, '간이침대', '우범지역' 등은 합성어가 된다.

특히 자립명사에 접두사 '요-', '저-', '반-', '미-'가 결합하여 형성된 것은
파생되기 이전의 어기의 의미가 강하게 드러난다.

(145) ㄱ. 이 때문에 그는 정치적 요주의 인물로 평생을 지목 받아 왔다.
ㄴ. 이미 야당 쪽에서 대희를 요주의 인물로 찍어서 감시를 하고 있었기
에 사생활에서 흡집이 잡히는 일을 되도록 삼가해 달라는 거였다.
ㄷ. 생업에 열심히 종사하시되 발은 요주의! 아셨죠?
ㄹ. 수서사건 후부터 산업은행은 한보를 요주의로 분류했다.
(146) ㄱ. 한편 우리는 선진국들에 비해 상대적으로 위축되어 있는 중동 및 아
프리카 등 저개발 국가 IOC위원들에게도 겸허하게, 그리고 성심으
로 우리의 유치 의사와 개최 능력을 소개하고…
ㄴ. 한편으로 저개발과 의존의 악순환, 다른 한편으로 폐쇄적 민족주의
가 맞이하는 파시즘과 무기력과 궁핍…
ㄷ. 계속되는 중심부의 경기 순환은 지나치게 특화된 칠레 경제를 불황
의 타격과 저개발의 악순환으로 몰아 넣는다.
ㄹ. 자립성과 유연성의 상실이 저개발과 경기 변동에 따른 악순환을 체
질화하였다.
(147) ㄱ. 조용히 자기 일자리마다 반독재 의지를 다져온 시민들 힘이지.
ㄴ. 반독재 투쟁의 기수로 자처하던 야당 사람들이 떼지어 여당 대열로
희희덕거리며 들어가던 꼴을 좀 봐.
ㄷ. 반독재와 반한은 다르잖아?
ㄹ. 반독재, 민주화! 반외세, 자주화! 조성익은 김중태가 쓴 구호를 읽으
며 새삼 감탄하였다.
ㅁ. 반독재라니, 말도 안 되는 소리, 반독재 정치를 하려 해도 폭력이 따
르기 마련인 것을, 절대로 그런 여론에 편승할 수는 없어.

ㅂ. 어디까지나 <u>반독재지</u> 왜 반정붑니까?
ㅅ. 만일 <u>반독재를</u> 위해서 갖가지 조치를 취하는 날에는 그가 추진하고 있는 계획에 차질이 생길는지도 모르는 일이었다.
(148) ㄱ. 그것은 <u>미확인</u> 숫자라고 경찰 측의 변명도 신문 한 구석에 실려 있었지만 그런 것을 거들떠보는 사람은 아무도 없었다.
ㄴ. 그건 <u>미확인으로</u> 끝나버린 사랑이다.
ㄷ. 다음과 같은 유형으로 쓰여, 앞으로의 행동에 대한 추측이나 상태에 대한 <u>미확인의</u> 뜻을 나타낸다.

'요주의', '저개발', '반독재', '미확인' 등은 '주의', '개발', '독재', '확인' 등에 '요-'나 '저-', '반-', '미-' 등이 결합하여 파생어를 형성하고 있다. 이 때도 주로 관형어로 쓰이나, 파생되기 이전의 어기의 어휘적인 뜻이 강해 명사로 쓰인다. '반독재'의 경우, 우리말 큰사전에서는 올림말로 처리하지 않았으나, '저개발'이나 '요주의'는 명사로 등재하고 있다.

접미사 '-간'이나 '-립'이 붙어 형성된 '다년간', '국립' 등도 명사로 설명할 수 있다.

(149) ㄱ. <u>다년간</u> 아동들의 지능개발에 대해서 연구한 것을 집대성한 것입니다.
ㄴ. 형은 아침 일찍 일어나 <u>다년간</u> 숙달된 솜씨로 밥을 짓고 반찬을 만들었다.
ㄷ. 대회에서 동메달을 탔다느니, 아무개는 일본에서 머리 염색을 <u>다년간</u> 연구하고 돌아왔다느니…
ㄹ. 다원은 <u>다년간에</u> 걸친 자료의 수집과 관찰의 결과 등…
ㅁ. 변방의 유목 민족과의 <u>다년간</u> 걸친 전쟁으로 피폐해진 국가 재정을 또한 복구할 요량으로…
ㅂ. 명상의 실천이 그의 통찰을 유도하는 데 기여한 반면, 그로프는 <u>다년간</u> 임상 경험의 모델을 기초로 한 정신의학자로서 …
ㅅ. 하지만 <u>다년간의</u> 수련으로 나는 잡음 사이로 스며나오는 방송을 알아차릴 수 있었다.

(150) ㄱ. 물론 예술면에 있어서 국립 교향악단이 백 명의 단원을 가진 대교향
악단으로 발족한다든가…
ㄴ. 여학생의 밋밋한 가슴에서 국립 서울대학교 배지가 빛나는 것을 보
면서…
ㄷ. 인천에 소재한 국립 결핵요양원에 아름다운 꽃시계 동산이 꾸며져
있다는 말을 들은 일이 있다.
ㄹ. 국립, 공립, 사립의 설립자별 배치도 그 설립 취지의 차이에 따라 특
색을 보이고 있다.
ㅁ. 학교가 국립이어서 그랬던지 그때까지 가장 중별의 상이군인들과
결핵환자들만….
ㅂ. 안호상은 1950년 4월 1일 전국 16개 사범학교를 국립으로 전환시키
면서 이들 사범학교의 상징으로서 일민기를 패용시켰다.
ㅅ. 교육 재정은 사립의 경우 수익자부담원칙에 기반을 두었으나, 국립
의 경우는 내무부가 지방재정부족금 또는 지방분여세 등으로 보조
한다.
ㅇ. 정식으로 한국어한국문학과가 설치되어 있는 곳은, 국립인 정치대학
과 사립인 문화학원의 두 군데인데…
ㅈ. 국립과 시립 두 교향악단의 연주회에 나가 보자.
ㅊ. 국립의 자격을 박탈하자는 것이 아니라….
ㅌ. 병원엘 가자면 많은 입원료를 내야하고 국립이나 시립 병원의 베드
는 보다 희망 있는 환자에게도 모자랄 정도지.

위의 예문들을 보면, '다년간'은 주로 조사와 함께 관형어나 부사어에 쓰이며, 관형기능은 거의 보이지 않는다. 특히, 부사성이 강한 명사이다. '국립'은 주로 관형기능을 하는 명사이다.

3.8.2 명사성 어근의 특성

'원시'나 '여류' 등이 의존적인 성분으로 보인 것은 다른 성분보다 관형

성이 강해서 주로 관형기능을 담당하기 때문인 것으로 보인다. 그리고 어근으로 분류한 것들도 명사의 쓰임을 보이는 경향이 있다.

(151) ㄱ. 이런 나라에서의 생산 교육, 직업 교육은 보통 <u>단순</u> 논리의 액면대로 실업 중-고등학교를 많이 세운다고 되는 것은 아니다.
ㄴ. 한국인의 사고 유형에는 <u>단순</u> 지정과 <u>단순</u> 부정 이외에 부정적 지정 등이 있다.
ㄷ. 신생아도 할 수 있는 생득적 행동은 매우 <u>단순</u>, 졸렬하고 그 범위도 자못 좁다.
ㄹ. 코뮤니케이션을 구두로 할 것이냐, 서면으로 할 것이냐를 결정하여야 하며, 내용을 <u>단순</u>, 명료하게 하여야 한다.
ㅁ. ?그러는 중에 장 누레는 건축가로서도 기능적 <u>단순</u>이 가지고 있는 우아와 기품과의 선전가로서 더욱 더 활동적으로 되었다.
ㅂ. ?역시 인간의 원시로 통하는 길은 <u>단순과</u> 욕정이라고 스스로 자신을 합리화해 보는 것이었다.
(예문 (136)을 다시 쓴 것임)
(152) ㄱ. 정밀 기계처럼 <u>완벽</u>에 가까운 서양 영화로 흠뻑 젖었던 내 눈에는 한국 영화가…
ㄴ. ?여기서 우리는 고려시대 불화사들이 지향했던 <u>완벽</u>을 향한 조형의 지를 엿보게 된다.
ㄷ. ?프랑스 혁명 이전에는 군주제를 <u>완벽</u>으로 알아 왔다.
ㄹ. ?금은 <u>완벽</u>의 대명사였기에 모든 금속은 <u>완벽</u>의 경지로 도달시킬 수 있다는….
(153) ㄱ. 웨스턴 유니온사가 <u>군소</u> 경쟁 업체를 합병함으로써 당시로서는 최신 통신 수단을 독점하게 되었다.
ㄴ. 특히 중필이나 명우가 소속된 뉴월드클럽 또래의 <u>군소</u> 하역 하청회사들 사이에선 홀대 못하는 거물이었다.

'단순'은 '극렬', '거대'와 같이 어근의 성격을 띠나 (151ㅁ,ㅂ)처럼 명사적인 쓰임을 보이기도 한다. '완벽' 역시 '완벽하다'의 어근으로 보이나 (152)

의 각 예문에서 보듯이 어색하기는 하나 명사적인 쓰임을 보인다. 특히 (153)의 '군소'는 조사와 결합하여 쓰이는 일이 없으나 관형기능 명사구처럼 '경쟁 업체'라는 구를 수식하고 있다.

이처럼 어근으로 분류한 것들이 명사적인 쓰임을 보이는 것은 이들이 주로 한자어이기 때문이다. 한자어는 본래 중국말에서 온 외래어이다. 외국어가 우리말에 유입될 때는 명사의 형태로 유입된다.

(154) ㄱ. 이리 컴(come)해 봐.
ㄴ. 네가 기브(give)한 것이 있어야 그도 너에게 기브를 하지.
ㄷ. 걔 성격 참 마일드(mild)하지?

외국어의 동사라 할지라도 우리말에서 쓰일 때는 위의 예문에서처럼 명사로 인식하여 다시 '하다'를 결합시키는 경향이 있다. 이때, 행위성을 보이는 '기브'와 같은 것은 '-를 하다'로 쓰이고 속성을 뜻하는 '마일드'는 '하다'와 결합한다. 그러나, 외국어의 단어는 명사로 인식되기 때문에 '마일드' 역시 명사의 지위로 쓰일 가능성이 있다. '순수', '거대'와 같은 성분 역시 중국말이 우리말화하면서 명사로 인식되었을 가능성이 높다. 그러므로 '순수'를 명사처럼 쓰려는 경향이 생겨나는 것이다.

이처럼 어근의 지위에 있으면서 명사적인 쓰임을 보이는 어근을 명사성 어근이라고 할 수 있다. 아직 명사의 지위를 줄 수 없으나 이들도 위의 예문에서처럼 명사적인 쓰임이 확장되면 명사로서 그 지위를 바꾸게 될 것이다.

## 3.9 요약

제3 장에서는 명사구가 조사 없이 후행명사를 수식하는 것은 핵인 명사

의 특성으로 보고 그 관형성으로 설명하였다. 그리고 핵 명사의 관형성이 통사적으로 구현되어 그 명사구가 조사 없이 후행명사를 수식하는 기능을 명사구의 관형기능으로 설명하였다. 관형성은 다시 관형성₁과 관형성₂로 나뉜다. 관형성₁은 지시대상이 있는 명사의 특성으로 후행명사와의 의미관계에 의해 통사적으로 구현될 수 있는 특성이며, 관형성₂는 지시대상의 속성을 나타내는 명사의 특성으로 관형어의 자리에서는 언제나 통사적으로 구현되는 특성이다. '-의' 명사구와 관련이 있는 관형기능 명사구는 관형성₁을 가지는 명사가 핵인 명사구로, 후행명사와의 관계에 의해 관형기능을 하며, '거짓'이나 '진짜'와 같은 명사는 관형성₂를 가지는 명사로 명사 자신의 의미에 의해 관형기능을 한다.

'-의' 명사구 구조와 관형명사구 구조의 차이는 선행명사구와 후행명사의 의미관계에 의해 나타난다. '-의' 명사구 구조는 선행명사구('-의' 명사구)가 전제된 상황에서 선행명사구의 한 부분을 후행명사가 한정하는 의미관계를 나타내는데, 관형명사구 구조에서는 후행명사가 전제된 상황에서 선행명사구(관형기능 명사구)가 후행명사를 한정하는 의미관계를 나타낸다. 명사구의 관형기능은 후행명사를 한정 수식하는 것과 보충하는 기능으로 나뉜다. 특히 선행명사구가 후행명사를 보충해 주는 기능은 후행명사가 서술성이나 보문성을 띤 경우이다.

관형기능 명사구는 수식 범위에서도 '-의' 명사구와 차이를 보인다. 관형기능 명사구는 바로 뒤에 오는 명사나 관형기능 명사구의 수식을 받는 명사구를 수식할 수 있음에 반해, '-의' 명사구는 그 외에도 관형절이나 '-의' 명사구의 수식을 받는 명사구를 수식한다. 관형기능 명사구의 수식범위가 일반적으로 후행명사에만 국한됨으로 해서, 관형명사구 구조는 합성어와 유사점을 보이나, 선행명사구와 후행명사의 분리성, 선행명사구의 초점화 등으로 볼 때, 관형명사구 구조는 통사적 구성체이다.

체언을 수식한다는 점에서 관형기능 명사구와 관형사는 공통성을 보이지만, 관형기능 명사구는 후행명사를 한정 수식하는 기능 이외에 후행명사의 의미를 보충해 주는 기능을 가짐으로써 관형사와 차이점을 보이며, 초점을 받을 수 있는가에 따라 의존성과 분리성의 차이를 보인다. 이와 함께 수식의 범위가 다름을 살펴보았다.

특히 명사의 관형기능과 관련하여, 쓰임에 제약성을 보이는 것들의 쓰임을 보고 이들의 범주를 분류해 보았다. '국제', '원시', '요주의' 등의 범주가 불명확했던 원인은 이들의 쓰임을 정확히 보지 않은 데 있다. 실제 이들의 쓰임을 보면, 명사로 볼 수 있는 부류와 부사로 볼 수 있는 부류, 그리고 어근으로 설명해야 하는 부류로 나뉜다. 따라서 주로 관형기능을 하는 것처럼 보이는 데 근거하여 하나의 범주로 묶으려는 노력을 할 필요가 없다. 명사로 볼 수 있는 부류인 '원시', '강성', '여류' 등의 쓰임은 제약이 따른다. 지시대상의 속성을 뜻할 때가 많아 주로 관형기능을 하는 명사구로만 쓰이는 경향을 보이는 것이다. 이들이 주로 관형기능을 하거나 '-하다'와 결합하는 특성은 외국어가 우리말화하는 과정과 관계가 있다고 본다.

# 4. 명사의 부사성

명사는 조사 없이 부사어로 쓰일 때가 있다. 이 장에서는 이들이 단어가 아니라 명사구임을 밝히고, 이들 명사구가 조사 없이 부사어로 쓰이는 것은 핵인 명사의 의미적인 특성에 의한 것임을 보이려고 한다. 명사의 의미적인 특성을 부사성이라 하고 그 명사가 쓰인 명사구의 기능을 부사적 기능으로 설명할 것이다.

## 4.1 명사의 부사성과 부사적 기능

4.1.1 명사구는 조사 없이 문장의 한 성분으로 쓰일 수 있다. 여기서, 생각해 보아야 할 것은 명사구가 조사 없이 쓰이는 것이 서술어로 쓰인 동사와 관계된 것인지, 아니면, 명사구 자체의 특성인지를 구별하는 문제이다.

(1) ㄱ. 너 왔니?
  ㄴ. 네가 왔니?
(2) ㄱ. 죽 먹을 거면 밥 먹지.
  ㄴ. 죽을 먹을 거면 밥을 먹지.

(1)에 서술어로 쓰인 '오다'는 주어를 필수적으로 요구하는 동사이며, (2)에 쓰인 '먹다'는 주어 이외에 '-를' 명사구를 필수적으로 요구하는 동사이

다. 이 때, 조사 '-가', '-를'이 쓰이지 않아도 (1ㄱ)의 '너'가 '오다'의 주어임을 알 수 있으며, (2ㄱ)의 '죽'은 '먹다'가 요구하는 '-를' 명사구임을 알 수 있다. 이는 '너'와 '죽'이 '오다'나 '먹다'가 필수적으로 요구하는 명사구로 쓰였기 때문이다. 이것은 결국, 주어나 '-를' 명사구의 지위는 서술어의 어휘의미구조에 따라 결정되는 것이므로 주어나 '-를' 명사구에 조사가 쓰이는 것은 잉여적이라고 할 수 있다.98)

즉, 명사구는 서술어의 의미에 따라 조사 없이 서술어의 보충어 역할을 할 수 있다. 이때, 서술어의 보충어의 역할을 하는 명사구의 경우, 조사 없이 나타나도 우리는 명사로 인식한다. 이는 서술어의 보충어 자리에는 명사구가 쓰여야 한다는 전제가 있기 때문이다.99)

---

98) 이런 점에 초점을 두어 이남순(1988)에서는 명사가 조사없이 서술어의 논항으로 쓰이거나 관형어로 쓰인 경우에 부정격으로 설명한다. 문장의 구조적인 특성으로 조사가 결합될 필요성이 없다는 것이다. 반면에 명사가 주어나 목적어, 관형어로 쓰였음에도 조사가 나타나면, 이는 정격으로 구조격이 될 수 없다는 논의를 했다. 이러한 논의는 주어나 목적어, 관형어 이외의 문장성분은 조사 없이 나타나지 않는다는 점에서 지지를 받을 수 있다.
 (ㄱ) 열시{*∅, -에} 왔니?
 (ㄴ) 돌{*∅, -로} 때렸니?
 (ㄷ) 의자{*∅, -에} 앉아라.
 (ㄱ)-(ㄷ)에서, 주어나 '-를' 명사구, 관형어 이외에 조사는 생략되면, 비문이 된다. '열시 왔니'나 '돌 때렸니?'가 언제나 비문인 것은 아니다. '열 시'가 사람의 의미에서 '열시라는 아이가 왔느냐?'라는 의미로 쓰일 수 있으며, 어린아이가 돌에 걸려 넘어져 돌을 발로 차거나 손으로 쳤을 경우에 어른이 아이에게 '돌을 때렸니?'라는 의미로는 쓰일 수 있는 문장이다. 즉, '-에' 명사구나 '-로' 명사구에 조사 '-에'나 '-로'가 나타나지 않으면, 주어나 '-를' 명사구로 오해될 소지가 있다.
 또한 구조격과 관련하여 명사구가 서술어와의 관계에 의해 그 자체로 격을 표시하는지, 아니면 조사에 의해 격이 표시되는지도 논의되어야 한다. 그러나, 이 글에서는 명사가 서술어의 어휘의미구조와 관련이 없는 명사구에 조사가 쓰이지 않는 것을 중심으로 보기 때문에 깊이 들어가지 않는다.
99) 서술어의 보충어는 대부분 명사구가 쓰이나, 특정 동사가 서술어로 쓰일 경우에는 앞 장에서도 본 것처럼 명사구뿐만 아니라 부사구도 보충어로 기능한다.
 (ㄱ) 사내아이가 계집애처럼 생겼다.
 (ㄴ) 사내아이가 참 예쁘게 생겼네.

4.1.2 그러나, 조사는 이러한 구조적인 특성뿐만 아니라 명사의 의미적인 특성에 따라 쓰이지 않는 경우도 있다.

(3) ㄱ. 더구나 집권 당시 미국의 금융 지원에 의한 군부 쿠데타로…
    ㄴ. 더구나 집권 당시에 미국의 금융 지원에 의한 군부 쿠데타로…
(4) ㄱ. 그들은 그런 아이들이었으므로 나는 평소 데면데면하게 대했는데…
    ㄴ. 그들은 그런 아이들이었으므로 나는 평소에 데면데면하게 대했는데…
(5) ㄱ. 나는 꿈속에서 내가 한 일에 대해 신기해하고 있었는데, 오른쪽 팔이 진짜로 몹시 쑤셔왔다.
    ㄴ. 나는 꿈속에서 내가 한 일에 대해 신기해하고 있었는데, 오른쪽 팔이 진짜 몹시 쑤셔왔다.
(6) ㄱ. 학교에서도 최대한으로 지원을 할테니까.
    ㄴ. 학교에서도 최대한 지원을 할테니까.
(7) ㄱ. 저는 오늘 선생님의 강연회에 참석하려고 남편을 결근시켰습니다.
    ㄴ. *저는 오늘로 선생님의 강연회에 참석하려고 남편을 결근시켰습니다.
    ㄷ. *저는 오늘에 선생님의 강연회에 참석하려고 남편을 결근시켰습니다.

(3)-(7)에 쓰인, '당시'나 '평소'는 '-에'와 함께 또는 '-에' 없이 부사어로 쓰일 수 있으며,100) '진짜', '최대한' 등은 '-로'와 함께 또는 '-로' 없이 부사어로 쓰일 수 있다. 그리고, '당시', '평소', '진짜', '최대한'은 서술어로 쓰인 동사와 관계가 있는 명사구가 아니므로, 동사의 의미에 의해 생략된 조사를 예측할 수 없다. 오히려, '당시', '평소' '진짜', '최대한'의 의미에 의해 생략된 조사가 예측된다. 보통 시간을 나타내는 명사의 경우, 그 명사에 쓰

---

(ㄷ) *사내아이가 생겼다.
'생기다'의 경우, 명사구를 보충어로 요구하기도 하나 (ㄴ)에서처럼 부사구를 보충어로 요구한다. '어떻게 생기다'의 의미로 쓰일 경우에는 명사구나 부사구를 필수적으로 요구하는 것이다. 이러한 예는 종종 발견된다. 이는 명사와 부사가 전혀 공통성이 없는 것이 아니라 유사성이 있음을 내포하는 것으로 볼 수 있다.
100) 조사 '-에'의 경우, 장소의 의미를 지닐 경우에는 대체로 명사와 함께 쓰이나, 시간의 의미로 쓰일 경우에는 선행명사의 종류에 따라 그 쓰임이 수의적이다.

일 수 있는 조사는 '-에'이며, 정도나 행위의 양식 등을 뜻하는 명사에는 '-로'가 쓰일 수 있다. '오늘'의 경우는 조사를 쓸 필요가 없다.

4.1.3 서술어의 논항으로 쓰인 명사구에 조사가 쓰이지 않아도 우리는 서술어의 어휘의미구조에 의해 나타나지 않은 조사를 복원할 수 있다. 다시 말하자면, 특정 명사구가 여러 서술어와 결합할 수 있을 때, 그리고 그 명사구에 조사가 쓰이지 않았을 때, 그 자리에 쓰일 조사는 서술어의 성격에 따라 결정된다.

(8) ㄱ. 꽃 많이 **피었다**.
　　ㄴ. 그녀의 모습은 활짝 핀 꽃 **닮았다**.
　　ㄷ. 물병에 꽃 **꽂았니?**

(8)에서 '꽃'에는 조사가 쓰이지 않았으나, 각 문장은 서술어의 의미에 따라 문장의 중의성이 느껴지지 않는다. (8ㄱ)에서는 '피다'의 의미에 의해 '꽃'과 함께 쓰일 조사는 '-가'로 예측되며, (8ㄴ)에서는 '닮다'의 의미에 의해 '-과' 또는 '-를'로101), (8ㄷ)에서는 '꽂다'의 의미에 의해 '-를'로 예측된다.

그러나 명사의 의미특성으로 인해 조사가 쓰이지 않은 경우에는 어느 서술어와 쓰여도 그 자리에 쓰일 조사는 어느 한 조사로 예측된다.

(9) ㄱ. 학교에서도 <u>최대한</u> **지원을 할테니까**.
　　ㄴ. 저도 <u>최대한</u> **노력할게요.**

---

101) 이 경우, '-를'일 가능성이 높다. '철수가 영이와 결혼했다'와 같은 문장에서는 '영이와'가 '영이를'로 대치되지 않으며, '철수가 영이 결혼했다'로 쓰이지 않는다. 반면에, '꽃과 닮았다'의 '꽃과'는 '꽃을'로 대치가 된다. 즉, (8-ㄴ)에서 '꽃'에 조사가 쓰이지 않은 것은 '-와' 명사구여서가 아니라 '-를' 명사구로 쓰였기 때문일 가능성이 높은 것이다.

(10) ㄱ. 그들은 그런 아이들이었으므로 나는 평소 데면데면하게 **대했는데…**
ㄴ. 그들은 좀 게으른 편이었기 때문에 평소 **예습이라고는 하지 않았다**.

(9ㄱ)에서 '최대한'에 쓰이는 조사는 서술어 '지원하다'의 어휘의미구조와는 관계없이 '-로'로 예측되며, (9ㄴ)에서도 '노력하다'의 어휘의미구조와는 관계없이 '-로'로 예측된다. (10)의 '평소'와 함께 쓰일 조사는 '대하다', '예습을 하지 않다'와 관계없이 '-에'로 예측된다.

이와 같이 명사가 서술어에 매이지 않는 부사어로 쓰일 때, 조사가 쓰이지 않는 현상은 명사 자체의 특성과 조사의 의미로 설명할 수 있겠다. 조사 '-에'는 장소를 나타내거나 시간의 한 점을 표시하면서 명사를 부사어로 쓰이게 하는 조사이다. 시간을 뜻하는 명사가 부사어로 쓰일 때, '-에'는 자신의 의미를 드러낼 필요가 없다. 따라서, 주로 시간을 나타내는 명사가 조사 없이 부사어로 쓰이면, 그 자리에 쓰일 조사는 쉽게 '-에'로 추정이 되는 것이다.

'-로'와 결합하여 부사어로 쓰이는 명사에 대해서도 같은 설명을 할 수 있다. '-로'는 「우리말큰사전」에서는 주로 방향이나 장소의 의미로 설명을 하고 있으나, 북한에서 출판된 「조선말 대사전」에서는 '-로'를 "동사와 결합하여 그 행동의 실현 양식, 양상 등을 나타낸다"고 설명한다. 또한 말뭉치의 용례 중에서도 '-로'가 정도나 행동의 양식을 나타내는 조사로 쓰임을 볼 수 있다.102) 명사가 자신이 가진 의미만으로 행동의 양식이나 정도 등을 나타낼 수 있을 때, 조사가 쓰이는 것은 잉여적이 되는 것이다. 그렇

---

102) '-로'가 행위의 양식이나 정도를 나타내는 말 다음에 쓰이는 예는 다음과 같다.
 1. (정도를 나타내는 말에 붙어) 정도를 나타냄.
  대체로, 주로, 예사로, 대체적으로
 2. (부가어로 쓰이어) 방식, 모양 등을 나타냄.
  진실로, 강제로, 막무가내로, 그럴 양으로, 아니 할 말로, 진정으로, 진짜로, 다짜고짜로, 통째로, 참으로

다면, 시간, 행위의 양식, 정도 등을 의미하는 부사어 자리에, 조사와 함께 쓰이는 명사구는 명사의 의미만으로 시간, 행위의 양식, 정도 등을 표시할 수 없기 때문에 조사와 함께 쓰이는 것으로 설명할 수 있겠다.

시간을 뜻하는 명사가 시간의 의미('-에'가 나타내는 의미) 이외에 다른 의미를 지닌 명사구로 쓰일 때는, 명사구만으로 그 의미를 보일 수 없으므로 그 의미를 보충할 조사와 함께 나타난다.

(11) ㄱ. 그 작가는 <u>4월{-에, *∅}</u> 시집을 냈다.
    ㄴ. 그 작가는 <u>지난 4월{-에, ∅}</u> 시집을 냈다.
    ㄷ. 그 작가는 <u>지난 4월{-로, *∅}</u> 시집을 낸 지 다섯 달이 됐다.
(12) ㄱ. <u>오늘</u> 이 집에 처음 들어왔다.
    ㄴ. <u>오늘로</u> 내가 이 집에 온지 꼭 열흘이 된다.
    ㄷ. <u>오늘에서야</u> 비로소 내 문제가 무엇인지 알게 되었다.

'4월'은 '-에' 없이는 부사어로 쓰이지 못하나, '지난 4월'로 한정되면, '-에' 없이도 쓰인다. 그러나, '지난 4월'이 조사없이 쓰일 때, 그 자리에 쓰일 조사는 '-에'이다. 조사 없이 부사어로 쓰일 수 있는 시간명사는 한정된 시간을 가리키는 명사여야 하는데, '4월'은 지난 4월에 비해 비한정적인 시간을 가리키는 명사이다. 따라서, '-에'가 쓰여야만이 한정된 시간을 나타낼 수 있으므로 (11ㄴ)과 같이 '4월에'의 모습으로 문장에 나타난다. 그리고 (11ㄷ)처럼 시간의 기준점을 나타내야 할 경우에는 '-로'가 반드시 쓰인다. '오늘'도 마찬가지다. '오늘'은 한정된 시간을 나타낼 수 있어서 (12ㄱ)에서는 조사가 쓰이지 않았으나, 시간의 기준점이나 시간의 시발점을 나타내야 할 경우에는 (12ㄴ,ㄷ)처럼 반드시 조사가 쓰인다.

이처럼, '최대한'이나 '평소', '오늘'과 같은 명사는 이들 명사의 의미적인 특성에 의해서 조사가 쓰이지 않는다. 명사가 조사 없이 부사어로 쓰일 수 있는 의미적인 특성, 곧, 한정된 시간, 정도, 행위의 양식 등에서 부사

성이 추출된다. 부사성 명사가 조사 없이 부사어로 쓰이는 것을 부사적
기능이라 할 수 있겠다.

## 4.2 명사의 부사적 기능과 영접사 파생의 문제

4.2.1 명사가 조사 없이 제 홀로 부사어로 쓰이는 것은 두 가지 경우이
다. 하나는 조사의 쓰임이 수의적인 '나중, 처음'과 같은 경우이고 또 다른
하나는 조사가 전혀 쓰이지 않는 '오늘'과 같은 경우이다. 이러한 현상에
대한 논의 방법은 세 가지로 나뉠 수 있다.

(13) ㄱ. <u>나중에는</u> 못할 소리가 없다.
ㄴ. 먼저 온 사람과 <u>나중</u> 온 사람.
(14) ㄱ. <u>처음에는</u> 누구나 그렇게 생각한다.
ㄴ. 이런 일은 <u>처음부터</u> 안했어야 했다.
ㄷ. 이렇게 좋은 건 오늘 <u>처음</u> 보네.
(15) ㄱ. 나와 정용은 이런 통화 끝에 약속을 <u>오늘로</u> 미루었던 것이다.
ㄴ. 저는 <u>오늘</u> 선생님의 강연회에 참석하려고 남편을 결근시켰습니다.

첫 번째 방법은 '나중'이나 '처음'이 (13ㄱ)과 (14ㄱ,ㄴ)에서처럼 조사와
함께 쓰일 때는 명사로 설명하고, (13ㄴ)과 (14ㄷ)에서처럼 조사없이 부사
어로 쓰이면 부사로 설명하는 방법이다.[103] 이러한 방법으로 보면 (15ㄱ)
의 '오늘'은 명사로, (15ㄴ)의 '오늘'은 부사로 설명된다. 두 번째 방법으로
는 '나중'과 '처음'의 경우, 조사가 쓰일 수도 있으므로 조사 '-에'나 '-로'가

---

103) 실제로 기존사전에서는 이 방법을 쓰고 있다. '나중'이 조사없이 쓰인 '먼저 온 사람과
나중 온 사람'의 '나중'을 부사로 설명한다. 그러나, '나중'에 '-에'를 붙여 '먼저 온 사
람과 나중에 온 사람'으로 써도 의미의 차이가 나타나지 않는다.

생략되었다고 보아 모두 명사로 설명하고, (15ㄴ)의 '오늘'은 조사가 전혀 쓰이지 않으므로 부사로 설명하는 방법이다. 동일한 명사가 명사구에 쓰일 때와 부사어로 쓰일 때의 명사와 부사로 나누어 보는 논자는 이들이 명사에서 부사로 파생되었다고 설명한다. 그리고, 명사를 부사로 만들어 주는 접사가 표면상 드러나지 않기 때문에 파생접사를 'ø'으로 설정하여 영접사 파생이라고 한다. 세 번째 방법은 조사와 결합할 수 있는 '최대한'은 물론, 부사어로 쓰일 경우 조사가 쓰이지 않은 '오늘'의 경우도 명사로 보는 방법이다. 이 연구에서는 세 번째의 방법을 따른다. 즉, 명사가 조사 없이 부사어로 쓰일 경우에 조사가 쓰이든 쓰이지 않든 모두 명사의 범주에 포함시키는 방법을 택하려고 한다. 모두 명사의 범주로 설명하는 것은 첫째, 명사적인 쓰임이 있어야 하며, 둘째, 일반 명사구로 쓰일 때와 조사 없이 부사어로 쓰일 때 의미 차이가 보이지 않는 경우에 한한다.

4.2.2 일반적으로 파생은 접사에 의해 의미가 더해지거나 다른 통사범주로 바뀌는 것이다. '-질'이 붙은 '선생질'은 '선생'과 '-질'의 의미가 합하여 '선생 노릇'의 의미를 띠게 되며, '평화롭다'는 '평화'에 '-롭다'가 붙어 '평화'의 통사 범주를 바꾸어 주면서 의미를 더한다. 즉, 파생이 되었다고 하면 파생되기 이전의 어기에 접사가 어떠한 의미를 더해 주는 것이다. 그렇다면, 영접사 파생으로 다루어지는 '오늘'에 의미의 변화가 있는가를 보아야 한다. 통사 범주가 바뀌는 것은 명사의 특성으로 설명할 수 있으므로 의미변화를 살펴볼 필요가 있는 것이다.

앞의 예문 (15)에서 '오늘'은 '-로' 명사구에 쓰일 때와 부사어로 쓰일 때의 의미차이를 찾을 수 없다. 즉, 파생으로 볼 근거가 없는 것이다. 또한, '다소'와 같이 주로 부사어로 쓰이는 명사의 경우에도 파생으로 볼 수 없다.

(16) ㄱ. 또 마디, 둥글기, 단면 등의 결점의 <u>다소</u>에 따라 특등, 1 등, 2 등의 등

급으로 나뉜다.
ㄴ. 보조금부여액은 소맥의 가격 및 가족의 <u>다소에</u> 의하여 결정되었다.
ㄷ. 이 두 가지 시장조사의 개념에는 <u>다소의</u> 차이는 있으나 그 방향과 내용은 대단히 다르다.
ㄹ. 그렇게 되면 외래어의 차용과 새로운 어휘와 <u>다소의</u> 색다른 표기법이 늘 것이 예상되지만…
ㅁ. 이 것은 <u>다소의</u> 예외가 인정된다고 해도 전체적인 추세에 있어서 그랬다는 뜻이다.
ㅂ. 학교가 <u>다소</u> 멀었기 때문에 나는 매일 버스로 통학을 하였다.
ㅅ. 여인숙이라고는 하지만 여관보다는 <u>다소</u> 규모가 작았고, 보통 여인숙보다는 크고 깨끗한 데다 시설도 갖출 만큼 갖추었다.

'다소'는 의미가 둘로 나뉜다. '다소'에는 (16ㄱ,ㄴ)에서처럼 '많고 적음'의 의미와 (16ㄷ,ㄹ,ㅁ)에서처럼 '조금'의 의미가 있다. 이중 '조금'의 의미일 때, 부사성을 보인다. 즉, 명사가 조사 없이 부사어로 쓰일 때 의미의 변화가 없다는 것은 이들이 파생의 관계가 아니라는 것을 뜻한다. 따라서 '다소'가 '조금'의 의미를 띨 때는 부사성이 강해 주로 부사어로 쓰인다 해도 '조금'의 의미로 명사구에 쓰일 수 있다면, 명사의 범주로 설명할 수 있다. 따라서, (13)의 '나중'도 '나중에'로 쓰일 때와 '나중'으로만 쓰일 때의 의미 차이를 찾을 수 없으므로 조사 없이 쓰이든 조사와 함께 쓰이든 명사의 범주에 든다고 할 수 있으며, (14)의 '처음' 역시 조사 없이 쓰이든 조사와 함께 쓰이든 의미의 차이를 찾을 수 없으므로 명사로 설명할 수 있다.
그렇다면, '잘못'과 같이 명사구로 쓰일 때와 부사로 쓰일 때의 의미가 다른 것은 명사와 부사의 범주로 나누어 보아야 할 것이다.

(17) ㄱ. 확실히 오해라는 것은 있으며, 오해는 오해한 이의 <u>잘못</u>인 경우가 많다.
ㄴ. 아버지에겐 아무 <u>잘못이</u> 없는 거야.

ㄷ. 남의 죄를 따지기 전에 우리의 잘못을 따져야 한다는 얘기지.
ㄹ. 제가 아무래도 길을 잘못 알았나 봐요.
ㅁ. 그는 도처에서 잘못 씌어진 글자들을 본다.
ㅂ. 아마도 잘못 걸려온 전화겠거니 나는 생각했다.

'잘못'이 (17ㄱ,ㄴ,ㄷ)에서처럼 명사구로 쓰일 때는 '잘하지 못한 짓이나 잘 되지 않는 일'을 뜻하며, (17ㄹ,ㅁ,ㅂ)에서처럼 부사로 쓰일 때는 '틀리거나 그릇되게'를 뜻한다. 이렇게 명사로 쓰일 때와 부사로 쓰일 때의 의미가 달라진 경우에는, 명사에서 부사로 또는 부사에서 명사로 파생되면서 의미의 변화까지 가져오기 때문에 '잘못'을 각기 별 개의 단어로 보아야 할 것이다.

4.2.3 '오늘'을 명사와 명사에서 파생한 부사로 나누어 보는 것은 "동일한 형태의 단어가 의미상의 관련성을 유지하면서 상이한 통사범주로 기능하는"(송철의, 1992: 265-266) 특성 때문이다.[104] 그러나 이 논의는 명사

---

[104] 명사가 조사 없이 부사어로 쓰일 경우, 명사가 부사로 파생되었다는 견해는 최현배(1982)에서 연유한다. 최현배(1982)에서 이들을 파생으로 본 이유는 다음과 같다.
"이름씨와 그 꼴이 같으나 순연히 어찌씨로만 쓰이는 것이 있으니, 이는 '내일, 어제, 오늘, 그저께, 잠깐' 등이다. 이러한 것들은 (1) 이름씨가 다른 이름씨 앞에서 매김씨의 구실을 하는 것은 다만 이름씨의 한 용법으로 보지마는 여기서 이름씨가 어찌씨 노릇을 하는 것은 아주 그 호적을 옮기어서 어찌씨로 잡는데, 이는 모든 이름씨가 다 이와 같이 풀이씨 앞에 쓰이어 어찌씨 노릇을 하는 것이 아니고, (2) 다만 몇 개의 특별한 말만이 그러하기 때문이다." (번호는 필자의 것임)
최현배(1982)는 '오늘'을 명사에서 부사로 파생되었다고 보는 근거를 첫째, 관형사와 명사는 관련성을 가지고 있으나, 명사와 부사는 관련성을 가지지 않으므로 명사의 용법으로 보기가 힘들다는 것이며, 두 번째는 다만 몇 개의 특별한 명사만이 조사 없이 부사로 기능하기 때문이라고 해석하고 있다. 이 근거의 문제점은 명사와 관형사를 서로 관련성이 있어서 명사가 관형사의 기능을 할 수 있음에 반해, 명사와 부사는 서로 관련성이 없기 때문에 호적을 옮긴다는 부분에서 찾을 수 있다. 명사와 관형사의 관련성은 앞장의 논의에서도 볼 수 있듯이 명사가 조사 없이 관형어로 쓰일 수 있다는 것을 의미한다. 그러나, 명사와 부사가 서로 전혀 관련성이 없는 것은 아니다. 조사와

구가 조사없이 부사어나 관형어로 쓰일 수 있다는 특성을 간과한 것이다. '오늘'과 같은 성분이 문장의 한 성분으로 나타난 것이 단어의 차원이라면, 당연히 '오늘'은 부사로 처리해야 할 것이다. 그러나, '오늘'이 명사구로 쓰인 것이라면, '오늘'은 명사로 보아야 한다.

'오늘'은 홀로 문장에 나타났어도 명사구로 보아야 한다.

(18) ㄱ. 저는 <u>오늘</u> 선생님의 강연회에 참석하려고 남편을 결근시켰습니다.
ㄴ. 저는 **휴일이 아닌** 오늘{*-로, *-에, ∅} 선생님의 강연회에 참석하려고 남편을 결근시켰습니다.
ㄷ. 저는 <u>오늘{-에야, *-야}</u> 선생님의 강연회에 참석할 수가 있었습니다.
(19) ㄱ. 24시간 파업에 돌입한 <u>9일{-에, ∅}</u>, 비둘기 한 마리가 텅 빈 밀라노 중앙역을 날고 있었다.
ㄴ. 24시간 파업에 돌입한 <u>9일{-에도, ?-도}</u>, 비둘기 한 마리가 텅 빈 밀라노 중앙역을 날고 있었다.

'오늘'이 부사어로 쓰일 경우, 조사는 쓰이지 않는다. 그러나, 조사가 쓰이지 않아도 (18ㄴ)처럼 관형절의 수식을 받는다. 이러한 현상은 영접사

---

의 결합관계를 본다면, 조사와 결합할 수 있는 품사범주는 명사와 부사이다. 즉, 조사가 붙을 수 있다는 특성을 명사와 부사가 공유하고 있는 것이다. 또한, 서술어의 논항으로 기능할 수 있는 품사범주도 명사와 부사, 그리고 보문이다. 이러한 관점에서 볼 때, 관형사보다는 부사가 명사의 범주와 관련성이 있다고 본다. 최현배(1982)의 논의에서 두 번째 문제점은 몇 개의 부류만이 명사가 조사 없이 부사로 쓰인다는 것이다. 몇 개의 특별한 말만이 그러하다는 이유만으로 이들을 다른 범주로 다루기에는 석연치 않은 점이 있다. 부사의 의미는 '때, 곳, 모양, 정도, 말재, 이음'이다(최현배, 1982: 594-601). 이 중 명사와 관계가 되는 것은 '때, 곳, 정도'이며, 특히 '때'와 '곳'을 의미하는 부사는 대부분 명사와 그 형태가 같다(손남익, 1995: 35-42). 즉, 명사 중에서 '때'나 '곳'을 의미하는 명사는 조사 없이 부사어로 기능할 잠재성을 가지고 있다고 볼 수 있다. 또한, 용언을 수식할 수 있는 것은 부사의 범주가 아니라 용언이 나타내는 행위나 상태 등을 수식할 수 있는 의미를 가지는 어휘라고 보아야 한다. 명사도 의미적인 특성에 따라 부사의 수식을 받기도 한다. 그러므로 이들을 명사의 한 부류로 나누어 부사성으로 설명하려고 하는 것이다.

파생으로 설명할 방법이 없다. 부사는 관형절의 수식을 전혀 받을 수 없기 때문이다.105) 따라서, 명사가 조사 없이 부사어로 쓰일 경우, 명사에서 부사로 파생되었다는 논의는 설득력을 잃게 된다. '오늘'이 홀로 문장성분으로 쓰였어도 관형어의 자리를 비운 명사구이기 때문에 '오늘'을 한정해야 할 필요가 있으면, (18ㄴ)처럼 관형절의 수식을 받을 수 있는 것이다. 즉, '오늘'은 명사구로서 명사구가 조사 없이 부사어로 쓰인 것으로 보아야 한다. 이는 (18ㄷ)을 보아서도 알 수 있다. '오늘'이 홀로 문장에 쓰였어도 조사가 필요한 경우에는 조사와 함께 문장성분이 된다. '오늘'만으로 '오늘에야'의 의미를 보일 수 없기 때문이다.106)

관형절이 쓰인 (19ㄱ)의 명사구도 조사없이 한정된 시간을 나타낼 수 있기 때문에 '-에'가 그 명사구에 쓰이는 것은 잉여적이다. 그렇지만, (19ㄴ)에서처럼 조사가 꼭 쓰여야 하는 경우에는, '-에'가 나타난다.

명사구가 나타내는 의미가 한정된 시간이냐 아니냐에 따라 조사의 쓰임이 결정되는 것은 다음 예에서도 알 수 있다.

(20) ㄱ. <u>지난 해 겨울에</u> 별이는 그 여린 모습으로 나를 처음 찾아 왔었다.
 ㄴ. <u>지난 해 겨울</u> 별이는 그 여린 모습으로 나를 처음 찾아 왔었다.
 ㄷ. 그렇게 아들이 죽고 이태 후인가 그 사람마저도 <u>겨울에</u> 얼어 죽었지요.
 ㄹ. *그렇게 아들이 죽고 이태 후인가 그 사람마저도 <u>겨울</u> 얼어 죽었지요.
(21) ㄱ. 패티김은 <u>지난 4월에</u> 디너쇼를 가지면서 고국에서 본격적인 가요활동을 다시 가질 계획이라고 했다.
 ㄴ. 패티김은 <u>지난 4월</u> 디너쇼를 가지면서 고국에서 본격적인 가요활동을 다시 가질 계획이라고 했다.

---

105) 김슬옹(1992)에서도 이러한 특성을 밝힌 바 있다.
106) '-야'는 언제나 앞에 '-가', '-를' 이외의 다른 조사가 쓰여야 한다. 이에 대해서는 각주 20번을 참조할 것. '오늘'이 '-야'와 함께 쓰일 때, '-에'가 나타난다는 특성은 김창섭(1984)에서 언급된 바 있다.

ㄷ. 그 작가는 4월에 태어났다고 한다.
ㄹ. *그 작가는 4월 태어났다고 한다.
(22) ㄱ. 물질만능의 사고방식으로 키워진 이 아이가 <u>이 다음에</u> 무엇이 될 것인가?
ㄴ. 물질만능의 사고방식으로 키워진 이 아이가 <u>이 다음</u> 무엇이 될 것인가?
ㄷ. <u>다음에</u> 정식으로 인사하기로 하지요.
ㄹ. *<u>다음</u> 정식으로 인사하기로 하지요.

'시간'의 의미를 가지는 명사 앞에 그 명사를 한정하는 관형어가 붙을 경우에 조사 없이 부사어로 쓰이나, 한정수식 관형어가 없는 명사는 조사 없이 부사어로 쓰일 수 없다.[107] '겨울'은 (20ㄷ,ㄹ)에서 볼 수 있는 것처럼 조사 없이 부사어로 쓰이지 않으나, '지난 해'로 '겨울'을 한정하면, 조사 없이 부사어로 쓰인다(20ㄱ,ㄴ). 마찬가지로 '4월'이나 '다음'도 '지난'이나 '이'라는 한정수식 관형어가 없이는 조사 없이 부사어로 쓰일 수 없다. 조사가 쓰이는지에 따라 명사와 부사의 범주를 가르는 관점에 따른다면, 관형어의 수식을 받는 쓰인 '겨울', '다음'은 명사임에 반해 관형어의 수식을 받지 않은 '지난 해 겨울', '이 다음', '지난 4월' 등은 부사가 된다. 그러나, 부사는 관형어의 수식을 받을 수 없다. 관형어의 수식을 받는 것은 명사의 특성이다. 그렇다고, '지난 해 겨울', '이 다음', '지난 4월' 전체를 한 단어로 보아 부사로 설명할 수는 더더욱 없다. 따라서, 조사가 쓰이지 않았음에도 불구하고, '지난 해 겨울'의 '겨울', '지난 4월'의 '4월', '이 다음'의 '다음'은 명사의 범주에 들 수밖에 없다. 물론 '지난 해 겨울', '이 다음', '지난 4월'이 조사와 함께 쓰이든 조사 없이 쓰이든 의미의 차이가 보이지 않

---

107) 위의 예문은 남기심(1993)에서 발췌한 것이다. 남기심(1993)에서는 '시간'을 나타내는 '-에' 명사구를 크게 조사 '-에'가 쓰이지 않는 것과 '-에'가 쓰여만 하는 것, 그리고 '-에'가 쓰일 수도 있고 쓰이지 않을 수도 있는 것으로 나누어 상세히 설명하고 있다(남기심, 1993: 133-149).

는다는 것도 이들을 동일한 범주로 보게 하는 요인이 된다. 즉, 조사의 쓰임이 수의적인 경우, 조사가 쓰이느냐에 따라 동일한 형태의 단어를 명사의 범주와 부사의 범주로 달리 볼 수 없다는 결론이 나온다.

4.2.4 명사가 조사 없이 부사어로 쓰이는 특성을 명사구의 한 특성으로 설명하는 것은 부사성 의존명사를 설명하는 한 방법이 된다.

 (23) ㄱ. 흔히 우리들은 생명(목숨)은 자기 것인 양 착각한다.
   ㄴ. 영이가 곧 일어날 듯 뒤척였다.
   ㄷ. 철수는 선생님이 생각하신 대로 천재였다.

'양', '듯', '대로'는 의존명사이나 조사 없이 부사어로 쓰이므로 그 지위가 불완전한 것으로 인식되었다. 여기서, '생명은 자기 것인 양'은 부사절의 기능을 하는데, 이를 부사절로 해석하게 하는 것은 의존명사 '양'이며, '영이가 곧 일어날 듯'을 부사절로 보이게 하는 것은 '듯'이다. 또한 '선생님이 생각하신 대로'를 부사절로 해석하게 하는 것은 '대로'이다. 이들 '양', '듯', '대로'는 관형절을 필수적으로 요구하면서, 조사 없이 그 앞의 관형절을 부사절로 인식하게 하는 특성을 보이는 것이다. 이러한 의존명사의 부사성은 결국 명사의 부사성에서 연유한 것으로 설명할 수 있겠다. '양', '듯', '대로'가 선행성분에 의존적으로 쓰이면서 부사성을 지니기 때문에 조사 없이 쓰이는 것이다.

4.2.5 명사의 부사성은 명사의 관형성과의 관계에서도 설득력을 가진다.

 (24) ㄱ. 잡부일이란 게 막상 달려들어 해보자니 보통 힘으로는 어려웠다.
   ㄴ. 여인숙이라고는 하지만 여관보다는 다소 규모가 작았고, 보통 여인숙
    보다는 크고 깨끗한 데다 시설도 갖출 만큼 갖추었다.

ㄷ. 그리고 소시민의 자기 증명을 확고하게 보여준 유일한 <u>보통</u> 사람이
다.
ㄹ. 그 때까지만 해도 저는 그 장면이 여느 <u>보통</u> 영화의 한 장면이겠거니
하고 생각했습니다.

'보통'은 조사 없이 (24)에서는 관형어로 쓰이고 있다. 그러나, 우리는 (24)의 '보통'을 관형사로 파생되었다고 설명하지 않는다. 즉, 조사 '-의'의 실현 여부가 '보통'을 명사와 관형사로 가르는 기준이 되지 않는다. 이와 마찬가지로 조사 '-에'나 '-로'와의 결합 여부로 명사와 부사의 범주를 가르는 것도 불합리하게 되는 것이다.

## 4.3 부사성의 정도와 조사의 쓰임

모든 명사가 부사성을 띠는 것이 아니라 '때', '정도', '행동의 양식' 등을 의미하는 명사의 부류만이 부사성을 띠게 되듯이 부사성을 띠는 명사라 할지라도 부사성의 정도가 다르다. '처음'과 '나중'처럼 조사의 쓰임이 수의적인 경우와 '오늘', '조금'처럼 조사가 거의 쓰일 필요가 없는 경우는 부사성의 정도에서 차이를 보인다고 할 수 있다. '오늘'은 한정된 시간을 나타낼 수 있는 명사이므로 조사 없이 부사어로 쓰일 수 있는 반면에 '훗날'은 '오늘'에 비해 비한정적인 시간을 나타내므로 필요할 경우에 '-에'가 쓰이는데, 이러한 차이는 '오늘'과 '훗날'의 부사성의 정도차라고 볼 수 있다. 부사성을 보이는 명사의 목록은 다음과 같다.

(25) ㄱ. 시간을 나타내는 명사
① 시간의 점을 나타내는 명사 : 오늘, 내일, 어제, 훗날, 그저께, 그러께, 이제, 인제…

②  시간의 길이를 나타내는 명사 : 잠깐, 오래, 잠시…
③  시간의 앞뒤를 나타내는 명사 : 나중, 다음, 처음…
ㄴ. 정도를 나타내는 명사 : 조금, 좀, 약간, 거의, 다소…
ㄷ. 행위의 양식을 나타내는 명사 : 최대한, 최소한, 진짜, 거짓, 진정…
ㄹ. 문두에 쓰여 양태를 나타내는 명사 : 진짜, 보통, 정말, 실상, 사실, 요행…

이 목록은 최현배(1982)에서 명사와 부사가 중복된 것으로 본 것과 연세 말뭉치의 예문에서 대략적으로 뽑은 것이다. 또한 '시간'이나 '정도', '행위의 양식' 등의 분류가 절대적인 것은 아니다. '최대한', '진짜' 등은 '행위의 양식'으로 분류하였으나, '행위의 정도'로 볼 수도 있다. 이외에 최현배(1982)에서 명사와 부사의 동형어로 설명한 것 중에 '장소'를 나타내는 '여기, 저기, 거기' 등은 제외하였다. 이들은 서술어에 매이는 명사구에 쓰일 때, 조사가 나타나지 않은 것이므로 서술어와의 관계로도 설명을 할 수 있기 때문이다.

(26) ㄱ. 사람들은 {거기, 그 곳에} 앉아 기다리다가 버스가 오면 타는 것이다.
ㄴ. 형님, {거기, 그 곳이} 어디에요?
ㄷ. {거기, 그것에} 관하여는 당신이 공개한 이상, 한 사회적 문제로 제가의 비판이 있겠지요.

'거기'는 '그 곳'의 의미를 가지는 대명사로서, 주로 조사와 결합하지 않고도 서술어의 논항으로 쓰인다. (26ㄱ,ㄴ,ㄷ)에서 '거기'는 '앉아', '어디에요?', '관하여는'의 보충어로서, '그 곳'이나 '그것'으로 바꾸면 조사가 필수적으로 쓰인다. 즉, '거기'와 같은 부류는 조사와 결합할 필요가 없는 명사구로 보인다.[108]

---

108) 특히, '저기'의 통사적 양상은 복잡하다. '저기'는 다른 명사와 달리 자립성이 강함으로

ㄷ. 그리고 소시민의 자기 증명을 확고하게 보여준 유일한 <u>보통</u> 사람이다.
ㄹ. 그 때까지만 해도 저는 그 장면이 여느 <u>보통</u> 영화의 한 장면이겠거니 하고 생각했습니다.

'보통'은 조사 없이 (24)에서는 관형어로 쓰이고 있다. 그러나, 우리는 (24)의 '보통'을 관형사로 파생되었다고 설명하지 않는다. 즉, 조사 '-의'의 실현 여부가 '보통'을 명사와 관형사로 가르는 기준이 되지 않는다. 이와 마찬가지로 조사 '-에'나 '-로'와의 결합 여부로 명사와 부사의 범주를 가르는 것도 불합리하게 되는 것이다.

## 4.3 부사성의 정도와 조사의 쓰임

모든 명사가 부사성을 띠는 것이 아니라 '때', '정도', '행동의 양식' 등을 의미하는 명사의 부류만이 부사성을 띠게 되듯이 부사성을 띠는 명사라 할지라도 부사성의 정도가 다르다. '처음'과 '나중'처럼 조사의 쓰임이 수의적인 경우와 '오늘', '조금'처럼 조사가 거의 쓰일 필요가 없는 경우는 부사성의 정도에서 차이를 보인다고 할 수 있다. '오늘'은 한정된 시간을 나타낼 수 있는 명사이므로 조사 없이 부사어로 쓰일 수 있는 반면에 '훗날'은 '오늘'에 비해 비한정적인 시간을 나타내므로 필요할 경우에 '-에'가 쓰이는데, 이러한 차이는 '오늘'과 '훗날'의 부사성의 정도차라고 볼 수 있다. 부사성을 보이는 명사의 목록은 다음과 같다.

(25) ㄱ. 시간을 나타내는 명사
① 시간의 점을 나타내는 명사 : 오늘, 내일, 어제, 훗날, 그저께, 그러께, 이제, 인제…

②  시간의 길이를 나타내는 명사 : 잠깐, 오래, 잠시…
③  시간의 앞뒤를 나타내는 명사 : 나중, 다음, 처음…
ㄴ. 정도를 나타내는 명사 : 조금, 좀, 약간, 거의, 다소…
ㄷ. 행위의 양식을 나타내는 명사 : 최대한, 최소한, 진짜, 거짓, 진정…
ㄹ. 문두에 쓰여 양태를 나타내는 명사 : 진짜, 보통, 정말, 실상, 사실, 요행…

이 목록은 최현배(1982)에서 명사와 부사가 중복된 것으로 본 것과 연세 말뭉치의 예문에서 대략적으로 뽑은 것이다. 또한 '시간'이나 '정도', '행위의 양식' 등의 분류가 절대적인 것은 아니다. '최대한', '진짜' 등은 '행위의 양식'으로 분류하였으나, '행위의 정도'로 볼 수도 있다. 이외에 최현배(1982)에서 명사와 부사의 동형어로 설명한 것 중에 '장소'를 나타내는 '여기, 저기, 거기' 등은 제외하였다. 이들은 서술어에 매이는 명사구에 쓰일 때, 조사가 나타나지 않은 것이므로 서술어와의 관계로도 설명을 할 수 있기 때문이다.

(26) ㄱ. 사람들은 {거기, 그 곳에} 앉아 기다리다가 버스가 오면 타는 것이다.
ㄴ. 형님, {거기, 그 곳이} 어디에요?
ㄷ. {거기, 그것에} 관하여는 당신이 공개한 이상, 한 사회적 문제로 제가의 비판이 있겠지요.

'거기'는 '그 곳'의 의미를 가지는 대명사로서, 주로 조사와 결합하지 않고도 서술어의 논항으로 쓰인다. (26ㄱ,ㄴ,ㄷ)에서 '거기'는 '앉아', '어디에요?', '관하여는'의 보충어로서, '그 곳'이나 '그것'으로 바꾸면 조사가 필수적으로 쓰인다. 즉, '거기'와 같은 부류는 조사와 결합할 필요가 없는 명사구로 보인다.[108]

---

108) 특히, '저기'의 통사적 양상은 복잡하다. '저기'는 다른 명사와 달리 자립성이 강함으로

4.3.1 시간 명사와 조사의 쓰임

'시간'을 나타내는 명사의 경우를 먼저 보자. '오늘', '내일' 등은 '-에'가 쓰이지 않으나 '나중'이나 '처음'은 조사와의 결합이 수의적이다. 이러한 현상을 부사성의 정도로 설명할 수 있다. '오늘'은 부사성이 높아 조사가 쓰이지 않아야 하나, 상대적으로 부사성이 낮은 '처음'이나 '나중'은 '-에'가 쓰일 수 있는 것으로 설명할 수 있다.

이 예들을 중심으로 논의를 진행하겠다. 시간의 한 점을 보이는 시간 명사 중, '어제, 그저께, 그러께, 이제, 인제, 내일' 등은 앞에서 본 '오늘'과 같이 부사어로 쓰일 때 조사가 붙지 않는다.[109]

(27) ㄱ. 이 책은 <u>어제</u> 산 것입니다.
ㄴ. <u>그저께</u> 그 감탄을 자아내는 결과를 보러 디오라마 스튜디오로 다게르 씨를 찾아갔었다.
ㄷ. <u>이제</u> 나는 더 이상 사원의 종을 치지 않을 것이다.[110]

---

해서, 부사어가 아닌 서술어의 논항의 자리에서도 조사와 결합하지 않고 실현되며, 다음과 같은 예문에서는 간투사로 쓰이기도 한다. 간투사는 오승신(1995)에 따르면, 발화상에서 다른 단어와 통사적인 구조를 이루지 않으며, 형태적으로는 활용이나 파생을 하지 않고, 발화 당시의 화자의 내면 상태나 정신 작용을 표출하거나 화자의 뜻을 전달하는 데에 관례적으로 쓰이는 단어를 말한다(오승신, 1995: 23).

(ㄱ) 글쎄, 저기 김형 말야, 밤낮 일만 하던 얌전이가 화염병 들고 싸웠다다던데…
(ㄱ)의 '저기'는 간투사로 쓰이고 있다. 그러나, '거기', '저기' 등이 간투사로 쓰인다고 해도 명사로서 가지는 의미를 완전히 잃지는 않는다. 그렇기 때문에 (ㄱ)의 '저기' 자리에 '거기'나 '여기'가 쓰일 수 없다. 이처럼 '저기'가 간투사로 쓰일 때, 간투사를 부사로 보는지가 문제가 있기 때문에 이를 '저기'의 부사성으로 보아야 하는지는 다음 기회로 미룬다. 만일 간투사를 부사의 한 하위부류로 본다면, '저기' 역시 부사성이 있는 명사로 볼 수 있을 것이다.

109) '어제, 그저께, 그러께, 이제' 등이 조사 '-에'의 도움을 받지 않는 것은 부사성에 의한 것으로 볼 수도 있지만 음운론적으로도 설명이 된다. 즉, 마지막 음절이 '-에'로 끝났기 때문에 '-에'가 드러나지 않는다고 할 수도 있다.
110) '이제'는 부사성이 강해 부사어로서의 쓰임이 많다. 그러나 다음과 같은 예문을 보면

'훗날'에서는 조사의 쓰임이 수의적이다. 이러한 점에서 '오늘', '내일' 보다는 부사성이 약하다고 할 수 있다.

    (28) ㄱ. 나머지 학위는 <u>훗날</u>에 따도 됩니다.
        ㄴ. 그게 정 부담스럽다면 <u>훗날</u>에 벌어서 갚으면 됩니다.
        ㄷ. <u>훗날</u> 누가 천사의 미소를 보았느냐고 묻는다면 나는 보았다고 대답하리라.
        ㄹ. 아버지와 내가 그리로 가서 밤을 세운 첫날밤에, 기막힌 일이 하나 벌어졌었다고 <u>훗날</u> 어머니가 이야기한 적이 있었다.

'시간의 길이'를 보이는 명사 '잠깐', '오래', '잠시', '평생'의 경우, 부사성이 강하게 드러난다.111)

    (29) ㄱ. 저 양반이 또 <u>잠깐</u> 정신이 돌아오셨나 보군.
        ㄴ. 경혜의 입가에 <u>잠깐</u> 웃음이 떠올랐다가 사라졌다.

---

  '이제'는 명사의 범주에 들 수 있다.
    (ㄱ) 건전한 원리는 예와, <u>이제</u>와, 장래를 통하여 정당한 방법을 찾게 하는 것이어서, 외과의 철학 사상은 그 원리 파악에 있다고 할 것이다.
111) 다음의 예문은 '잠깐', '오래', '잠시', '평생'이 명사임을 보여 준다.
    (ㄱ) 눈부신 햇살에 안개 사라지듯 피로와 허기가 녹는 것도 <u>잠깐</u>일 뿐, 아침햇살이 본격적으로 달아오르자 온 살이 다 아프고 한 발자욱 떼어놓기조차 힘들 정도로 탈진한 상태였다.
    (ㄴ) 그리고 <u>잠깐</u>의 시간이 납덩이처럼 무겁게 흘렀다.
    (ㄷ) 나도 이상스레 마음이 편안한 게 <u>오래</u> 전부터 둘이서 그렇게 지내온 것 같은 착각이 일 정도였다.
    (ㄹ) 환기통 속의 소주는 이미 바닥이 난 지 <u>오래였다</u>.
    (ㅁ) 그러나 그 부끄러움은 <u>잠시</u>일 뿐 그네들을 향한 혐오가 이글이글 끓어올랐다.
    (ㅂ) 늦어도 세시간 뒤면 밥상머리에서 다시 만날 <u>잠시</u>의 헤어짐인데, 난 영원인 양 슬프다.
    (ㅅ) 내 과거의 칠십 <u>평생</u>은 이 소원을 위하여 살아 왔다.
    (ㅇ) 남들이 잘한다 잘한다 하니까 좋아서 한 <u>평생</u>을 계속해 온 일입니다.
    (ㅈ) 한 <u>평생</u>의 매일 매시간을 언제나 사랑 받고 살고 싶습니다.

(30) ㄱ. 너무 오래 뜸을 들였기 때문에 그 흥분은 조금도 실감이 나지 않았다.
　　ㄴ. 사람은 그저 오래 살고 볼 거라니까.
(31) ㄱ. 나는 잠시 내 눈이 착각을 한 것으로 생각했다.
　　ㄴ. 집 뒷산에서 새소리들이 잠시 어지럽게 들려왔다.
(32) ㄱ. 평생 먹을 것을 제하고 남은 것은 다 갖다 줘라.
　　ㄴ. 심지가 곧지 않으면 눈가림식의 것은 만들지는 몰라도 평생 작품다운 작품은 만들지를 못 해.
　　ㄷ. 그 청년은 그 때의 기억을 되살리며 평생 자살을 생각지 않을 것으로 안다.
　　ㄹ. 평생 한 번 뿐인 결혼식을 추억의 사진으로 남기고 싶었다.
　　ㅁ. 증상이 늦게 나타나거나 평생 나타나지 않을 수도 있다.
　　ㅂ. 인간에게는 한 평생 살아나가는 과정 속에서 넘어야 할 일이 많다.

특히 시간의 길이를 나타내는 '잠깐', '오래', '잠시' 등의 명사는 정도를 나타내는 명사처럼 부사성이 강하기 때문에, 명사적인 쓰임보다는 부사적인 쓰임이 더 많다.
'시간의 앞뒤'를 보이는 명사는 단어마다 특성이 다르게 나타난다. '나중'은 앞에서 본 바와 같이 조사가 쓰이는 것은 수의적인 현상이다. 그러나 '다음'은 의미와 앞에 오는 한정수식 관형어에 따라 조사의 쓰임이 결정된다.

(33) ㄱ. 먼저 오른쪽을 돌아보고, 다음{-에, ∅} 왼쪽을 돌아봤다고 해도 상관 없어.
　　ㄴ. 절름발이 다음{-에, ??∅} 지척거리며 소경이 따르고 뒤쳐지는 두 광인의 등을 밀어내며 대장은 나와서 문을 닫았다.
(34) ㄱ. 다음{-으로, ∅} 소중한 것은 훈련이다.
　　ㄴ. 다음{-으로, ∅} 중요한 것은 우리 국군의 전투능력이다.
　　ㄷ. 프랑스는 미국 다음{-으로, *∅} 비중이 큰 나라이다.
　　ㄹ. 오목사를 하나님 다음{-으로, *∅} 존경하는 식모였다.

'다음'이 '순서에서 뒤'를 의미할 경우, '-에'나 '-로'와 결합할 수 있다((33ㄱ,ㄴ), (34ㄱ,ㄴ)). 그런데 '다음'이 (34ㄱ,ㄴ)에서처럼 '일의 순서'를 나타내는 경우에는 관형어 없이 홀로 쓰이면, 부사성이 통사적으로 드러나서 조사 없이 쓰일 수가 있으나, (34ㄷ,ㄹ)에서처럼 관형어와 결합하면, 부사성이 드러나지 않아 언제나 조사가 나타난다.

'다음'이 '일정한 시간이 지난 뒤'를 뜻할 때는 관형어와 결합할 때만 부사성을 통사적으로 드러낸다.

(35) ㄱ. <u>다음부터</u> 조심하겠습니다.
ㄴ. <u>다음부터는</u> 언제나 말씀을 듣기만 하도록 노력하겠습니다.
ㄷ. 넌 어떡헐래 난 원선생을 저래 두고 갈 수 있겠니 너도 <u>다음에</u> 가자.
ㄹ. <u>다음에</u> 천천히 또 이야기 들어야겠는걸.
ㅁ. <u>다음에</u> 뵙죠.
(36) ㄱ. <u>이 다음</u> 서울 가면 성서 조선 쓰는 사람들 좀 볼 터이니 주소를 알려 주게 하였다.
ㄴ. 대장은 한쪽 눈을 감고 잘 겨냥한 <u>다음</u> 유리알을 던진다.
ㄷ. 나는 빙긋이 웃으며 거울을 한번 기웃한 <u>다음</u> 웃도리를 걸치고 방에 자물쇠를 채우고 거리로 나갔다.
ㄹ. 산에서 그대로 밤을 밝힌 <u>다음</u> 새벽에 하산할 것인가.
ㅁ. 피를 닦은 <u>다음</u> 소독을 하였다.

(35)의 각 예문은 한정수식 관형어 없이 '다음'이 '일정한 시간이 지난 뒤'를 뜻할 때이다. 이 경우는 언제나 '-부터'나 '-에'와 함께 쓰인다. 그러나, 관형어와 결합한 (36)의 각 예문에서는 '다음'이 부사성을 드러낸다. 즉, '순서에서 뒤'를 의미할 경우에는 관형어와의 결합이 부사성을 약화시키는 동인이 되는데, '시간의 뒤'를 의미할 경우에는 관형어와의 결합이 부사성을 드러내는 동인이 된다.

'시간의 번수'를 보이는 시간 명사 '매일' '처음' 또한 부사성의 정도가 다르다. '매일'은 부사성이 강해 조사와 결합하지 않는데 비해112) '처음'은 조사와의 결합이 수의적이다.113)

(37) ㄱ. 낫과 가마니를 동여 메고 산에 올라가 나무를 해 오는 것이 <u>매일</u> 반복되는 일과였다.
ㄴ. 어머니는 시내에서 찻집을 운영하고 있어 집은 거의 <u>매일</u> 비어 있는 상태였다.
ㄷ. 그리고 <u>매일</u> 목욕을 시키고, 겨울에는 옷을 입히기도 한다.
(38) ㄱ. 두 남학생은 조금 전에 <u>처음{-으로, ∅}</u> 봤고 여학생은 우리 식구가 서울에 와서 그 댁에 머물게 되어 알게 됐습니다.
ㄴ. 그런 소리 <u>처음{-으로, ∅}</u> 들었습니다.

특히 '처음'은 '나중'처럼 '시간의 앞뒤'를 나타낼 수가 있는데, 이 경우에도 부사성이 통사적으로 구현되는 것은 수의적이다. 즉, 조사와의 결합이 수의적이다.

(39) ㄱ. 정우는 <u>처음{-에, ∅}</u> 동일의 작업장을 보고 속으로 많이 놀랐었다.
ㄴ. 나미는 <u>처음{-에, ?∅}</u> 교통 사고를 당한 것이 쌍둥이 동생인 영준인 줄 알았다.
ㄷ. <u>처음{-에, ?∅}</u> 우리는 서로 마주보고 웃어 가며 서로의 머리통을 양손으로 잡고 어루만졌다.
ㄹ. 내가 왜 <u>처음{-에, ?∅}</u> 너를 멀리했는지 아니?

---

112) (ㄱ) 늘상 무지개를 만나는 경이로움으로 <u>매일</u>을 살 수 있으면 얼마나 좋을까.
(ㄴ) 그 두 산마을 아이들은 거의 <u>매일</u>을 두고 '대접전'을 벌였던 것이다.
(ㄷ) 십이월에 들어서며 날씨가 풀려서 겨울답지 않은 <u>매일</u>이 계속되고 있었다.
(ㄹ) <u>매일</u>의 운동으로 단련된 그의 몸은 빨랐고 정확했다.
위의 예는 '매일'의 명사로서의 쓰임이다.
113) 최현배에서 '때의 번수'를 나타내는 부사로 제시한 '매번', '매양'은 기존사전에서는 명사의 범주로도 설명하고 있으나 이들은 명사로 볼 수 없다. 명사로서의 쓰임이 보이지 않기 때문이다.

(39ㄱ)에서는 '-에' 없이 쓰일 수 있으나, (39ㄴ,ㄷ,ㄹ)에서는 '-에'가 없으면 어색한 문장이 된다.

지금까지의 논의를 정리하면 다음과 같다. 첫째, 시간명사의 부사성이 통사적으로 드러날 때는 이들이 부사어로 쓰일 때이다. 둘째, 시간명사구의 의미가 '-에'나 '-로'의 의미를 어느 정도 나타낼 수 있느냐에 따라 부사성의 정도가 다르다. '오늘', '내일' 등은 '훗날'에 비해 한정된 시간을 뜻하므로 부사성이 높다. 따라서, '훗날'이 관형어의 한정을 받을 때는 부사성이 높아진다. 셋째, '잠깐', '오래' 등 시간의 동안(길이)을 뜻하는 명사가 부사성이 높은 것은 시간의 동안을 뜻하는 조사가 없으므로 조사 없이 쓰인 것이 아닌가 한다.

### 4.3.2 정도명사와 조사의 쓰임

정도를 나타내는 명사 중, '조금', '좀', '약간', '거의' 등은 부사성이 높아 부사어로 쓰일 때, 보조사 이외에 다른 조사와 결합하지 않는다.114)

(40) ㄱ. 그리고 동생들에게 용돈도 <u>조금</u> 주었다.
ㄴ. 밤이 되면서 눈보라는 <u>조금</u> 누그러든 것 같았다.
ㄷ. 그가 물 한 모금을 청하자, 그녀는 <u>조금을</u> 물통에 붓고는 나머지는 그에게 건네주었다.
ㄹ. 그 곳은 <u>조금</u> 전에 목욕을 했던 그 개울가였다.
(41) ㄱ. 낯선 동네에 와서 정붙일 곳이 없으니 내가 <u>좀</u> 도와준 것 뿐이야.
ㄴ. <u>좀</u> 있으면 그 날벌레들이 모두 현관 외등으로 나갈 것이다.

---

114) 특히 '조금'의 경우, '-도'와 결합하면 문장의 성격이 달라진다.
(ㄱ) 밥을 조금도 먹지 않았다.
(ㄴ) 조금도 양보하지 않았다.
'조금도'의 경우, 언제나 부정문에만 쓰이는데, 이를 '조금'과 다른 단어로 다루어야 할지는 숙제로 남긴다.

ㄷ. 분명히 좀 전에 열어 보이는 걸 확인했는데요.
(42) ㄱ. 그녀는 <u>약간</u> 거리를 두고, 여유롭게 그것을 바라보았다.
ㄴ. 문득 표정이 굳어지는 오순범을 보며 나는 <u>약간</u> 의아한 느낌이었다.
ㄷ. 재산이라야 고향 근처에 있는 산자락과 밭뙈기 <u>약간</u>을 물려받은 게 고작이었다.
(43) ㄱ. 군수품을 제외한 두 가지 물건은 <u>거의</u> 공개되어 있는 셈이죠.
ㄴ. 다시 집으로 인도하는 어머니의 목소리는 <u>거의</u> 들떠 있었다.
ㄷ. 6·25 한국전쟁이 벌어졌을 때 중위 계급장을 달고 있던 8기생들은 1960년 현재 <u>거의가</u> 중령이었다.
ㄹ. 왜냐하면 현재 경영되고 있는 기업들의 <u>거의가</u> 외국 자본이니까.

(40ㄱ,ㄴ)은 '조금'이 조사없이 부사어로 쓰인 예이며, (40ㄷ,ㄹ)은 명사로서의 지위를 보여주는 예이다. (41ㄱ,ㄴ)은 '좀'의 부사적 기능을 보인 예이며, (41ㄷ)은 '좀'의 명사로서의 지위를 보여주는 예이다.115) 이와 마찬가지로 (42)의 '약간' (43)의 '거의'도 설명할 수 있겠다.

정도를 나타내는 명사는 의미적 특성으로 인해 일반 명사구로서의 쓰임이 적다. '거짓', '예사', '제도적' 등과 같은 관형성 명사의 경우와 같은 양상을 보인다.

4.3.3 행위의 양식을 나타내는 명사와 조사의 쓰임

'행위의 양식'을 나타내는 명사 '최대한',116) '진짜', '거짓', '진정'을 보자.

---

115) '좀'은 '조금'과는 달리 간투사로서의 쓰임을 보인다.
(ㄱ) 한쪽 트렁크는 시골서 공부나 좀 하겠다고 책을 넣어 패나 무거웠다.
(ㄴ) 내 입원을 주선할 테니까 우리 병원에서 자세한 검사부터 좀 받아보고서.
(ㄷ) 아, 네, 남편 되시는 분을 좀 뵈어야 할 일이 생겼습니다.
이 때의 '좀'을 명사로 보아야 할지는 좀 더 고찰해야 할 문제이다.
116) '최대한'은 부사성을 보이나, '최소한'은 관형성을 보이는 듯하다.
(ㄱ) 그러므로 광주시내에 들어가려면 두 시간 정도의 여유를 갖고 <u>최소한</u> 열시까지는 들어가야 할 것이다.

이들은 정도를 나타내는 명사보다는 부사성이 약하다.

(44) ㄱ. 그는 사지를 최대한{-으로, ∅} 오므려 가슴에 박고 무릎을 꿇은 자세로 이마를 땅에 박고 있었다.
ㄴ. 좁은 공간을 최대한{-으로, ∅} 이용하여 계단 아래, 주방 구석, 그 어느 곳이든 하나도 쓸모없이 방치해둔 곳이 없다.
ㄷ. 나는 고개를 가슴에 처박고 궁둥이를 하늘로 뻗친, 적의 공격으로부터 내 몸을 지키기 위한 최대한{-으로, ∅} 완벽한 자세를 만들었다.

(45) ㄱ. 설립자가 진짜{-로, ∅} 독립운동했느냐 안했느냐 하는 건 중요한 게 아니잖아요?
ㄴ. 돈을 치르고 나니 진짜{-로, ∅} 오줌이 마려워서 그는 형제 슈퍼 건너편의, 불 빛이 닿지 않는 공터로 슬슬 걸어갔다.

(46) ㄱ. 대쪽처럼 말랐었다는 말이 거짓{-으로, ∅} 꾸며낸 말처럼 느껴질 정도로 몸 어느 구석에서도 그런 흔적을 찾을 수 없었다.
ㄴ. 부대가 드레퓌스한테 죄를 덮어씌우기 위해 여러 가지 증거를 거짓{-으로, ∅} 꾸며내었다는 사실도 밝혀졌습니다.
ㄷ. 지금까지 진술한 내용이 사실과 틀림없으며 만약 거짓{-으로, ∅} 증언한 사실이 발각 시에는 어떠한 처벌도 받을 수 있습니까?
ㄹ. 그 예법이 겸양을 꾸며서 거짓{∅, -으로} 공손한 체하며, 오로지 허로써 사람을 대하는 것을 보고…
ㅁ. 눈앞에서 선비 하나를 잡아 꿇어앉혀 보고, 거짓{∅, -으로} 허약한 체하며 취한 한량에게 허리를 굽혀 보일 때…

(47) ㄱ. 김형사의 말엔 진정{∅, -으로} 미안하다는 느낌이 묻어 있었다.
ㄴ. 그러나 그 노인이 진정{-으로, ∅} 원하는 것이 무엇인가를 공철우는

(ㄴ) 아니, 최소한 동조행위거나 간접만행이라고 생각하지 않소?
(ㄷ) 최소한 대여섯 시간을 기다려야 한다.
(ㄹ) 하나의 생명조차 제 발로 살아가기 위해서는 최소한 20여년의 세월을 필요로 한다.
위의 예문에서 보듯이 '최소한'은 후행명사구에 관여하는 의미를 가진다. 이러한 특성을 보이는 것으로 '과거'가 있다.
(ㅁ) 과거 몇 년간 우리는 휴식을 잊고 살아왔다.

알고 있었다.
　ㄷ. 진정{-으로, ∅} 이 땅의 미래를 걱정하는 마음일까?
　ㄹ. 개선하는 열쇠는 각자가 자기를 희생시켜 상대방에게 자기의 진정을
　　　표시하는 아량과 예절을 체득하는 길이다.

'최대한'이나 '진짜', '진정'117) 등은 부사성이 '약간' 등에 비해서는 상대적으로 약해 조사와 함께 쓰이기도 한다

### 4.3.4 양태명사와 조사의 쓰임

명사 중에는 '진짜'나 '정말'처럼 문장 부사어로 쓰여 문장이 나타내는 사건이나 상황에 대한 화자의 심리적인 판단을 나타내는 것이 있다. 이러한 명사를 양태명사라 할 수 있겠다.

(48) ㄱ. 진짜 나를 아는 사람이면 손가락질하네.
　　 ㄴ. 그런데 놀랍게도 진짜 그 속에 생쥐가 들어 있었습니다.
　　 ㄷ. 네가 보기에 찬돌이가 진짜 나더러 같이 놀자고 하는 것 같디?
　　 ㄹ. 그렇다고 생각하자 진짜 화가 났다.
(49) ㄱ. 실상 그는 여기서 더 나빠질래야 더 나빠질 아무 건덕지도 가지고 있
　　　　 질 못하다.
　　 ㄴ. 그는 실상 뭔가 구실이 필요했었다.

---

117) 다음 예문의 '진정(眞正)'은 '-로'와 함께 쓰이지 않는다. 그러나, 이 '진정'은 부사성 명사 '진정(眞情)'과 그 의미가 다르며, 쓰이는 한자도 다르다. 다음 예문의 '진정'은 명사적인 쓰임이 없으므로 부사이다.
　(ㄱ) 그런 상황에서 그녀와 함께 한 집에 산다는 것은 진정 고통스러운 일이 아닐
　　　 수 없었다.
　(ㄴ) 그렇다면 진정 이 회사는 누구의 손에 의해 움직이는 것입니까?
　(ㄷ) 우리가 진정 이 회사의 주인이며 노동자가 이 나라의 주인이란게 확실하지 않
　　　 은데…
　(ㄹ) 나는 하와이에서 진정 용기 있는 인생을 목격한 것이다.

ㄷ. 이야기를 먼저 내놓지 말라던 것은 <u>실상</u> 여자가 남기고 싶었던 부탁이 아니었을 거외다.
ㄹ. 이해관계가 전부였지 정 따위는 <u>실상</u> 있지도 않았었다고 그녀는 단언하듯 말했었다.
ㅁ. <u>실상</u> 일본인들이 장악하고 있는 재산을 빼앗아 오기는 그닥 힘이 들 것도 없었다.
(50) ㄱ. <u>요행</u> 흙과 재를 깔아 놓은 데로 달려오긴 하지만, 저러다 미끄러져 넘어지기라도 하면 어쩌나.
ㄴ. 그 떳떳치 못함 때문에 병원은 커녕 친구 집과 거리를 전전하다가 <u>요행</u> 미혼모 보호 시설을 알고 찾아오는 것이다.
(51) ㄱ. 생각해 보면 어머니는 김치를 담그실 때에 <u>정말</u> 예쁘게 써셨다.
ㄴ. 오 태석은 원숭이 흉내를 어떻게 잘냈던지 '<u>정말</u> 원숭이 같다'는 평을 받았다.
ㄷ. 눈꼴이 시어서 <u>정말</u> 여기서는 못 살겠네.
(52) ㄱ. <u>사실</u> 양축가에게 가장 어려운 계절은 겨울이 아닐까 생각이 든다.
ㄴ. 이러한 모든 증상엔 대추가 영약이라고 예로부터 일러오고, <u>사실</u> 그렇다.
ㄷ. <u>사실</u> 그게 운명인지도 모르죠.
(53) ㄱ. 한 마리 씩 끌어다 도살하여 주육이 낭자한 성찬을 즐겼으니 일 년에 <u>보통</u> 한 고을에서 백 마리 넘는 소가 무상으로 관식에 들어갔다.
ㄴ. 이 유명한 사격장의 이름은 <u>보통</u> 운천사격장으로 불린다.
ㄹ. 공간 지대는 <u>보통</u> 모래를 깔아 준다.

'진짜', '실상', '요행' 등은 의미가 추상화하면서, 일반 명사구로 쓰일 때와 의미가 다른 듯하다. 따라서, 이들은 명사에서 부사로 범주를 바꾼 것으로 설명할 수도 있을 것이다.

일반적으로 문장 부사는 분열문을 만들면 초점의 자리에 올 수 있다. 이러한 변환관계의 성립 여부를 따져 볼 수 있는 것은 원래 용언에서 전성된 부사여야 한다(서정수, 1975: 75). '틀림없이', '확실히'처럼 '틀림없다', '확실하다'에서 전성된 문장부사는 분열문을 만들 때 원래의 범주인 '틀림없다', '확실하다'로 돌아가게 된다.

(54) ㄱ. 틀림없이 그 분이 올 것이다.
    ㄴ. 그 분이 올 것은 틀림없다.
(55) ㄱ. 확실히 그 이는 똑똑한 사람이다.
    ㄴ. 그 이가 똑똑한 사람인 것은 확실하다.

'늘', '아마', '으레'처럼 원래 부사인 것은 문장 부사임에도 분열문을 만들면 초점의 자리에 올 수 없다.

(56) ㄱ. 해장은 그런 해신이 늘 걱정이었다.
    ㄴ. *해장이 그런 해신이 걱정인 것은 늘이다.
(57) ㄱ. 한 두 명의 사상자는 으레 나왔다.
    ㄴ. *한 두 명의 사상자가 나오는 것은 으레이다.
(58) ㄱ. 그래 가지고 아마 100 만 불은 벌었을 거에요.
    ㄴ. *그래 가지고 100 만 불은 벌었을 것은 아마이다.

위의 예에서 보듯이, 원래 부사는 분열문을 말들 때, '이다' 앞에 쓰이지 못한다. 그런데, '진짜', '정말' 등이 양태적인 의미를 나타낼 때, 이들은 분열문을 형성하여 초점의 자리에 온다.

(59) ㄱ. 그가 나를 안다는 것은 진짜야.
    ㄴ. 놀랍게도 그 속에 생쥐가 들어 있다는 것은 진짜야.
    ㄷ. 네가 보기에 찬돌이가 나더러 같이 놀자고 하는 것이 진짜니?
    ㄹ. 내가 화가 난 것은 진짜다.
(60) ㄱ. 그는 여기서 더 나빠질래야 나빠질 건덕지가 없는 것이 실상이다.

ㄴ. 그에게 구실이 필요한 것이 <u>실상이다</u>
ㄷ. 이야기를 먼저 내놓지 말라던 것이 여자가 남기고 싶었던 것이 아닌 게 <u>실상이다.</u>
ㄹ. 이해관계가 전부였지 정 따위는 있지도 않은 것이 <u>실상이다.</u>
ㅁ. 일본인들이 장악하고 있는 재산을 빼앗아 오기는 그닥 힘들 들 것이 없는 게 <u>실상이다.</u>
(61) ㄱ. 그가 흙과 재를 깔아 놓은 데로 달려 온 것은 <u>요행이다.</u>
ㄴ. 친구집과 거리를 전전하다가 미혼모 보호 시설을 알고 찾아오는 것은 <u>요행이다.</u>
(62) ㄱ. 어머니가 김치를 담그실 때 예쁘게 써신 것은 <u>정말이다.</u>
ㄴ. 오태석이 원숭이 같은 것은 <u>정말이다.</u>
ㄷ. 눈꼴이 시어서 여기서 못살겠는 것은 <u>정말이다.</u>
(63) ㄱ. 양축가에게 가장 어려운 계절이 겨울인 것은 <u>사실이다.</u>
ㄴ. 모든 증상에 대추가 영약이라는 것은 <u>사실이다.</u>
ㄷ. 그게 운명인지도 모르는 것이 <u>사실이다.</u>
(64) ㄱ. 한 마리씩 끌어다가 도살하여 주육이 낭자한 성찬을 즐겼으니, 일 년에 한 고을에서 백 마리 넘는 수가 무상으로 관식에 들어가는 것은 <u>보통이다.</u>
ㄴ. 이 유명한 사격장이 운천 사격장으로 불리는 것이 <u>보통이다.</u>
ㄷ. 공간지대는 모래를 깔아 주는 것이 <u>보통이다.</u>

즉, 위의 예들을 비교해 보면, 원래 부사는 문장의 사건이나 상황에 대한 화자의 판단을 나타낸다고 해도 분열문을 형성할 때 초점의 자리에 오지 못하나, '진짜'와 같은 성분들은 분열문을 형성하여 초점의 자리에 쓰인다. 이러한 경우를 볼 때, '진짜', '정말' 등을 부사로 처리할 수 없다.[118]

---

[118] 양정석(1996ㄴ)에서는 이러한 경우의 '이다'를 지정사로 설명하고, '이다'는 앞에 오는 명사와 함께 재구조화를 거쳐 통사적으로 하나의 단어처럼 기능한다고 설명한다. 또한 분열문에 나타난 '진짜(이)다', '실상이다', '요행이다', '정말이다', '사실이다', '보통이다'를 유현경(1996: 202-217)에서는 태도형용사로 보고 있다. 그러나, 다음 예를 보자.

'이다' 앞에 오는 성분이 언제나 명사이어야만 하는 것은 아니나119) 특히 문장부사와 문장부사어로 쓰이는 '진짜'류를 비교하면, 부사와 '진짜'류가 차이를 보이므로 '진짜'류를 양태를 나타내는 명사로 처리할 수 있겠다.120)

    (ㄱ) <u>보통</u>은 손쉬운 해결을 보게 되어 백치적 미소의 화해로 끝나는 것이다.
    (ㄴ) <u>사실</u>은 그 모든 현실이 팔자소관이고 우연의 산물이라면 명혜네 네 모녀에게 닥친 불운과 신고는 너무나 황당무계하고 억울한 것이다.

위의 예는 유현경(1996)에서 '보통이다', '사실이다'를 태도형용사로 취급하면서 분열문을 형성할 수 있다고 보인 것들이다. 그러나, 이처럼 '보통이다', '사실이다'의 '보통', '사실'이 '이다'와 분리되어 쓰일 수 있다는 것은 '보통', '사실'이 명사이고 '이다'가 지정사라는 것을 보여 준다. 즉, 여기서 '이다'는 문두의 명사절과 그 앞에 있는 명사의 관계를 밝혀 주는 지정사인 것이다.

이러한 사실로 보았을 때, 다음의 '제법이다', '고작이다'는 태도 형용사로 분류할 수 있다.

    (ㄷ) 봉급이라고는 가이 쥐꼬리만큼, 겨우 단돈 5천 원을 받는 게 <u>고작이었다</u>.
    (ㄹ) *<u>고작</u>은 겨우 단돈 5천 원을 받는 것이었다.
    (ㅁ) 자네는 다른 일은 <u>제법인데</u>, 그것을 모르나.
    (ㅂ) 공부를 하는 게 제법이네.
    (ㅅ) *<u>제법</u>은 공부를 하는 것이다.

(ㄷ)에서 '이다'는 '고작'과 '겨우 단돈 5천 원을 받는 것'의 관계를 밝혀주는 것이 아니라, '고작이다' 전체가 '겨우 단돈 5천 원을 받는 것'에 대한 화자의 평가를 나타낸다. 즉, '고작이다'는 문두의 명사절에 대한 화자의 평가를 나타내는 태도형용사인 것이다. 마찬가지로 '제법이다' 역시 '공부를 하는 것'에 대한 화자의 평가를 나타내는 태도형용사의 범주에 든다.

119) 다음과 같은 문장에서 '이다'는 부사어와 함께 쓰인다.
    (ㄱ) 여기서 조심해야 할 것은 '**빠르게**'야.
    (ㄴ) 여기는 '**느리게**'가 아니라 '**빠르게**'야.
    (ㄷ) 내가 여기에 온 것은 너를 위해서였어.
'느리게'나 '빠르게'는 명사가 아니지만 '이다' 앞에 쓰일 수 있다. 그러나, 이 때의 '느리게', '빠르게'는 특정 구를 인용한 것으로 보인다. 즉, 잠시 명사의 자격을 취하는 것이다. 마찬가지로 '너를 위해서' 역시 잠시 명사의 자격으로 '이다' 앞에 쓰인다고 본다. 따라서, 부사나 관형사에 속하는 '빨리'나 '새'와 같은 경우도 인용의 성격을 띨 때는 '이다'와 함께 쓰일 수 있다.
120) '보통'은 성분수식 부사어로도 쓰인다.
    (ㄱ) 하지만 그건 보통 어려운 문제가 아니었어.
    (ㄱ)의 '보통'은 '어려운'을 수식하는 부사어이다. 이때, '보통'은 명사로 볼 수 있는

양태를 나타내는 명사는 명사에 따라 부사성의 정도가 다르다. '진짜'나 '정말'은 조사 '-로'와 함께 쓰이기도 하나 '실상', '요행', '사실', '보통'은 조사와 결합하지 않고 쓰인다.

(48') ㄱ. 진짜로 나를 아는 사람이면 손가락질하네.
ㄴ. 그렇다고 생각하자 진짜로 화가 났다.
(49') ㄱ. *그는 실상으로 뭔가 구실이 필요했다.
ㄴ. *이해관계가 전부였지 정 따위는 실상으로 있지도 않았었다고…
(51') ㄱ. 생각해 보면 어머니는 김치를 담그실 때 정말로 예쁘게 써셨다.
ㄴ. 눈꼴이 시어서 정말로 여기서는 못살겠네.
(52') ㄱ. *이 유명한 사격장의 이름은 보통으로 운천사격장으로 불린다.
ㄴ. *공간 지대는 보통으로 모래를 깔아 준다.

이처럼 명사의 부사성의 정도에 따라 조사의 쓰임이 결정된다. 부사성은 명사에 따라 달리 나타난다. '정도'를 의미하는 명사가 부사성이 가장 강해 거의 조사와 함께 쓰이지 않는다. '시간'을 뜻하는 명사는 명사에 따라 부사성이 다르다. '오늘', '내일' 등은 부사성이 강해 조사와 결합하지 않고도 부사어로 쓰이나 '훗날'은 부사성이 '오늘', '내일'보다는 약해 조사의 쓰임이 수의적이다. '행위'의 양식을 뜻하는 명사는 부사성이 약해 조사와 함께 쓰이기도 한다. '양태'를 나타내는 부사성의 정도가 명사에 따라 다르다. '진짜', '정말'은 '보통', '실상', '사실'보다는 부사성이 약해 조사와 함께 쓰이기도 한다.

---

근거가 있는 아니나 문장수식부사어로 쓰일 때, 본문에서처럼 명사로 볼 수 있다면, 성분수식을 하는 '보통' 역시 명사로 볼 수 있다.

## 4.4 부사성 명사의 수식어

### 4.4.1 시간 명사와 한정수식 관형어

부사성 명사가 조사와 결합하지 않고 부사어로 쓰일 경우에 이들을 명사구의 한 용법으로 보는 것은 한정수식어인 관형어와 결합할 수 있기 때문이라고 하였다. 즉, 명사가 부사성을 띠는 것은 조사와의 결합에 영향을 주는 것이므로 관형어와의 결합에는 제약을 보이지 않는다.

(65) ㄱ. 여자가 자기 이름을 부르는 소리를 처음 듣는 것 같았다.
ㄴ. 여자가 자기 이름을 부르는 소리를 **생전** 처음 듣는 것 같았다.
(66) ㄱ. 나중 죽은 쪽은 말하자면 자기의 죽음을 빼앗겨 버린 거니까.
ㄴ. **맨** 나중 죽은 쪽은 말하자면 자기의 죽음을 빼앗겨버린 거니까.
(67) ㄱ. 먼 훗날 우리에게 돌아올 신용적인 이익을 비롯하여 다른 지방 사람에게 좋게 평가를 받음으로써
ㄴ. 먼 훗날, 이 사건으로 인해 감정으로 죽이고 죽고 하는 참극이 벌어지게 되는 것이다.

'처음', '훗날', '나중'이 조사와 결합하지 않고도 관형어와 결합함으로 해서 이들은 명사구의 범주로 인식된다. 다음 예에서 보듯이 '순간'이나 '즉시'에서도 이와 같은 현상을 볼 수 있다.

(68) ㄱ. 아! 아버지 **아버지를 보는** 순간 나는 그만 숨이 막히고 현기증이 일었다.
ㄴ. **시댁과 남편을 본** 순간 저에겐 오기와 새로운 각오가 더욱 솟구쳤습니다.
ㄷ. 들킨 순간 잠깐 망설였지만 나는 탈출을 속행하였다.
ㄹ. 그 순간 몸이 허공으로 떠올랐다.

ㅁ. 순간 영만의 얼굴에는 스스러워하는 빛이 떠돌았다.
ㅂ. 찬하는 순간 숨이 막히는 것 같았다.
ㅅ. 순간 인실의 눈은 표독스럽게 빛났다.
(69) ㄱ. 그녀는 경찰서를 아주 약하게 발음하여 공 씨 댁이 그 즉시 알아 듣질 못했다.
ㄴ. **없어진** 즉시 찾아나섰으면 혹시 찾았을지도 모르잖아요.
ㄷ. **집에 돌아오는** 즉시 조상 대대로 물려오는 논밭을 처분했다.
ㄹ. 한 건 할 때마다 그 즉시 현금으로 6천 원의 돈을 지불하겠소.
ㅁ. 한 건 할 때마다 즉시 현금으로 6천 원의 돈을 지불하겠소.

 '순간'의 경우는 기존 사전에서 명사로만 처리하고 있으나, 사전의 처리 방법이 일관성을 보인다면 (68ㅁ,ㅂ,ㅅ)은 부사로 처리될 것이다. 그렇지만, (68ㄱ,ㄴ,ㄷ,ㄹ)에서 보듯이 '순간'은 조사와 결합하지 않으면서 관형어와 결합하여 부사어로 기능하고 있으므로 명사의 범주에 든다. 이러한 현상은 '즉시'에서도 볼 수 있다. '즉시'는 (69ㅁ)에서 보듯이 부사로서의 쓰임과 (69ㄱ,ㄴ,ㄷ)에서와 같이 관형어의 수식을 받는 명사로서의 쓰임이 있다. 이러한 경향으로 인해 기존 사전에서도 동형어로 설명하고 있다.[121] 그러나, 관형어의 수식을 받는 (69ㄱ,ㄴ,ㄷ)에서도 '즉시'에 조사가 붙지 않는다.[122] 즉, '즉시'의 명사로서의 쓰임은 부사성 의존명사와 같은 양상이다. 부사로 쓰인 (69ㅁ)의 '즉시'는 (69ㄹ)에서처럼 관형사 '그'의 수식을 받으며, 관형어와 결합한 (69ㄱ,ㄴ,ㄷ)의 '즉시'와 의미상의 변화가 없다. 이러

---

[121] '즉시'는 사전에서 명사로서의 '곧 그 때'의 의미와 부사로서의 '곧 그 때에'의 의미로 풀이되어 있다. 사전에서는 용례를 제시하지 않고 있으나, 예문 (38)에서 보면, 관형어와 결합하는 '즉시'를 명사로, 관형어와 결합하지 않고 부사어로 기능하는 (38ㄹ)의 경우를 부사로 본 듯하다.
[122] 다음 예문에서는 '즉시'가 '-로'와 함께 쓰인다.
 (ㄱ) 비누를 물리고 그 즉시로 김포슈퍼에서 싼 값으로 비누를 샀다고 해서 동네 여자들 구설수에 올라 있는 고흥댁이었다.
 (ㄱ)에서 '즉시'는 관형사 '그'와 함께 조사 '-로'의 도움을 받는 것은 결국 '즉시'가 명사의 범주에 듦을 보여주는 예이다.

한 현상은 '즉시'가 부사성이 강해 자립적으로는 주로 부사처럼 기능함을 설명해 준다. 그러나, 부사처럼 보이는 경우에도 (69ㄹ)처럼 관형사의 수식을 받는다는 점과 명사로 설명하는 (69ㄱ,ㄴ,ㄷ,ㄹ)의 '즉시'와 의미상으로 변화가 없다는 점으로 인해 (69ㅁ)의 '즉시'도 명사의 범주에 든다.

### 4.4.2 한정수식 관형어와 부사성의 통사적 구현

어떤 명사는 한정수식 관형어와 결합하여 그 부사성을 통사적으로 드러내게 된다.

(70) ㄱ. 조문천이 한 이야기의 몇 토막을 다음{-에, *∅} 엮어 본다.
ㄴ. 다음{-에, *∅} 정식으로 인사하기로 하지요.
ㄷ. 물질만능의 사고방식으로 키워진 이 아이가 이 다음{-에, ∅} 무엇이 될 것인가?
ㄹ. 별이는 학교에서 돌아온 다음{-에, ∅} 약속장소로 나갔다.
(71) ㄱ. 모기의 활동 시간은 초저녁{-에, *∅} 활발하므로 어린이들에게는 각별히 조심시켜야 한다.
ㄴ. 영하는 저녁{-에, *∅} 동네 산책하기를 좋아했다.
ㄷ. 민은 이 날 저녁{-에, ∅} 현진이 그토록 당당하던 이유를 알 수 없었다.
ㄹ. 불현 듯 그저께 저녁{-에, ∅} 느닷없이 이 섬에 들이닥쳤던 그 공포의 순간이 떠올랐다.

'다음'이나 '저녁'은 홀로 쓰일 때는 부사성을 드러내지 않는다. 그러나 그 앞에 한정수식 관형어가 오면 조사 없이 부사어로 쓰인다. 이것은 명사가 관형어와 결합함으로써 부사성을 통사적으로 드러내는 예라고 볼 수 있다. 반면에 '내일'이나 '오늘'은 관형어 없이도 부사성을 통사적으로 구현할 수 있는 명사들이다.

'정도', '결과', '모양' 등도 관형어의 수식을 받아 부사성을 통사적으로 구현한다.

(72) ㄱ. 그 일에 대해서는 어느 정도{*-로, ∅} 우리가 이해를 해 주어야 한다.
   ㄴ. 어느 정도의 경험을 쌓으면, 능숙한 기술자가 될 수 있다.
(73) ㄱ. 그들은 그렇게 입씨름을 하는 동안에 어느 사이{-에, ∅} 큰길 가까이까지 내려왔다.
   ㄴ. 한 보름 흘러간 어느 오후{?-에, ∅}, 전화를 받는 사람이 없었다.
(74) ㄱ. 그녀는 방학 동안 자신과 남모르는 싸움을 한 결과{?-로, ∅} 글을 쓰는 일을 포기할 수 없다는 결론에 도달하였다.
   ㄴ. 상일에 대한 자료를 뒤진 결과{?-로, ∅} 얻어낸 것은 그림 여덟 장이었다.
(75) ㄱ. 삽짝귀틀에 붙어서서 몇 마디 불러보았으나 역병 앓는 집구석 모양{-으로, ∅} 통 대답이 없었다.
   ㄴ. 연해 입을 딱딱 벌리며 몸을 치수르다가 나중에는 지긋지긋한 고통을 억지로 참는 사람 모양{-으로, ∅} 이까지 빠드득 갈아붙이었다.

'정도'는 명사로서 문장의 여러 성분으로 기능할 수 있는데, 관형사 '어느'와 결합하여 부사어로 쓰이면, 조사가 전혀 나타나지 않는다. 이 경우, '어느'와 '정도'가 결합하여 부사로 굳어진 경우를 생각해 볼 수 있는데, (73)에서는 '어느'가 '사이'나 '오후'와 결합하여도 '정도'처럼 조사의 실현이 전혀 불가능하지 않음을 보아, '어느 정도'를 부사로 볼 수 없다.[123] 즉, '정도'와 같은 명사는 '어느'와 결합하여 부사성을 드러낸다고 보아야 한다. 또한 (72ㄴ)에서는 부사어의 자리가 아니면, '어느 정도'는 조사 '-의'와 함께 쓰인다. 이는 '어느 정도'가 부사로 굳어진 것이 아니라 쓰이는 자리와 자신의 의미에 따라 조사를 쓸 필요가 없기 때문으로 설명된다.[124]

---

[123] '어느'와 결합하여 부사로 생성된 예는 있다. '어느덧'의 '덧'의 어원인 '덛'은 15세기에는 의존명사로 쓰였으나, 현재는 의존명사의 쓰임은 보이지 않는다. 이럴 경우에는 '어느덧'을 부사로 설정하는 것이 좋을 것이다.
[124] '어느'가 언제나 후행명사에 부사성을 띠게 하는 것은 아니다. 다음 예에서는 '틈'이

### 4.4.3 부사성 명사의 의미와 부사의 수식

부사성을 보이는 명사 중에는 관형어와의 결합에 제약을 보이는 부류가 있다.

(76) ㄱ. 어제 **네가 산** 진짜는 어디에 두고 가짜를 보여 주니?
ㄴ. 고삐를 늦추거나 틈을 주어서는 **아주** 진짜 추월당해 당황해 하는 말에서 떨어져 나뒹구는 큰일이 벌어진다.
(77) ㄱ. 국에 소금 조금을, 그것도 **아주** 조금을 넣어야 할게야.
ㄴ. 밤이 되면서 눈보라는 **아주** 조금 누그러든 것 같았다.

'진짜'의 경우, (76ㄱ)에서 보듯이 부사성을 드러낼 수 없는 일반 명사구로 쓰일 때, '어제 네가 산'의 수식을 받는다. 그러나, (76ㄴ)에서처럼 부사어로 쓰이면 부사성을 드러내어 관형어와 결합하지 못하는 양상을 띤다. '진짜'는 부사성을 드러낼 때와 드러내지 않을 때의 의미가 다르다. 부사성을 드러낼 때는 구체적인 지시대상을 나타내지 못하고 어떠한 성분이나 행위의 속성을 의미하며, 부사성을 드러내지 않을 때는 구체적인 지시대상을 나타낸다. 그러므로, 어떠한 성분이나 행위의 속성을 의미하게 되면, 그 속성을 한정해 주는 부사의 수식을 받는다.

'조금'의 경우에는 부사성을 드러내는 부사어로 쓰일 때나 일반 명사구로 쓰일 때나 관형어와 결합하지 못하고 정도부사의 수식을 받고 있다. '조금'의 경우는 '진짜'와 달리 일반 명사구로 실현될 때에도 구체적인 지시대상을 뜻하지 못하고 '양'의 정도를 의미할 뿐이다. 따라서, 일반 명사구에 쓰일 때도 관형어가 아닌 부사어의 수식을 받으며, (77ㄱ)에서처럼

---

'어느'와 함께 쓰여도 '틈' 자체가 부사성을 띨 수 없으므로 '-에'와 함께 쓰여야 한다.
(ㄱ) 그림이 엉터리라는 것을 알아볼 만한 손님이 안 왔었고, 나는 나대로 어느 틈에 그 그림에 정을 들이고 있었다.

'양'의 정도를 나타내는 성분, '소금'과 함께 나타나야만 한다.

이와 같이 명사가 관형어와 결합하지 않고 특정 부사와 결합하는 것은 명사라는 범주에서 벗어났기 때문이 아니라 자신의 의미적인 특성으로 인한 것이다. 이는 명사임에도 부사의 수식을 받는 것은 명사가 지시하는 의미와 관련이 있다는 것을 뜻한다. 이는 지시대상의 속성을 의미하여 주로 관형기능을 하는 명사나 행위, 상태를 나타내는 명사가 동태부사의 수식을 받는 현상에서도 알 수 있다.[125] 이렇게 명사의 의미적인 속성으로 부사의 수식을 받는 현상을 볼 때 수식관계는 범주와 범주간의 결합이 아니라 의미의 결합임을 알 수 있다.

## 4.5 명사와 부사의 상관성

명사와 부사가 조사와의 결합관계에서 유사성을 보이므로, 부사가 명사성을 획득하는 경우도 있다.

(78) ㄱ. 민희는 막무가내 울음을 터뜨렸다.
　　 ㄴ. 민희는 막무가내로 울음을 터뜨렸다.
(79) ㄱ. 현진은 건성 고개를 끄덕거려 주었다.
　　 ㄴ. 현진은 건성으로 고개를 끄덕거려 주었다.
(80) ㄱ. 그들은 다짜고짜 방안을 뒤지기 시작했다.
　　 ㄴ. 그들은 다짜고짜로 방안을 뒤지기 시작했다.
(81) ㄱ. 시은이가 사과를 통째 먹었다.
　　 ㄴ. 시은이가 사과를 통째로 먹었다.
(82) ㄱ. 의리 오너라.

---

125) '행위', '상태'를 나타내는 명사가 동태부사의 수식을 받는 현상은 제 5장 5절을 참조할 것.

ㄴ. <u>이리로</u> 오너라.

 '막무가내'나 '건성'은 명사로서의 기능이 약하다. 자립적으로 문장의 여러 성분으로 쓰이지 못할 뿐만 아니라 관형어의 수식을 받지도 못한다. 이러한 현상만으로 보면 '막무가내'나 '건성'을 명사의 범주에 넣기가 어렵다. 그러나, '막무가내'와 '건성'을 '다짜고짜'나 '통째', '이리'와 비교하면, '막무가내'와 '건성'은 불완전하나마 명사의 범주에 가깝다. '막무가내'와 '건성'은 일정한 맥락이 주어지면 '이다'와 결합할 수 있음을 보아 명사에 범주에 넣을 수가 있다.[126] 따라서, '막무가내'와 '건성'은 부사성이 강해서 조사의 도움없이 부사어로 쓰이는 것으로 설명할 수가 있다.

 그러나, '다짜고짜', '통째', '이리'는 조사 '-로'와 결합하여 쓰이기는 하나 문장의 여러 성분으로 기능하지도 못하며, 어떠한 경우에도 '이다'와 결합하지 못한다. 이들은 그 자체로 부사로 볼 수밖에 없다. 부사에 보조사가 아닌 '-로'가 붙을 수 있는 것은 부사가 명사와 유사성을 보이기 때문일 것이다. 즉, 부사가 명사성을 획득함으로써 보조사뿐만 아니라 '-로'와도 결합할 수 있는 것이다.

 명사의 부사성과 부사의 명사성을 가르는 문제는 쉽지 않다. 명사와 부사는 서술어의 논항으로 참여할 수 있다는 점과 조사와 결합한다는 점에서 유사성을 보이는데, 어느 정도까지를 명사의 부사성으로 보고, 어느 점부터를 부사의 명사성으로 보아야 할지가 정확하게 갈라지지 않는다는 것이다. 명사가 부사로 파생되는 것을 문법화의 한 부분으로 본다면,[127]

---

126) '건성'이나 '막무가내'가 '이다'와 결합하는 예는 다음과 같다.
    (ㄱ) 걔는 막무가내야, 어쩔 수가 없어.
    (ㄴ) 너는 일하는 게 왜 그렇게 맨날 건성이니?
    위의 예는 남기심(1993)에서 인용한 것으로, 남기심(1993)에서는 '다짜고짜', '막무가내', '건성'을 같은 범주로 설명한다.
127) 고영진(1995: 9-13)에서는 Hopper & Traugt(1993)과 McMahon(1994)의 논의를 기반으로 용언이나 명사와 같은 주요한 어휘적 범주가 부사나 관형사, 보조동사와 같이 주변적

명사가 부사성을 가지는 것이 문법화의 한 동인이 될 것이다. 즉, 부사성을 가진 명사가 문법화의 과정을 거쳐 부사로 굳어져 가는 현상이 우리 언어생활에서 나타날 수 있다는 것이다. 이 때, 문법화의 과정에 있는 것을 어느 범주에 넣을 것인가 하는 문제는 명사의 부사성과 부사의 명사성을 구별하는 문제와 관계가 있다. 명사가 부사로 파생되는 것을 문법화로 보고, 이들을 어느 범주에 넣을 것인가는, 부사성을 보이는 명사 하나하나를 검증하여 부사로 완전히 문법화되었는지 아니면 아직 명사와 부사의 중간범주에서 문법화의 과정에 있는지를 갈라야 하며 문법화의 과정에 있는 것조차도 어느 범주에 더 가깝게 남아있는지를 살핀 후에 결정될 것이다.

## 4.6 요약

제4 장에서는 명사구가 조사 없이 부사어로 쓰이는 것을 명사구의 부사적 기능으로 설명하고, 이 기능은 핵인 명사가 가지는 의미적인 특성, 곧 시간, 정도, 행위의 양식 등에 연유한 것임을 설명하였다. 이 의미적인 특성에서 부사성이라는 자질이 나온다. 의미의 변화를 수반하지 않는 한, 명사구가 조사 없이 부사어로 기능하는 것을 명사의 부사적 기능으로 설명함에 따라 명사에서 부사로 파생되는 것은 의미의 변화를 수반한 경우에 한한다. 명사에서 부사로 파생된 것으로 설명하지 않고 명사구의 부사적 기능으로 설명함으로써, 명사구가 부사어에 쓰일 때 조사의 쓰임이 수의적인 것은 해당 명사가 가지는 부사성의 정도로 설명할 수 있게 되었다. 특히 명사의 부사성은 한정수식 관형어와 결합함으로써 두드러지게 나타

---

이고 문법적인 범주로 되는 것을 문법화라고 정의하고 있다.

나기도 한다.

　부사성을 띠는 명사 중에는 부사의 수식을 받는 명사가 있다. 이는 그것이 의미적으로 구체적인 지시물을 나타내지 못하고 용언이나 서술구, 문장의 속성을 한정하기 때문이다. 명사구가 조사 없이 부사어로 쓰일 수 있다는 점과 부사(구)가 보조사와 함께 쓰일 수 있다는 점에서 명사와 부사는 공통성을 보인다. 따라서, 부사임에도 '-로'와 함께 쓰이는 현상이 보인다. 이러한 부사의 특성을 부사의 명사성으로 보았다. 이 때 명사의 부사성과 부사의 명사성을 어떻게 갈라야 하는지가 문제로 드러난다.

# 5. 명사의 서술성

명사가 서술어의 자리에 쓰일 때는 '이다'나 '하다'와 결합한다. '이다'와 결합할 수 있는 명사에는 제한이 없으나 '하다'와 결합하는 명사는 특정명사에 국한된다. 이 장에서는 '하다'와 결합하여 서술어로 쓰이는 명사의 특성과 기능을 다룬다.

## 5.1 서술성의 개념

문장의 유형을 결정하는 중요한 요소는 서술어이다. 서술어로 쓰인 용언의 어휘의미구조에 따라 주어의 성격이 결정되며, 필요한 명사구가 선택된다.

(1) ㄱ. 바람이 분다.
　　ㄴ. 철수가 피리를 분다.
　　ㄷ. 꽃이 예쁘다.

(1ㄱ)의 서술어 '분다'는 주어로 '바람'을 요구하며, 주어의 성격을 '기압의 변화로 일어나는 공기의 흐름'의 성격을 지니는 것으로 한정한다. 반면에 (1ㄴ)의 서술어 '분다'는 '-를' 명사구와 함께 나타나야 하며, '-를' 명사구가 나타내는 대상을 작동할 수 있는 생물체를 주어로 요구한다. (1ㄷ)의 '예쁘다'는 '예쁜 속성'을 나타낼 수 있는 물체나 생물이 주어로 올 수 있

다. 즉, 서술어로 쓰인 용언의 어휘의미구조에 따라 주어의 속성이 한정되는 것이다.

서술어로 쓰인 용언은 그 자신의 어휘의미구조에 따라 주어 이외에 다른 명사구를 요구하기도 한다.

(2) ㄱ. 그래야 **털들이** 속속들이 잘 **빠지는** 것이었다.
ㄴ. **이 셋 중 어느 것 하나라도 빠지면** 그는 결코 우리들의 메시아일 수가 없다.
ㄷ. 한탕 재미를 본 **사람이 증권에서 빠지기는** 매우 어렵다고 한다.
ㄹ. 손님이 없을 건 뻔하지만 그렇다고 **공연을 빠질** 수도 없는 일이었다.
ㅁ. 남해대교를 지나 **삼천포로 빠지는 길이** 계속 비포장도로이다.
ㅂ. 아치골댁은 깎아놓은 왜무같이 **이목구비가 쪽 빠진** 얼굴에
ㅅ. **남한테 빠지지** 않게 **혼수도** 장만할 거다 하고……

(2)의 '빠지다'는 어떠한 명사구와 함께 쓰였느냐에 따라 의미가 달라지고 있다. (2ㄱ)의 '빠지다'는 주어와 함께 쓰이어 '박힌 물건이 그 자리에서 나오다'의 의미를 나타낸다. (2ㄴ)의 '빠지다'는 '이 셋 중'과 '어느 하나라도'와 함께 쓰이어 '일정하게 들어 있어야 할 데에 들어있지 아니하다'의 의미를 나타낸다. (2ㄷ)에서 '빠지다'는 '-에서' 명사구와 함께 쓰이어, '누가 하던 일을 하지 않다'의 의미를 지닌다. (2ㄴ)과 같이 '-에서' 명사구와 함께 쓰였으나, 주어에 어떠한 성분이 왔느냐에 따라 의미가 달라지는 것이다. (2ㄴ)에서 주어는 제약이 없으나, (2ㄷ)의 주어자리에는 유정명사가 온다. (2ㄹ)의 '빠지다'는 (2ㄷ)과 유사한 의미이나, '-를' 명사구와 함께 쓰여 '누가 하려고 했던 일을 하지 않다'의 의미를 가리키게 된다. '-로' 명사구와 함께 쓰인 (2ㅁ)에서 '빠지다'는 '다른 데로 벗어나다'의 의미로 앞 예문의 '빠지다'와는 전혀 다른 의미를 가지게 되며, 부사 '쪽'과 함께 쓰인 (2ㅂ)에선 '생기다'의 의미를, (2ㅅ)에선 '-에게' 명사구와 함께 '남이나 다른

것보다 모자라거나 뒤떨어지다'의 의미를 나타내게 된다. 즉, 동사가 서술어로 쓰일 때 어떠한 명사구와 함께 쓰이느냐에 따라 의미가 바뀌는 것이다. 이것을 바꾸어 말하면 서술어로 쓰인 동사의 어휘의미에 따라 문장에 나타나는 명사구가 결정된다고 할 수 있다.
　그러나 다음과 같은 예문에서는, 형식상 서술어로 쓰인 '하다'는 문장에 함께 나타나는 성분이 달라짐에도 불구하고 의미의 변화를 보이지 않는다.

(3) ㄱ. 회사측은 하는 수 없이 **노조간부들과 협상**을 했다.
　　ㄴ. 일 학년 전원이 학기가 시작되기 전에 **기숙사**에 <u>입사</u>를 해야 한다.
　　ㄷ. 이라크군은 **쿠웨이트로** <u>진격</u>을 했다.
　　ㄹ. 대부분의 수험생들이 **지원 대학 및 지망 학과**를 마지막날 <u>결정</u>을 한다.
　　ㅁ. 연희는 **혼자 서울에 올라가기로** <u>작정</u>을 했다.
　　ㅂ. 회사측은 휴업을 중지하고 **상경 농성 투쟁자는 무단 결근으로** <u>처리</u>를 하여, 해고시킬 음모를 꾸몄다.
　　ㅅ. 화살이 **과녁에** <u>명중</u>을 했다.

　(3)의 각 예문에서 형식적으로 서술어의 기능을 하는 것은 '하다'이다. 이 때 문장의 서술어로 쓰인 '하다'의 어휘적인 의미를 찾기가 힘들 뿐더러 함께 쓰이는 성분이 달라짐에도 그 의미의 차이를 알 수 없다. (3)의 각 예문에서 밑줄 친 성분은 '하다'가 요구하는 성분이라고 볼 수 없다. 주어의 성격을 제약하는 것도 '하다'로 보이지 않는다. 주어가 유정물로 실현될 때와 무정물로 실현될 때 '하다'의 의미 차이나 통사적인 차이를 전혀 찾을 수 없다 오히려, '하다'에 선행하는 '-를' 명사구의 의미속성에 따른 것이라는 추측을 하게 한다. 다음 예를 보자.

(4) ㄱ. 회사측은 하는 수 없이 노조간부들과 협상, 사태를 원만히 해결했다.
ㄴ. 일학년 전원이 학기가 시작되기 전에 기숙사에 입사, 새 학기를 준비하게 된다.
ㄷ. 이라크군이 쿠웨이트로 진격, 온 세계를 긴장시켰다.
ㄹ. 29일 대부분의 수험생들이 지원 대학 및 지망 학과를 최종적으로 결정, 원서를 작성할 것으로 예상하고 있다.
ㅁ. 연희는 혼자 서울에 올라가기로 작정, 그 준비를 시작했다.
ㅂ. 회사측은 휴업을 중지하고 상경 농성 투쟁자는 무단 결근으로 처리, 해고시킬 음모를 꾸몄다.
ㅅ. 화살이 과녁에 백발백중 명중, 참석한 사람들이 경악했다.

(4)의 예에서는 '하다'가 실현되지 않아도 '협상', '입사', '진격', '결정', '작정', '처리', '명중' 만으로 선행절에서 서술어의 기능을 하고 있다.128) 따라서, 밑줄 친 명사구들은 '하다'와 관계없이 '협상'이나 '입사' 등의 명사들이 요구한 것으로 해석되며, 당연히 주어의 성격도 이들 명사들이 제약을 가한 것으로 해석된다.

형식적으로 서술어로 쓰인 '하다'와 관계없이 문장성분을 요구하는 명사는 서술성 명사 또는 서술명사로 논의되어 왔다. 서술명사는 동사와 마찬가지로 자신의 논항을 필수적으로 요구하기도 하고 명사구의 성격에 영향을 미치기도 한다. 이러한 서술명사의 의미적인 특성을 '서술성'이라 할 수 있겠다. 즉, 명사의 서술성은 명사가 문장의 구조에 관여하는 의미를 가지는 특성이다.129)

그런데 '서술성'에 대해서 논의된 것은 별로 없다. 최현배(1982)에서는

---

128) 서술성 명사가 절을 이끌 경우에는 의미적으로 후행절과 대등하지 못하므로 종속절의 성격을 띤다고 할 수 있다. 그러나, 아직, 이들이 어떠한 성격을 지닌 절인지는 검증이 안된 상태이므로 선행절, 후행절의 용어로 쓰려고 한다.
129) 서술성 명사에 대한 이러한 특성은 홍재성(1992ㄱ, 1992ㄴ, 1993), 이선희(1993)을 참조할 것.

서술어를 '풀이의 힘'을 가진 것으로 설명한다. '풀이의 힘'은 '일과 몬을 풀이하는 힘'(최현배, 1982: 160), '사람의 생각을 하나 만드는(통일하는) 힘이니, 임자자리에 선 개념과 손 자리에 선 개념과의 관계를 밝히어 이를 서로 옭매는 풀이의 힘'(최현배, 1982: 161)을 말한다. 이 '풀이의 힘'을 통사적인 특성으로 이해할 때, 문장에 나타난 다른 성분의 성격을 규정하며, 자신의 의미를 완성하기 위해 다른 성분을 요구할 수 있는 힘으로 설명할 수 있다. 이 '풀이의 힘'이 곧 서술성이 된다.

　서술성은 서술어의 특성 중의 일부분이다. 서술어는 일반적으로 용언의 어간과 어미로 이루어지며, 그 기능은 첫째, 문장의 유형을 결정하고, 둘째, 그 문장의 행위나 상태의 시상, 행위나 상태에 대한 화자의 심리적 태도를 나타내는 양태, 문장의 종류 등을 표시하는 것으로 나눌 수 있다. 문장의 유형을 결정하는 것은 용언의 어간이 담당하며 나머지 기능은 어미가 담당한다. 다시 말하자면, 문장의 구조를 결정하는 것은 서술어를 이루는 용언의 어간이며, 용언의 어간이 나타내고 있는 사건이나 상황(이는 용언의 어간과 이에 이끌리는 성분들이 나타내는 사건이나 상황을 말한다)이 현재의 사실인지, 완료된 사건인지를 나타내는 형태소, 그리고 그 사건에 대한 화자의 인식방법을 알려 주는 형태소, 또는 그 문장의 종류를 알려 주는 형태소가 용언의 어간과 결합하여 서술어를 형성한다는 것이다. 즉, 서술어라 함은 단순히 서술어에 쓰인 동사나 형용사를 지칭하는 것이 아니라 용언이 시상이나 양태 등을 나타내는 형태소와 결합한 형태를 말하는 것이다. 서술성은 이 중 문장의 유형을 결정하는 용언의 특성이다.[130] 위에서 본 '협상', '입사' 등도 용언의 어간처럼 문장의 유형을 결정

---

[130] 서술어를 문장의 구조를 결정하는 성분과 문법적인 범주를 실현시키는 성분의 결합체로 보는 관점은 경우에 따라서는 동사의 활용을 인정하지 않는 견해로 받아들일 수 있겠다.
　기존의 동사활용으로는 선어말 어미나 어말어미등의 기능이 문장 전체에 미치는 현상을 설명할 수가 없다. 한 예로 '-었-'은 동사의 시제만을 나타내는 것이 아니라

하는 힘을 가진다. 이러한 명사는 주로 행위와 상태를 뜻하는데, 행위나 상태를 나타내는 명사 중에서 문장의 유형을 결정하는 특성이 곧 서술성 이다. 서술성이 서술어 자리에서 나타날 때 이를 서술기능으로 보고자 한다. 즉, 서술기능은 문장의 구조를 결정하는 기능이다.

## 5.2 형식동사 '하다'와 지정사 '이다'

### 5.2.1 '하다'의 성격

서술성 명사 '협상'과 '입사' 등이 서술어의 자리에 쓰일 때 함께 쓰일

---

동사가 나타내는 사건이나 상황 등의 시제를 나타내는 것으로 문장 전체에 관여하는 기능을 한다. 존대를 표시하는 '-시-'의 경우도, 주격조사에 영향을 미치기도 하는 현상을 볼 때, 어미는 동사와만 관여하는 것이 아니라 문장에 관여하는 기능을 함을 알 수 있다. 동사의 활용을 동사의 형태변화로 본다면, 어미는 동사의 한 부속성분이 된다. 즉, 어미는 동사의 부속성분으로 동사의 어간에 결합하는 접사의 일종인데, 접사가 결합하는 성분을 넘어 다른 성분에 영향을 미치는 현상을 설명할 수가 없다.

이 연구에서는 동사의 활용을 동사가 형태변화를 겪는다는 의미보다는 동사가 서술어가 되기 위해 어미와 결합하는 의미로 설명하고자 한다. 이러한 견해는 허웅(1995)의 씨끝바꿈을 확대한 것이 된다. 이 씨끝바꿈을 동사가 하는 것이 아니라 서술어가 한다고 보는 것이다. 이렇게 보면, 어미 하나하나가 문장전체에 영향을 미치는 것이 아니라 이들 어미가 결합된 서술어가 문장전체에 영향을 미치는 것으로 설명할 수가 있다. 최현배(1982: 158)에서도 풀이씨(용언)의 끝바꿈(활용)이 임자씨(체언)의 형태변화와는 달리 '월 가운데서의 무슨, 말본스런 관계를 나타내는 것'으로 설명하고 있다. 즉, 동사의 활용은 명사의 형태변화와는 다른 개념으로 설명한 것이다.

이렇게 서술어를 문장의 구조와 관계하는 성분과 문법적인 범주를 담당하는 성분으로 나누고, 굴곡어미는 형태적으로 용언의 어간과 결합하며, 용언의 어간과 굴곡어미가 결합된 서술어가 문장 전체에 영향을 미치는 것으로 본다면, 어미 하나하나가 문장과 결합하여 문장에 영향을 주는 것이 아니라는 것이 밝혀진다. 이러한 관점은 단어형성과 기능과를 구별함으로써, 굴곡어미를 통사적 접사로 설정한 논의를 반박하는 관점이 된다.

수 있는 요소는 '하다'이다. 그렇다면, '하다'의 성격을 규정할 필요가 있다. '하다'가 어떠한 특성을 가진 것이어서 자신이 서술성을 가지지 못하고 서술성 명사와 함께 쓰이는지를 밝혀야 할 필요가 있는 것이다.

본 논문에서는 서술성 명사와 결합하는 '하다'를, 서술성 명사를 서술어의 자리에 쓰이게 하는 보조장치로 보고자 한다. 그리고, 서정수(1975ㄱ)에 따라 '하다'를 형식동사로 지칭한다.131) 이들은 형식동사이기 때문에 앞절의 예문 (4)에서 '하다' 없이 선행절을 이끌 수 있는 것이다. 서술성 명사가 '하다'와 결합하는 것은 시상이나 양태 등을 나타내야 할 경우이다. 그러므로 시상이나 양태를 나타낼 필요가 없으면, '하다'는 쓰이지 않는다.

---

131) 서술성 명사와 결합하는 '하다'에 대한 논의는 많다. 서정수(1975ㄱ)에서는 행위명사와 결합하는 '하다'를 형식동사로 정의하고 있다. 선행요소 자체가 고유특질을 보유하고 있어서, '하다'와는 관계없이 각각 서술적 기능을 보이는데, 이 경우의 '하다'는 의미적으로 잉여적이라고 설명하고 있다. 홍재성(1992ㄱ, 1992ㄴ, 1993)에서는 이러한 '하다' 동사를 기능동사로 정의하고 있으나, 기본 개념은 서정수(1975ㄱ)의 형식 동사와 크게 다르지 않다. 홍재성(1993)에서는 특히 어휘적인 의미가 약해진 '내리다, 보다, 받다' 등도 기능동사의 한 부류로 넣고 있다. 유사한 개념으로 Ahn(안희돈, 1991)과 Park(1994)의 경동사(light verb)를 들 수 있다. 이 또한 서술성은 서술성을 지닌 명사가 행하고 있고, '하다'는 단순히 서술성 명사를 서술어의 형태로 바꾸어 준다는 관점이다. 그런데, 서정수(1975ㄱ)에서는 '부족하다'의 '하다'도 형식동사로 본 반면에 홍재성(1993)이나 안희돈(1991)에서는 '부족하다'의 '하다'에 대해서는 논의하고 있지 않다.

김영희(1986)에서는 서술성 명사와 결합하여 쓰이는 '하다'를 본동사로 처리하고 있다.
(ㄱ) 돌이가 민속을 연구를 했다.
(ㄴ) 돌이가 [(돌이가) 민속을 연구]를 했다.
위와 같은 예문에서 '하다'는 '돌이가 민속을 연구'라는 보문을 가지는 본동사로 본다. 그러므로 (ㄱ)의 기저구조는 (ㄴ)과 같이 본 것이다. 본동사로서의 '하다'는 서술성 명사에 이끌리는 보문을 요구하는 특성을 보인다는 설명이다. 이 논의의 문제점은 '하다'만을 고찰한 결과라고 본다. 그렇다면, '부족하다'의 '하다'는 어떻게 보아야 하는지, '이다'와의 관련성은 어떻게 설명할 것인지가 문제점으로 드러난다.

이 연구의 입장은 기본적으로 서정수(1975ㄱ)과 같다고 할 수 있다. 그러나, 서정수(1975)에서는 이 연구에서 서술성 명사로 보지 않은 행위명사와 결합하는 '하다' 까지를 형식동사로 본 점에서 이 연구의 입장과 다르다. 이 연구에서는 서술성 명사의 한계를 규정하고 그와 결합하는 '하다'만을 형식동사로 볼 것이다.

(5) ㄱ. 술을 끊기로 과감히 결정.
　　ㄴ. 원료가 절대 부족.
　　ㄷ. 공주병 신드롬이 전국에 만연.
　　ㄹ. 쓰레기를 신속하게 처리.
(6) ㄱ. 술을 끊기로 과감히 결정함.
　　ㄴ. 원료가 절대 부족함.
　　ㄷ. 공주병 신드롬이 전국에 만연함.
　　ㄹ. 쓰레기를 신속하게 처리함.

(5)에서 '결정', '부족', '만연', '처리' 등은 '하다'와 결합하지 않고 그 자체로 명사절을 이끌고 있으며, (5)의 각 예는 (6)의 각 예와 의미가 같다.132) 그런데, (5)의 각 예문에서 '하다'의 실현은 잉여적이다. '하다'가 실현되어야 할 필요성이 없기 때문이다.

서술성 명사만으로 선행절을 이끌거나 명사절을 형성할 때 그 절에는 시상이나 양태, 서법 등이 실현되어 있지 않다. 서술성 명사 자체적으로는 이들의 문법범주를 실현시킬 수 없다. 서술성 명사가 쓰인 문장에서 시상이나 양태, 서법 등의 문법범주를 나타내려면 서술성 명사는 '하다'와 먼저 결합한다.

(7) ㄱ. 술을 끊기로 과감히 결정하겠음.
　　ㄴ. 원료가 절대 부족할 것임.
　　ㄷ. 공주병 신드롬이 전국에 만연할 것임.
　　ㄹ. 쓰레기를 신속하게 처리하겠음.
　　ㅁ. 할아버지께서 혼자 서울에 올라가기로 결정하셔서, 우리들의 걱정을 덜었다.

(7ㄱ)에서는 '-겠-'의 실현으로 '결정'이 '하다'와 결합한다. 이는 '술을 끊

---
132) 명사절을 만드는 성분을 '-음'과 '-기', '-는/은 것'으로 볼 때, 서술성 명사가 가지는 기본적인 의미는 '-음'으로 실현된 형태와 같아 보인다.

기로 결정'만으로는 '술을 끊기로 결정하겠음'의 의미를 지니지 못하기 때문이다.133) 같은 양상으로 '상태성'을 의미하는 서술성 명사인 '부족', '만연'도 아직 실현되지 않은 상황을 의미할 경우에는 '하다'와 결합하여 '부족할 것임', '만연할 것임'의 형태로 나타나게 된다. 서술성 명사가 선행절에 쓰인 (7ㅁ)에서도, 특별히 높임을 표현해야 할 경우에는 '하다'와 결합한다.

결론적으로 서술어를 형성하는 성분인 서술성 명사는 문장의 구조를 결정하고, 나머지 시상이나 양태, 존칭의 문법범주를 실현시키는 것은 '하다'이다. 여기서, 서술성 명사의 기능은 문장의 구조를 결정하는 기능에 국한됨을 알 수 있다.

서술성 명사가 서술어 자리에 쓰이면, 문장의 구조를 결정하는 성분과 문법범주를 나타내는 부분이 확연히 나뉘게 된다. 용언이 서술어로 쓰이면 이 두 부분은 형태적으로 분리될 수 없다. 용언의 어간과 문법범주를 나타내는 '-었-', '-겠-', '-시-', '-다' 등이 의존형태소이므로 형태상으로는 한 단어로 나타나는 데 반해, 서술성 명사가 서술어의 자리에 쓰이면, 문장의 구조를 결정하는 명사와 문법적인 기능을 담당하게 하는 '하다'(문법범주를 나타내는 형태소가 결합된)의 두 단어로 나타날 수 있다. 이 경우, 서술어라 함은 서술성 명사와 '하다'의 복합체를 지칭한다.134)

### 5.2.2 '하다'와 '이다'의 차이

일반 명사가 서술어의 자리에 쓰일 경우에는 지정사 '이다'와 결합한다.

---

133) '술을 끊기로 결정'은 '술을 끊기로 결정함'과 동일한 의미를 가진다. 따라서, '결정함'의 시제가 과거인 '결정했음'의 의미를 지니는 것과 마찬가지로 '결정'도 '결정했음'의 의미를 나타낼 수 있다. 그러나, 행위의 완료를 특별히 지정해야 할 경우에는 '결정했음'의 꼴로 나타난다.
134) 이선희(1989)에서는 서술성 명사와 '하다'의 복합체를 복합서술어로 정의하고 있다.

'이다' 역시 의미를 지니지 못하고 선행하는 요소들을 서술어의 자리에 쓰일 수 있게 하는 형식적인 요소로 보인다. 서술성 명사와 결합하는 '하다'가 명사의 형태를 가진 서술성 명사를 서술어로 쓰이게 하는 것처럼 '이다'도 아무런 의미를 가지지 못하고 서술성이 없는 명사를 서술어로 쓰이게 하는 요소로 볼 수 있다는 것이다.

그러나, '하다'와 '이다'는 명사를 서술어 자리에 쓰이게 하는 기능을 한다는 점에서 공통성을 보이나, '이다'는 그 자체의 고유한 어휘의미구조를 가진다. 즉, '무엇$_1$이 무엇$_2$이다'의 문형으로만 쓰인다.[135] 반면에 '하다'는 서술성이 있는 명사를 서술어로 기능하게 하므로 문형은 서술성 명사의 의미에 따라 달라진다.[136] '이다'는 '무엇$_1$'과 '무엇$_2$'의 관계를 밝혀 주는 서술성이 있으나, '하다'는 서술성 명사에 굴곡어미를 결합시키기 위한 보조장치일 뿐이다.

명사가 '하다'나 '이다' 없이 선행절의 서술어로 쓰일 때 '하다'와 '이다'는 차이점을 보인다.

(8) ㄱ. 회사측은 휴업을 결정하고 상경 농성자는 무단 결근으로 <u>처리</u>, 해고시킬 음모를 꾸몄다.
ㄴ. 29일 대부분의 수험생들이 지원 대학 및 지망 학과를 최종 <u>결정</u>, 원서를 작성할 것으로 예상하고 있다.

---

[135] 남기심(1986ㄴ)에서는 '이다' 구문을 분류문, 유사분류문으로 분류하고, '나는 짜장면이야' 같은 문장은 비분류 '이다' 문장으로 나눈다. 이중 비분류 '이다' 문장은 기본적인 '이다' 구문이 아니라 다른 문형에 대응되는, 또는 그것의 한 변형으로 설명하고 있다. 주어와 다른 명사구와의 관계를 밝혀 준다는 점에서 '이다'는 서술성을 가지며, 이 서술성과 함께 문법범주를 나타내는 형태소와 결합한다는 점에서 용언이 될 수 있다.
[136] 서술성이 없는 명사와 결합하여 서술어로 기능하게 하는 '하다'도 있다. '밥을 하다'에서 '밥'은 서술성이 없는 명사이나 '하다'와 결합하여 쓰이고 있다. 이런 경우를 서정수(1975ㄱ)에서는 대동사로 보았으나, 본 논문에서는 이 때의 '하다'를 본동사로 본다. 즉, '밥을 하다'에서 행위성을 드러낼 수 있는 것은 '하다'이므로 '하다'가 고유한 의미를 가진다고 보는 것이다.

ㄷ. 유모 씨는 취업을 하지 못해 우울증세를 보이다 자신이 사는 아파트에
　　　　서 투신, 스스로 목숨을 끊었다.
(9) ㄱ. 회사측은 휴업을 결정하고 상경 농성자는 무단 결근으로 처리하여, 해
　　　　고시킬 음모를 꾸몄다.
　　　ㄴ. 29일 대부분의 수험생들이 지원 대학 및 지망 학과를 최종 결정하여,
　　　　원서를 작성할 것으로 예상하고 있다.
　　　ㄷ. 유모 씨는 취업을 하지 못해 우울증세를 보이다 자신이 사는 아파트에
　　　　서 투신해서, 스스로 목숨을 끊었다.
(10) ㄱ. 너는 학생, 나는 선생이야.
　　　ㄴ. *너는 학생, 나는 운동한다.
　　　ㄷ. *너는 학생, 열심히 공부해야지.
(11) ㄱ. 너는 학생이고, 나는 선생이야.
　　　ㄴ. *너는 학생이고, 나는 운동한다.
　　　ㄷ. 너는 학생이니까, 열심히 공부해야지.
(12) ㄱ. 너는 자장면, 나는 군만두를 먹을까?
　　　ㄴ. *너는 자장면, 나는 밥을 먹을게.
　　　ㄷ. 너는 비질, 나는 걸레질을 하자.
　　　ㄹ. *너는 비질, 나는 걸레질을 할게.
(13) ㄱ. 너는 자장면을 먹고, 나는 군만두로 먹을까?
　　　ㄴ. *너는 자장면을 먹고, 나는 밥을 먹을게.
　　　ㄷ. 너는 비질하고, 나는 걸레질을 하자.
　　　ㄹ. *너는 비질을 하고, 나는 걸레질을 할게.

　명사가 홀로 선행절의 서술어가 될 때, 서술성 명사에는 '하다'를 쓸 수 있으며, '하다'가 나타날 때에 연결어미는 주로 '-어서'가 쓰인다.137) 선행

---

137) 다음과 같은 문장에서는 서술성 명사만으로 선행절을 이끌 때 '하다'를 결합시키면 연결어미 '-고'가 쓰이기도 한다.
　　(ㄱ) 실험 결과를 비교, 분석하여 보고서를 작성했다.
　　(ㄴ) 실험 결과를 비교하고/비교해서, 분석하여 보고서를 작성했다.
　　(ㄴ)의 '-고'는 대등접속어미가 아니라 시간의 계기적 나열을 나타내는 부사형 어미이다. 이 때의 '-고'는 '-어서'와 그 성격이 같다고 할 수 있다. 즉, 서술성 명사에 '하

절이 서술성이 없는 명사로 끝나면, 뒤의 나타날 성분은 후행절의 서술어를 생략한 것으로 보이며, 생략된 성분을 복원시키면 연결어미는 대등접속어미 '-고'가 쓰인다.138) (10ㄴ)이 비문이 되는 것은 후행절에 '운동한다'를 선행절에 복원시킬 수 없기 때문이며, (10ㄷ)은 선행절이 후행절의 원인이 되는 관계이므로 비문이 된다. 이 때는 (11ㄷ)에서처럼 '이니까'가 쓰여야 한다. 즉, 선행절이 (10)에서처럼 서술성이 없는 명사로 끝나면, 후행절의 서술어를 생략한 것으로 보이며, 또한 선행절과 후행절은 대등의 관계이어야 문법적인 문장이 되고, 그렇지 않을 경우에는 비문이 된다.139) 이러한 특성은 (12)에서도 볼 수 있다. (12ㄱ)에서 '자장면'의 뒤에 실현될 성분은 후행절의 서술어인 '먹을까'이며, (12ㄷ)에서 '비질'의 뒤에 실현될 성분 역시 '하자'이다. 그리고, (12ㄴ,ㄹ)이 비문인 것은 선행절에 '먹을게', '할게'가 복원될 수 없기 때문이다.

---

다'를 결합시킬 때, '-고'가 쓰이든 '-어서'가 쓰이든 선행절이 부사절이라 할 수 있다. '-어서'나 '-고'를 부사형 어미로 보는 것은 남기심(1985), 유현경(1986)에 따른 것이다.
138) 이외에도 다음 예문에서처럼 선행절이 명사로 끝날 때가 있다.
   (ㄱ) 습관처럼 하늘만 볼 뿐 아무 일도 하지 않았다.
   (ㄴ) 사위가 쥐 죽은 듯 조용했다.
   (ㄱ)의 '뿐'은 관형절과 함께 부사어의 기능을 하며, 이 때 '뿐'은 관형어와 결합하는 특성으로 인해 명사의 범주로 분류한다. (ㄴ)의 '듯' 역시 관형절과 함께 부사어의 기능을 한다. 그런데, '뿐'이나 '듯'에는 서술어를 복원할 수 없다.
   이들은 부사성을 지닌 의존명사들로 선행관형절의 어미와 함께 굳어진 형태로 문장을 접속하는 기능을 한다고 설명할 수 있다. 이에 대해서는 6장에서 자세히 살펴볼 것이다.
139) 다음과 같은 문장에서는 선행절이 서술성이 없는 명사로 끝났다 하더라도 선행절이 원인의 의미로 해석된다.
   (ㄱ) 너는 학생, 나는 선생, 우리 열심히 공부하자.
   (ㄱ)의 문장에서 '학생'에는 '이고'가 복원되고 '선생'에는 '이니까'가 복원된다. 이렇게 '이니까'로 복원되는 것은 언제나 (ㄱ)처럼 먼저 대등절로 이어진 다음에 후행절에 이어질 때이다. 그런데, (ㄱ)은 두 문장으로 설명할 수 있다. '너는 학생, 나는 선생. (그러니까) 우리 열심히 공부하자'로 볼 수 있다. 그렇다면, '너는 학생, 나는 선생'의 의미와 '우리 열심히 공부하자'의 의미관계로 인해 자연스럽게 '그러니까'로 연결될 수 있다고 생각할 수 있다.

즉, 서술성 명사로 끝난 선행절에 서술어를 복원하면, 후행절에 쓰인 서술어로 복원되지 않고 언제나 '하다'로 복원된다. 반면에 서술성이 없는 명사로 끝난 선행절에 서술어를 복원할 때는 후행절의 동일 성분으로 복원한다. 후행절의 서술어가 '이다'이면, '이다'로 복원되고, 후행절의 서술어가 '먹다'이면 '먹다'로 복원된다. 그리고 서술성 명사로 끝난 선행절은 후행절에 대하여 부사절의 성격을 띠는데, 서술성이 없는 명사로 끝난 선행절은 후행절에 대하여 대등한 관계를 나타내는 대등절이다. 즉, '이다'는 '먹다'와 같은 용언이며, '하다'는 이들과는 다른 성분임을 알 수 있다.

　이렇게 보면, 용언은 '먹다'와 같은 동사와 '예쁘다'와 같은 형용사, 그리고 지정사와 형식동사 '하다'로 분류될 수 있다. 동사, 형용사, 지정사는 서술성이 있어서 서술어로 쓰일 수 있으나, 형식동사는 서술성이 없으므로 서술성이 있는 명사와 함께 서술어로 쓰인다. '하다'는 일반 용언과는 달리 서술성 명사를 서술어로 쓰이게 하는 보조장치일 뿐이다.

　서술성 명사로 끝난 선행절에 '하다'를 복원할 때, 연결어미가 주로 '-어서'라는 것은 이 선행절이 부사절임을 뜻한다. 그렇다면, 서술성 명사가 부사절을 이끄는 특성을 어떻게 설명해야 하는가 하는 문제가 생긴다. 명사 중에는 부사성을 띠어 조사 없이 부사어로 쓰일 수 있는 명사가 있다. 명사가 문장의 한 성분으로 쓰일 때는 조사와 결합하나, 서술성 명사는 서술어 자리에 쓰일 때는 '하다'와 결합한다. 서술성 명사가 서술어 자리에 쓰인 문장이 더 큰 문장의 부사절로 안길 때, 이는 부사어의 자리이다. 서술성 명사가 부사절의 서술어 자리에 쓰일 때는 부사성이 있다고 볼 수 있다. 용언은 문장의 한 성분이 되기 위해서는 어미와 결합해야 하는 의존형태소이나 서술성 명사는 자립 형태소이므로, 그리고 그 서술성 명사가 부사성을 띤다면 부사형 어미가 필요없다고 설명할 수 있는 것이다. 즉, 서술성 명사는 서술어의 자리에 쓰일 때, 그리고 서술성 명사가 서술어로 쓰인 그 문장이 더 큰 문장에 부사절로 안길 때, 부사성을 띨 수 있

기 때문에 부사형 어미가 필요없다고 할 수 있다.140)

## 5.3 명사의 서술성과 서술기능

서술성 명사의 특성은 어휘의미구조를 가진다는 것이다. 이 어휘의미구조는 일반 명사구의 자리에서는 관형어를 보충어로 요구하는 특성으로 나타나며, 서술어 자리에서는 '하다' 없이도 조사가 붙은 명사구를 요구하는 특성으로 나타난다.

(14) ㄱ. 야당은 결국 그 회의에 참석하기로 결정했다.
　　 ㄴ. 야당은 결국 그 회의에 참석하기로 결정을 했다.
　　 ㄷ. 야당은 결국 그 회의에 참석하기로 결정.
　　 ㄹ. 야당은 결국 그 회의에 참석하기로 결정, 국회가 공전되는 사태를 피해 가게 됐다.

(14ㄱ)에서 '그 회의에 참석하기로'를 요구하는 것은 '결정하다'인 것처

---

140) 서술성 명사가 그 자체로 내포문을 이끄는 현상에서 우리는 명사와 부사의 유사성을 주장할 수도 있다. 서술성 명사가 '하다'의 도움 없이 종속절의 서술어로 쓰일 때, '하다'를 실현시키면, 어미로는 주로 '-어(서)', '-고' 등을 취하게 된다. 서술성 명사가 명사의 모습으로 실현된 것과 '하다'와 함께 종속절의 전형적인 모습으로 실현된 것이 의미적으로 차이가 없으므로 종속절 특히 부사절로 볼 수 있는 종속절이 명사절과 유사하다고 할 수 있는 것이다.

　기존의 연구에서도 특히 어미 '-어', '-게', '-고'를 체언성 어미(홍종선, 1990), 또는 명사형 보문소(김정대, 1990)로 설정하고 있다. 이들의 논의는 '-어' '-게', '-고'가 보조사나 격조사와 결합할 수 있다는 특성에서 이들이 이끄는 절을 명사절로 볼 수 있다는 것이다. '-어, '-게', '-고'를 체언성 어미로 보게 되면, 서술성 명사가 어미 없이 자체로 내포문을 이끄는 사실은 더욱 더 타당성을 가진다. 부사절인 종속절이 명사절의 성격을 띠기 때문에, 서술성 명사에 '하다'를 부가시켜, 다시 명사절의 형태로 만드는 것은 잉여적인 것이 되기 때문이다.

럼 보인다. 그러나, (14ㄴ)에서와 같이 '결정'이 '하다'와 분리되어 쓰일 때도 (14ㄱ)의 의미와 다르지 않다. 또한, (14ㄷ)처럼 '결정'만으로 문장이 끝날 때도 '그 회의에 참석하기로'가 문장에 나타난다. (14ㄹ)에서는 '결정'이 '하다' 없이도 선행절을 이끌면서, '그 회의에 참석하기로'를 요구한다. 즉, (14ㄱ)에서는 문장의 한 성분을 요구하는 것이 '결정하다'처럼 보이나 (14ㄴ,ㄷ,ㄹ)을 볼 때, 문장의 한 성분을 요구하는 것은 '결정'임을 알 수 있다. 만일, 서술성 명사의 어휘의미구조를 완성해 주는 요소들을 문장의 한 성분으로 만들어 주는 것이 '하다' 또는 '서술성 명사+하다'라면, (14ㄴ,ㄷ,ㄹ)과 같은 문장은 비문이 되어야 할 것이다. 문장의 한 성분으로 쓰이게 하는 요소인 '하다'가 쓰이지 않음으로 해서, '그 회의에 참석하기로'와 같은 요소가 문장의 한 성분으로 나타날 수 없기 때문이다.

이처럼 서술성 명사가 서술어의 자리에 쓰여, 조사가 붙은 명사구를 문장의 필수성분으로 요구하는 것을 서술기능이라고 할 수 있다. 즉, 서술기능이라 함은 문장에 어떠한 성분, 곧 조사가 붙은 명사구나 보문 등을 요구하며, 문장성분간의 관계를 밝혀 주는 기능이다. 따라서, 서술성 명사가 일반 명사구에 쓰일 때는 문장에 어느 한 성분을 요구하는 것이 아니고 명사구 내에 관형어를 요구하므로 서술기능을 한다고 할 수 없다.

서술성 명사가 특정 동사와 결합하여 쓰일 때는 서술어의 자리가 아닌 것처럼 보이는 자리에서도 조사가 붙은 명사구를 요구하는 현상을 볼 수 있다.

(15) ㄱ. 한국이 **UN에** 가입을 끝냈다.
　　 ㄴ. 야당은 결국 **그 회의에** 참석하기로 결정을 내렸다.
　　 ㄷ. 우리는 **서로** 화해하기로 합의를 보았다.
　　 ㄹ. 미국이 드디어 **이라크로** 진출을 시작했다.

(15ㄱ)에서 'UN에'와 관련을 맺는 것은 '끝냈다'가 아니라 '가입'이다. 즉,

서술어와 관계없는 명사구가 특정 명사로 인해 문장의 필수성분으로 요구되는 것처럼 보인다. (15ㄴ)의 '그 회의에 참석하기로'도 '내렸다'가 아닌 '결정'과 관련을 맺고 있으며, (15ㄷ)의 '서로 화해하기로'도 명사인 '합의'와 관련을 맺고 있다. (15ㄹ)의 '이라크로' 역시 명사인 '진출'과 관계가 있다. 이 때 서술어로 쓰인 동사는 자신의 어휘적인 의미를 상실하지는 않으나 어휘적 의미가 상당해 약해져 있는 상태에 있다. '어휘적인 의미가 약해졌다' 함은 용언이 자신의 어휘의미구조를 충분히 실현시키지 못한다는 의미이다. 다른 측면으로 보면, 이는 용언의 전형적인 의미에서 전이된 의미를 의미할 수도 있다. '내리다'의 경우, 전형적인 의미는 '어떠한 물체를 아래에 있는 장소로 이동시키다'의 의미이나 본문의 (15ㄴ)에서는 이와 같은 의미를 찾을 수 없다. 따라서, '내리다'가 전형적으로 요구하는 명사구(대상을 가리키는 '-를' 명사구와 장소를 나타내는 '-에' 명사구)를 (15ㄴ)에서는 실현시키지 못하는 것이다. 이러한 측면에서 어휘적인 의미가 약해졌다고 보는 것이다.[141] 어휘적인 의미가 약해졌다고 하는 것은 결국, 용언의 서술성을 온전하게 통사적으로 드러내지 못한다는 것을 뜻한다. 이처럼 어휘적인 의미가 약해진 동사와 결합하여 쓰일 때는 서술성 명사가 서술기능을 할 수 있다.[142] 이 때 형태적으로는 서술어의 자리가 아닌

---

141) 홍재성(1992ㄱ, 1992ㄴ, 1993)에서는 위의 '끝내다', '내리다', '보다' 등도 기능동사라 하여 '하다'와 동일하게 취급한 듯하다. 그러나, 이들은 어휘적인 의미가 약해지긴 했어도 완전히 없어진 것은 아니다. 따라서, 선행절이 서술성명사만으로 끝났을 때, 이들 동사로 복원할 수 없다. 즉, 홍재성(1992ㄱ, 1992ㄴ, 1993)의 기능동사는 '하다'와 '끝내다' 류로 분류하여 논의할 필요가 있다.
142) 어휘적인 의미가 약해진 동사와 함께 쓰이는 명사는 본문에서처럼 서술기능을 할 수도 있으나, 다음 예문에서처럼 서술성만을 보이고 서술기능을 하지 않을 수도 있다.
　(ㄱ) 마침내 UN **가입**을 끝냈다.
　(ㄴ) 마침내 야당이 **회의 참석 결정**을 내렸다.
　(ㄷ) 미국이 드디어 **이라크** 진출을 시작했다.
　이와 같은 현상은 '끝내다', '내리다', '시작하다' 등이 얼마만큼 자신의 어휘적인 의미를 문장에 실현시키느냐와 관련된다고 본다. 이들 동사의 어휘적인 의미가 서술성

것처럼 보이나, 의미적으로는 서술어의 자리이며, '내리다'와 같은 동사는 서술성 명사를 도와 주는 성분에 불과하다고 할 수 있다.

또한, 서술성 명사가 '중'과 같은 명사와 결합할 때 역시 서술어의 자리가 아닌 것처럼 보이는 곳에서도 서술기능을 한다.

(16) ㄱ. 관련자 사법 처리가 끝난 뒤, **전면적인 당-정 개편을 단행할 것을** 검토 중인 것으로 5일 알려졌다.
ㄴ. **자제분들이** 유학 중이라고 들었습니다.
ㄷ. 지금까지 진술한 내용이 사실과 틀림없으며 만약 거짓으로, **증언한 사실이** 발각 시에는 어떠한 처벌도 받을 수 있습니까?
ㄹ. 국내 아파트 업계를 선도하는 **우리회사가** 시공 및 분양하여, 신뢰도가 높은 아파트를 건설합니다.
ㅁ. 자금력이 취약한 병행수입업체 중 **30여 개 업체들이** 최근 폐업 또는 휴업했다.

(16ㄱ)에서는 '검토'가 명사구 자리에 쓰였으나, '단행할 것을'이라는 '-를' 명사구를 요구한다. '중'은 위의 예문에서 어휘적인 의미뿐만 아니라 '전면적인 당-정 개편을 단행할 것을 검토'라는 명제에 시상을 더해 주는 명사이다.[143] 따라서, '검토'는 일반 명사구자리에 쓰인 것이 아니라 서술어 자리에 쓰인 것으로 볼 수 있다.[144] 그리고 서술성 명사가 '하다'와 결합하는

---

명사보다 크게 드러날 때에는 (ㄱ,ㄴ,ㄷ)에서처럼 서술성 명사가 서술기능을 하지 못하고, 보충어를 관형어로만 요구하게 되는 것이다.
[143] '중'의 이러한 특성은 문법소성과 관련이 있다. 이에 대해서는 6.3절에서 보게 될 것이다.
[144] '중'처럼 문법소성을 보이는 '후'의 경우에는 그 앞에 오는 서술성 명사가 서술기능을 자유롭게 하지 못한다.
(ㄱ) ?저희가 직접 디자인해서 **원단을** 구입 후 하청 공장에 주문하는 형식이에요.
(ㄴ) 저희가 직접 디자인해서 **원단** 구입 후 하청 공장에 주문하는 형식이에요.
(ㄷ) **세 후보의 정견** 발표 후 이어진 투표는 투표 인원 과반수 이상의 득표를 얻어야…

것은 시상이나 양태 등을 나타내는 굴곡어미와 결합하기 위해서인데, (16 ㄱ)에서는 시상을 명사인 '중'이 나타내며, 양태는 드러나지 않으므로[145] 굳이 '하다'와 결합할 필요가 없다. 즉, 시상을 나타내는 것이 굴곡어미가 아니기 때문에 '검토'는 '하다'와 결합할 필요가 없는 것이다. 더구나 (16 ㄴ)에서는 '유학하는 중'이라는 표현이 어색함에도 '유학 중'은 자연스럽게 쓰이며, 이 '유학'은 '자제분들이'라는 성분을 요구하고 있다. (16ㄷ)의 '발각' 역시 '시' 앞에서 명사구의 형태로 나타났으나 '증언한 사실이'라는 명사구를 요구한다. 이 때 '시' 역시 '중'과 같은 역할을 한다고 볼 수 있다. '시'가 '중'과 같이 시상을 담당할 수 있으므로 '발각'도 형식동사와 결합할 필요가 없다.[146] (16ㄹ)에서는 '시공'이 접속부사 '및' 앞에서 명사구의 형태로 나타났으나 '우리 회사가'라는 주어와 함께 쓰이고 있다. '및'은 명사 (구)와 명사(구)를 연결해 주는 접속부사이다. 따라서, '시공'은 명사의 형태를 유지해야 '및'과 함께 쓰일 수 있다. 또한 (16ㄹ)에서 '및'이 연결하는 것은 '시공 및 분양'으로, '분양' 역시 '하다'와 분리된다는 것을 알 수 있다. (16ㅁ)의 경우도 (16ㄹ)과 같이 설명할 수 있다. '폐업'은 '하다' 없이 주어와 함께 쓰였으며, '폐업'이 '하다'와 결합하지 않은 것은 '또는' 앞에 쓰였기 때문이다. 즉, 위와 같은 예문을 볼 때, 서술성 명사는 '하다'없이도 문장의 한 성분을 요구하는 서술기능을 한다는 것을 알 수 있다.

　이처럼 서술성 명사가 형태적으로는 명사구의 자리에 쓰였으나, 서술어의 자리에 쓰일 때처럼 서술기능을 하는 것의 공통점은, 함께 쓰인 동사

---

　위의 예문에서 보듯이 '구입'이 '후' 앞에서 서술기능을 하면, 그 문장은 어색한 문장이 된다. 이는 '후'가 '중'과는 달리 시상을 담당하는 기능을 하지 못하기 때문이다. 그러나 (ㄴ), (ㄷ)처럼 서술기능을 하지 않을 때는 자연스러운 문장이 된다.
145) 양태를 나타내야 할 경우에는 '중이다'에서 '이다'가 담당하게 될 것이다. 이에 대해서는 6장을 참조할 것.
146) '발각'은 굴곡접미사와 결합하기 위해서는 '되다'와 결합한다는 점에서 '검토'와 다른 면을 보인다. 이와 같은 현상을 볼 때 '되다'도 '하다'처럼 형식동사의 역할을 할 수 있는 것 같다.

나 명사가 보조적으로 쓰였다는 점이다. 서술성 명사가 서술기능을 하는 자리는 서술어의 자리이다. 그리고, '내리다'처럼 어휘적인 의미가 약해진 동사나, '중'이나 '시'처럼 시상을 담당하는 명사 앞에서, 그리고 '및'이나 '또는'처럼 명사구와 명사구의 관계를 나타내는 접속부사 앞에서는, 서술성 명사가 명사구의 형태를 띠었다 하더라도 내부적으로 서술어로 인식되기 때문에 서술기능을 할 수 있다.

## 5.4 서술성 명사의 보충어

### 5.4.1 서술어 자리에 쓰인 서술성 명사의 보충어

서술성 명사는 용언의 어간과 같이 어휘의미구조를 가지므로, 그 구조를 완성하기 위해 보충어를 필요로 한다. 서술성 명사가 서술어의 자리에 쓰일 때 보충어는 앞의 예문에서 본 바와 같이 조사와 결합한 명사구나 보문으로 나타난다. 이는 용언의 보충어와 같은 형태이다.

(17) ㄱ. 회사측은 하는 수 없이 <u>노조간부들과</u> 협상을 했다.
    ㄴ. 일 학년 전원이 학기가 시작되기 전에 <u>기숙사에</u> 입사를 해야 한다.
    ㄷ. 이라크군은 <u>쿠웨이트로</u> 진격을 했다.
    ㄹ. 대부분의 수험생들이 <u>지원 대학 및 지망 학과를</u> 마지막날 결정을 한다.
    ㅁ. 연희는 <u>혼자 서울에 올라가기로</u> 작정을 했다.
    ㅂ. 회사측은 휴업을 중지하고 <u>상경 농성 투쟁자를</u> <u>무단 결근으로</u> 처리를 하여, 해고시킬 음모를 꾸몄다.
    ㅅ. 화살이 <u>과녁에</u> 명중을 했다.
    (예문 (3)을 다시 쓴 것임)

'협상'은 '-와' 명사구를 보충어로 요구하며, '입사'는 '-에' 명사구를, '진격'은 '-로' 명사구를, '결정'은 '-를' 명사구를, '작정'은 '-로'에 이끌리는 절을, '처리'는 '-를' 명사구와 '-로' 명사구를, '명중'은 '-에' 명사구를 보충어로 요구한다. 이외에로 '결정'은 '-로'에 이끌리는 절이나 '-고'에 이끌리는 보문을 보충어로 요구하기도 한다. 이것은 개개의 서술성 명사의 어휘의미구조가 각기 다르다는 것을 보여 주는 예이다. 용언을 어휘의미구조에 의해 하위분류할 수 있는 것처럼 개개의 서술성 명사도 어휘의미구조에 의해 하위분류할 수 있을 것이다.

### 5.4.2 일반 명사구에 쓰인 서술성 명사의 보충어

서술성 명사가 일반 명사구의 자리에 쓰이면, 보충어는 '-의'와 결합한 형태이거나 명사 자체로, 또는 관형절로 나타난다.

(18) ㄱ. <u>이들의 입당</u> 결정이 있기까지에는 갖은 우여곡절과 상서롭지 못한 소리들이 무성했다.
ㄴ. 피의 사실, 의원별 성향 등을 고려해, <u>기소 여부에 대한</u> 결정을 내리겠다고 말했다.
ㄷ. <u>미국 정부의 최-신 두 사람의 처리에 관한</u> 결정은 아마도 꽤 지연될 것이다.
ㄹ. 정부 인사들의 사면, 복권 등 <u>야당의 주요 요구 사항에 승복한 여당의</u> 결정을 보고, 국민들은 안심을 했다.

(18ㄱ)에서 '결정'은 서술어 '있다'의 주어의 자리에 쓰여, '이들의'와 '입당'이라는 관형어와 결합하고 있다. '결정'이 서술어 자리에 쓰일 때와는 그 특성이 달라지는 것이다. (18ㄴ)에서는 '결정'이 '내리다'의 '-를' 명사구로 쓰여, '기소 여부에 대한'이라는 관형어와 결합하고 있다. (18ㄹ)에서는

'결정'이 '보다'의 '-를' 명사구로 쓰여, '여당의'와 '야당의 주요 요구 사항에 승복한'이라는 관형어와 결합하여 쓰이고 있다.

그런데 위의 (18)의 각 예문은 이질적인 모습을 보이고 있다. (18ㄱ)에서 '결정'을 수식하고 있는 관형어 '이들의'와 '입당'은 '결정'이 서술어의 자리에 쓰일 경우, 각각 주어와 '-를' 명사구의 지위를 가진다. 즉, '이들의 입당 결정'은 '이들이 입당을 결정했다'와 같은 의미구조를 보인다. 이는 서술성을 가진 '결정'이 자신의 어휘의미구조를 완성하기 위해 관형어를 보충어로 요구한 것으로 해석할 수 있다. 마찬가지로, (18ㄴ)에서 관형어 '기소 여부에 대한'은 '결정'이 서술어의 자리에 쓰이면 '기소 여부에 대해서'의 꼴로 나타나므로, 이 또한 '결정'의 어휘 의미 구조를 완성하기 위해 쓰인 성분으로 볼 수 있다. (18ㄷ)의 경우도 (18ㄴ)과 같은 설명이 가능하다. 즉, 서술성 명사가 일반 명사구의 자리에 쓰여, 관형어를 요구할 경우, 그 관형어는 서술성 명사의 보충어로 기능하는 특성을 보인다.

(18ㄹ)의 관형어의 성격을 보자. (18ㄹ)에서 '여당의'는 '결정'의 주어적인 의미를 나타낸다. 그러나, '야당의 요구에 승복한'은 '결정'의 내용을 의미하고 있다. '결정'이 서술어의 자리에 쓰이면, 다음과 같은 문장이 될 것이다.

(18) ㄹ. 여당은 정부 인사들의 사면, 복권 등 야당의 주요 요구 사항에 {승복하기로, 승복하겠다고} 결정을 했다.

'야당의 요구에 승복한'은 '결정'이 서술어 자리에 쓰이면 보문으로 실현되는 것으로, '결정'의 내용을 나타내고 있다. 즉, 서술성 명사가 서술어의 자리에 쓰일 때 논항으로 실현된 보문 즉, '-고'나 '-기로'에 이끌리는 보문은 서술성 명사가 일반 명사구의 자리에 쓰이면, 내용절을 이루는 보문으로 나타난다.

서술성 명사가 일반 명사구의 자리에 쓰일 경우에는 관형어의 수식을 받게 되는데, 그 관형어는 첫째 의미적으로 서술성 명사를 보충해 주는 명사구의 지위를 가지게 되며, 둘째 서술성 명사가 보문명사로 되어, 보문 명사를 풀어 설명하는 보문의 성격으로 나타난다. 보문의 성격으로 관형어가 실현되는 것은 서술성 명사가 보충어로 보문을 요구하는 경우에 한한다.147)

　　서술성 명사가 논항으로 요구하는 명사구가 서술성 명사를 수식하는 관형어로 실현될 경우, 서술성 명사의 서술성은 유지된다. 서술성 명사가 서술어의 자리에 쓰이면, 서술성이 서술기능으로 나타나 문장의 구조에 영향을 미치나, 일반 명사구의 자리에 쓰이면, 서술성은 보충어를 관형어로 요구하는 특성으로 나타난다. 일반 명사구 자리에 쓰인 서술성 명사는 명사구의 구조에 영향을 미치나, 문장의 구조에 영향을 미치지 못하므로 서술기능을 하는 것으로 보지 않는다.

　　서술성 명사가 일반 명사구 자리에 쓰이면, 함께 쓰이는 관형어는 서술성 명사의 보충어가 된다. 서술성 명사의 보충어로 나타나는 관형어는 '-의'와 결합한 형태와 '-의'와 결합하지 않은 형태가 있다. '-의'의 실현 여부는 보충어가 서술성 명사와 어떠한 관계에 있느냐와 관련이 있다. 서술성 명사의 주어적인 명사구는 '-의'와 결합하여 서술성 명사의 관형어로 나타

---

147) 서술성 명사가 일반 명사구의 자리에서 보문명사로 바뀌게 되면 의미의 차이가 있다.
　　ㄱ. 술을 끊기로 결정.
　　ㄴ. *술을 끊기로 과감한 결정.
　　ㄷ. 술을 끊기로 과감하게 결정.
　　ㄹ. 술을 끊기로 한 결정은 잘한 것이야.
　　ㅁ. 술을 끊기로 한 과감한 결정은 잘한 것이야.
　　ㅂ. *술을 끊기로 한 과감하게 결정은 잘한 것이야.
　　(ㄱ)과 (ㄹ)에서, '결정'은 다른 의미를 가진다. (ㄱ)에서는 '결정'이 '하다'와 쓰이지 않았으나 그 의미는 '결정하는 행위'를 의미한다. (ㄹ)에서 '결정'은 관형어 '술을 끊기로 한'의 수식을 받아 '결정한 내용'을 의미한다. 이러한 의미적인 특성은 선행성분 즉, 부사어 '과감하게'와 '과감한'과의 결합관계에서 명확해진다. (ㄱ)의 '결정'은 서술성 명사이나 (ㄹ)의 '결정'은 보문명사이다.

나며, 서술성 명사의 대상이나 지향점, 방향을 나타내는 명사구는 '-의'없이 명사구 자체(관형기능 명사구)가 서술성 명사의 관형어로 쓰이는 경향이 있다. 이에 대해서는 3장의 서술성 명사의 관형어에서 자세히 보았으므로 여기서는 어떠한 성분이 관형어로 나타나는지를 살펴보고자 한다. 서술성 명사가 관형어로 요구하는 보충어는 서술성 명사의 어휘 의미 구조를 완성해 주는 성분이다. 따라서 서술성 명사가 서술기능을 할 때 수의 성분으로 나타나는 것은 보충어가 아니므로 관형어로 쓰이지 않는다.

(19) ㄱ. 연이가 **신세대 여성의 모습으로** 사회에 진출했다.
 ㄴ. 연이의 사회 진출은 주위 사람들에게 자극제가 됐다.
 ㄷ. *연이의 **신세대 여성 모습 진출**은 주위 사람들에게 자극제가 됐다.
(20) ㄱ. 내가 **일등으로** 비디오를 제작했다.
 ㄴ. 비디오 제작, 그것보다는 연주하는 일이 재미있거든요.
 ㄷ. ***일등 비디오 제작**, 그것보다는 연주하는 일이 재미있거든요.
(21) ㄱ. 그들은 **각목으로** 가구를 파괴하고 가족을 구타했다.
 ㄴ. 그들의 가구 파괴 행위는 비난을 받았다.
 ㄷ. *그들의 **각목 가구 파괴** 행위는 비난을 받았다.
(22) ㄱ. 사람들이 **차량으로** 공익문화시설을 파괴한다.
 ㄴ. 공익문화시설의 파괴가 민중생활을 압박하고 있었다.
 ㄷ. ***차량의 파괴**가 민중생활을 압박하고 있다.
(23) ㄱ. 1학년생이 **우등생으로** 기숙사에 입사를 했다니.
 ㄴ. 1학년생의 기숙사 입사는 강제로 규정된 의무 조항이긴 했다.
 ㄷ. *1학년생의 **우등생 기숙사 입사**는 강제로 규정된 의무 조항이긴 했다.
(24) ㄱ. 영이는 좋은 **성적으로** 중소기업체에 입사를 했다.
 ㄴ. 웬만한 중소 기업체의 입사도 대강 끝나고 난 뒷면…
 ㄷ. ***좋은 성적의 입사**는…

'진출'의 어휘의미구조를 보충해 주는 성분은 주어와 '-에' 명사구이며, '신세대 여성의 모습으로'는 수의 성분으로 '진출'의 어휘의미구조를 보충해 주는 것이 아니다. 그러므로, 주어와 '-에' 명사구는 '진출'이 주어 자리에 쓰일 때, 관형어로 나타나나((19ㄴ)), '신세대 여성의 모습으로'는 관형어로 나타나지 않는다((19ㄷ)).[148] (20)에서 '일등으로' 역시 '제작'의 관형어로 나타나지 않는다. (20ㄷ)이 정문일 경우는 '일등'이 '비디오'를 수식할 때이다. 도구를 뜻하는 '-로' 명사구 역시 서술성 명사의 관형어가 되지 않는다. (21ㄷ), (22ㄷ)은 비문이 된다.[149]

서술성 명사가 일반 명사구에 쓰이면서 서술성을 유지할 때 선행하는 관형어와는 소절을 이룬다. 선행하는 관형어가 의미적으로 주어나 보충어의 기능을 할 수 있기 때문이다. 남기심·조은(1993)에서는 다음과 같은 구조를 소절로 설명하고 있다.

(25) ㄱ. 선영은 자신을 천재로 여겼다.
ㄴ. 자신이 천재이다.
(26) ㄱ. 학생들은 이 시대를 혼란의 연속으로 생각했다.
ㄴ. 이 시대는 혼란의 연속이다.

(25), (26)에서, '-를' 명사구와 '-로' 명사구는 의미적으로 '무엇이 무엇이다'의 문장이다. 이러한 특성으로 인해 '-를' 명사구와 '-로' 명사구가 '여기

---

[148] 서술성 명사가 일반 명사구 자리에 쓰일 때, 보충어로 실현되는 성분에 대해 충분히 고찰하면, 보충어로 실현되느냐, 아니냐는 문장의 수의 성분과 필수 성분을 가르는 기제로 사용할 수도 있을 것이다.

[149] '회사 측은 상경 농성 투쟁자를 무단결근으로 처리했다'와 같은 문장을 일반 명사구화하면 '회사측의 상경 농성 투쟁자 처리 결과는…' 등으로 실현되며, '무단결근으로'는 필수성분임에도 관형어로 나타나지 않는다. 이는 '무단결근으로'가 '처리'의 어휘 의미구조와 관련된 것이 아니라 '상경 농성 투쟁자'와 일차적인 관계를 맺기 때문으로 해석할 가능성을 보여 주는 것이다. 즉, 남기심·조은(1993)에서 논의된 것처럼 '상경 농성 투쟁자'와 '무단결근으로'가 소절을 이루어 한꺼번에 '처리'에 하위범주화되었기 때문이라고 볼 수 있다. 따라서, '처리'가 일반 명사구의 자리에 쓰일 경우에는 필수성분만을 보충어로 요구한다고 볼 수 있다.
이외에 '신속 처리'와 같이 '신속'은 '처리'의 필수 성분은 아니지만 '처리'를 한정수식하는 관형어로 쓰일 수 있다.

다'나 '생각하다'에 의해 따로 하위범주화되는 것이 아니라, 소절을 이루어 주서술어인 '여기다', '생각하다'에 한꺼번에 하위범주화되는 것이라고 설명하고 있다. 소절이라는 개념을 이용하면, 서술성 명사와 선행하는 관형어는 소절을 이루어 주서술어에 의해 한꺼번에 하위범주화되는 것으로 보인다.

일반적으로 소절은 일반 절과 그 양상이 다르다. 의미적으로만 문장의 형태로 인식되기 때문에 (25ㄱ)에서 '자신을'은 '여기다'의 '-를' 명사구처럼 실현되지 '자신이 천재이다'의 구조에서 주어의 형태인 '자신이'로 나타나지 않는다. 또한 서술성 명사와 관련한 소절 구성에서도 '쓰레기의 처리'에서처럼 '쓰레기'는 의미적으로 '처리'의 '-를' 명사구로 인식되나 '쓰레기를'로 실현되지 않는다. 소절은 (25)에서처럼 각각이 주서술어에 의해 요구되는 것처럼 보이는 명사구로 실현될 수도 있고, 서술성 명사의 경우처럼 하나의 구로 나타날 수도 있다.

## 5.5 서술성 명사와 행위 명사

서술성 명사는 주로 행위와 상태를 뜻한다. 그런데, '행위'를 뜻하는 모든 명사가 서술성 명사인 것은 아니다.

(27) ㄱ. 정매가 방에 걸레질을 했다.
ㄴ. 그들이 배당금을 도둑질했다.
ㄷ. 남쪽에서 방북인사들을 잡아 넣었다고 아우성을 쳤다.
ㄹ. 사람을 치어놓고 뺑소니를 쳤다.
(28) ㄱ. *정매가 방에 걸레질, 어머니가 대견하게 바라보았다.
ㄴ. *그들이 배당금을 도둑질, 다른 사람들을 놀라게 했다.
ㄷ. *남쪽에서 방북인사들을 잡아 넣었다고 아우성, 우리쪽 사람들이 어이없어했다.

ㄹ. *리야까를 끌고 장살 하다 사고를 당한 모양이지만 차는 뺑소니, 치료두 제대로 못 받았고.

예문 (27)의 '걸레질', '도둑질', '아우성', '뺑소니'는 행위를 뜻하는 명사이다. 서정수(1975ㄱ)에서는 이들도 동작성 행위명사라 하고, 이들과 결합하는 '하다'를 형식동사로 설명한다. 그러나, 이들과 결합하는 '하다'를 형식동사로 볼 수 없다. 이들과 결합하는 '하다'가 형식동사라면, 이들은 서술성 명사처럼 '하다' 없이 선행절을 이끌 수 있어야 한다. 그러나, (28)의 각 예문을 보아 알 수 있듯이 이들은 '하다'없이 선행절을 이끌지 못한다. 즉, 이들과 결합하는 '하다'는 형식동사가 아니다. 행위를 뜻하는 명사와 함께 쓰이는 서술어는 명사에 따라 다르다. '걸레질'은 '하다'와 결합하지만, '아우성'과 '뺑소니'는 '치다'와 결합한다. 이들과 결합하는 '하다'나 '치다'는 본래의 의미를 유지하지는 못하지만150) '걸레질', '아우성'과 결합하여 복합술어를 만든다고 설명할 수 있다.151) '걸레질을 하다', '아우성을 치다'를 복합술어로 보면, (27ㄱ)의 '마루에'와 (27ㄹ)의 '남쪽에서 방북인사들을 잡아넣었다고'는 이들 복합술어가 요구한 성분이 된다.

'걸레질', '도둑질', '아우성'은 행위를 뜻하는 행위동사일 뿐이다. 그렇기 때문에 서술성 명사와 달리 선행절을 이끌지 못하며, 일반 명사구의 자리

---

150) '하다'의 기본의미는 '밥을 하다', '선생을 하다', '목걸이를 하다'에서처럼 선행명사에 대한 행위를 뜻한다고 생각한다. 그러나, '걸레질을 하다'는 '걸레질'이 행위를 뜻하므로 '하다'의 의미와 중복되어 '하다'의 의미가 명확히 드러나지 않는 것이다. '치다'의 기본의미는 '손이나 무엇을 가지고 어떤 물체에 세게 부딪다'이다. 이 역시 행위를 뜻하는 동사이다. 그러나, '아우성'이 행위를 뜻하므로 '치다'의 기본의미를 드러낼 수 없다.
151) 우리말에서 복합술어를 형성하여 논항을 요구하는 예는 흔하다.
(ㄱ) 세탁기를 손을 좀 봐야겠는데.
(ㄱ)에서 '세탁기를'은 서술어인 '봐야겠는데'와 관련을 맺는 것이 아니라 '손을 보다'와 관계를 맺는다. 즉, '손을'과 '보다'가 서술구를 형성하여 '세탁기를'을 요구한다고 보아야 한다.

에서 관형어를 보충어로 요구하지 못한다.

(29) ㄱ. *정매의 방 걸레질이 아주 서툴렀다.
ㄴ. *그들의 배당금 도둑질은 어설프기 짝이 없었다.
ㄷ. *방북인사들을 잡아 넣었다는 북쪽의 아우성은 남쪽에 아무 영향을 주지 못했다.

(29ㄱ)에서 '방'을 '걸레질'의 관형어로 나타내면 비문이 된다. 이는 '걸레질'이 서술성을 보이지 않기 때문이다. (29ㄴ,ㄷ)의 '도둑질', '아우성'도 서술성을 보이지 않는다. 그러나, 이들도 서술성 명사처럼 명사절로 끝날 때에는 '하다'나 '치다' 없이 쓰인다.

(30) ㄱ. 정매가 방을 깨끗하게 <u>걸레질</u>.
ㄴ. 그들이 배당금을 <u>도둑질</u>.
ㄷ. 방북인사들을 잡아 넣었다고 <u>아우성</u>.
ㄹ. 리야까를 끌고 장살 하다 사고를 당한 모양이지만 차는 <u>뺑소니</u>.

그러나, 명사절로 쓰일 때 '하다'나 '치다' 없이 쓰인다고 해도 이들을 서술성 명사로 보기에는 근거가 부족하다. '너는 밥, 나는 빵'의 '밥', '빵'과 같은 명사도 특수한 경우에는 그 자체로 명사절을 이끌 수 있다.

서술성을 보이지 않는 행위 명사의 대부분은 순수우리말이다. 그러나, 순수우리말 중에서도 서술성을 띠어가는 현상이 보인다.

(31) ㄱ. 그는 동료의 가로채기에 이은 **속공을 레이업 슛으로** 깔끔하게 <u>마무리</u>, 경기의 흐름을 현대팀으로 돌렸다.
ㄴ. 그는 **어려운 문제를** 야무지게 <u>마무리</u>, 능력을 인정받았다.
ㄷ. 수출용 원자재수입 추천도 지방에 위임, 현지에서 **수출 절차의** <u>마무리가</u> 가능토록 했다.

ㄹ. 85 년 한 해의 마무리에 스스로 채찍질을 하기 때문이다.
ㅁ. 나흘 앞두고 문제지 수송, **고사장 확보** 마무리.

'마무리'는 (31ㄱ,ㄴ)에서처럼 '하다' 없이 선행절을 이끌며, (31ㄷ,ㄹ)에서처럼 보충어를 관형어로 요구한다. 즉, 순수우리말이지만 서술성을 띠게 되는 것이다. 이러한 현상에 유추하여, '걸레질', '도둑질' '아우성'과 같은 명사도 서술성을 획득할 가능성이 있다고 볼 수 있다.

결론적으로 말하자면 서술성 명사는 행위 명사와 다음과 같은 차이가 있다. 첫째, 서술성 명사는 '하다'없이 선행절(부사절)을 이끌 수 있으나 행위 명사는 '하다'없이 선행절을 이끌 수 없다. 둘째, 서술성 명사는 보충어를 관형어로 요구하지만, 행위명사는 보충어를 관형어로 요구하지 못한다.

## 5.6 서술성 명사의 의미와 수식어

5.6.1 서술성 명사가 서술어의 자리에 쓰일 때, 행위를 나타내면 동태부사의 수식을 받으며[152], 상태를 나타내면 정도부사의 수식을 받는다.

(32) ㄱ. *회사측은 하는 수 없이 노조간부들과 **신속한 협상**, 사태를 원만히 해결했다.

---

[152] 명사의 의미에 의해 동태부사의 수식을 받는 현상은 다음에서도 볼 수 있다.
(ㄱ) *몇 명의 젊은 죄수들이 엉거주춤 주저앉은 자세로 줄을 맞춰 **깨끗한** 걸레질을 해 가는데…
(ㄴ) 몇 명의 젊은 죄수들이 엉거주춤 주저앉은 자세로 줄을 맞춰 **깨끗하게** 걸레질을 해 가는데…
'걸레질'과 같은 명사도 의미적으로는 행위성을 나타내므로, 서술어의 자리에 쓰이면 관형어와 결합하지 못하고 부사와 결합한다.

ㄴ. *일 학년 전원이 학기가 시작되기 전에 기숙사에 **완전한 입사**, 새 학기를 준비하게 된다.
ㄷ. *이라크군이 쿠웨이트로 **과감한 진격**, 온 세계를 긴장시켰다.
ㄹ. *29일 대부분의 수험생들이 지원 대학 및 지망 학과를 **최종적인 결정**, 원서를 작성할 것으로 예상하고 있다.
ㅁ. *연희는 혼자 서울에 올라가기로 **신중한 작정**, 그 준비를 시작했다.
ㅂ. *회사측은 휴업을 중지하고 상경 농성 투쟁자는 무단 결근으로 **신속한 처리**, 해고시킬 음모를 꾸몄다.
ㅅ. *그는 동료의 가로채기에 이은 속공을 레이업 슛으로 **깔끔한 마무리**, 경기의 흐름을 현대팀으로 돌렸다.

(33) ㄱ. 회사측은 하는 수 없이 노조간부들과 **신속히 협상**, 사태를 원만히 해결했다.
ㄴ. 일 학년 전원이 학기가 시작되기 전에 기숙사에 **완전히 입사**, 새 학기를 준비하게 된다.
ㄷ. 이라크군이 쿠웨이트로 **과감히 진격**, 온 세계를 긴장시켰다.
ㄹ. 29일 대부분의 수험생들이 지원 대학 및 지망 학과를 **최종적으로 결정**, 원서를 작성할 것으로 예상하고 있다.
ㅁ. 연희는 혼자 서울에 올라가기로 **신중히 작정**, 그 준비를 시작했다.
ㅂ. 회사측은 휴업을 중지하고 상경 농성 투쟁자는 무단 결근으로 **신속히 처리**, 해고시킬 음모를 꾸몄다.
ㅅ. 그는 동료의 가로채기에 이은 속공을 레이업 슛으로 **깔끔하게 마무리**, 경기의 흐름을 현대팀으로 돌렸다.

(34) ㄱ. *요즈음 광교 동산에 향수병이 **대단한 만연**, 학우들이 주인의식을 잃어가고 있다는데.
ㄴ. *이 때문에 반도체를 제외한 다른 전자 제품의 생산 시설이 **절대적 부족**, 3저 현상 이후 늘어나는 수출주문을 흡수할 능력이 없어 주문을 일부 사절하는 현상까지 빚고 있다는 것이다.
ㄷ. *23일 관련 업계에 따르면 올 들어 수출 주문이 급증하고 있는 부엌가구의 경우 원자재인 파티클보드가 **많은 부족**, 수출품의 선적 지연은 물론 일부 업계에서는 조업 단축 사태도 일어나고 있다.

(35) ㄱ. 요즈음 광교 동산에 향수병이 **대단히 만연**, 학우들이 주인의식을 잃

ㄴ. 이 때문에 반도체를 제외한 다른 전자 제품의 생산 시설이 **절대적으로** 부족, 3저 현상 이후 늘어나는 수출주문을 흡수할 능력이 없어 주문을 일부 사절하는 현상까지 빚고 있다는 것이다.
　　　ㄷ. 23일 관련 업계에 따르면 올 들어 수출 주문이 급증하고 있는 부엌 가구의 경우 원자재인 파티클보드가 **많이** 부족, 수출품의 선적 지연은 물론 일부 업계에서는 조업 단축 사태도 일어나고 있다.

　서술성 명사가 선행절을 이끌 때, 이들이 모두 관형어가 아닌 부사어의 수식을 받고 있음을 (32), (33)과 (34), (35)를 보아 알 수 있다. 관형어가 아닌 부사어의 수식을 받는다는 것은 이들이 의미적으로 용언에 가깝다는 것을 뜻한다. 또한, 행위를 나타내는 서술성 명사는 부사어의 수식을 받을 때, 동사를 꾸밀 수 있는 부사어의 수식을 받는 반면, 상태를 나타내는 서술성 명사는 형용사를 수식하는 부사어의 수식을 받는다. (33)에 쓰인 '과감히, 황급히, 신중히' 등은 동사를 꾸미는 부사이다. 이들은 형용사를 꾸밀 수 없다. 따라서, '부족'이나 '만연' 등도 이들 '과감히, 황급히, 신중히' 등의 수식을 받지 못한다. 그리고 (33)의 '대단히, 절대적으로, 많이' 등은 동사나 형용사 모두 수식하는 부사이다. 그러므로 상태를 나타내는 서술성 명사를 수식할 수 있다. 주로 형용사를 수식하는 '가장, 매우' 등은 상태를 나타내는 서술성 명사만을 수식한다.

　　(36) ㄱ. 철분이 **가장** 부족, 빈혈의 원인이 되고 있다.
　　　　 ㄴ. 공주병이 **매우** 만연, 세인들의 걱정을 사고 있다.
　　(37) ㄱ. *13일 현재 교복을 착용시키기로 **가장** 결정, 해당 시-도 교위에 보고해 온 바에 따르면, ….
　　　　 ㄴ. *그 문제는 내가 **매우** 처리를 했어.

　이처럼, 서술성 명사의 의미가 행위를 나타내느냐, 상태를 나타내느냐에 따라 수식하는 부사의 종류가 달라진다. 이는 서술성 명사의 의미적인 특성이 동사나 형용사와 유사함을 보여 주는 것이다.

서술성 명사가 서술어의 자리에서 관형어의 수식을 받지 못하는 것은 이들이 명사(구)가 아니기 때문은 아니다. 지시대상의 속성을 나타내는 명사나 부사성 명사 중에 정도를 나타내는 명사들은 부사의 수식을 받듯이, 서술성 명사의 의미는 행위나 상태를 나타내므로 관형어의 수식보다는 부사의 수식을 받는 것으로 설명할 수 있다.

5.6.2 서술성 명사가 일반 명사구 자리에 쓰이면, 일반 한정수식 관형어와도 결합할 수 있다.

 (38) ㄱ. 문제가 되는 것은 필수 지방산의 **절대적인** 부족 또는 결핍이다.
   ㄴ. 쓰레기의 **깨끗한** 처리만이 우리의 환경을 살리는 길이야.
   ㄷ. 여성의 **과감한** 사회 진출로 인해 남성들의 설자리가 좁아지고 있다.
   ㄹ. 술을 끊기로 한 **과감한** 결정이 언제까지 지속될 것인지 두고볼 일이다.

서술성 명사가 일반 명사구 자리에 쓰이면, (38)에서 보듯이 '절대적인', '깨끗한', '과감한' 등의 관형어의 수식을 받는다. 이들 관형어는 서술성 명사가 서술어의 자리에 쓰일 경우에는 부사어가 된다.153)

서술성 명사가 쓰이는 자리에 따라 그 명사의 수식어가 다르다는 것은 의미의 차이가 있음을 나타낸다. 서술성 명사가 서술어의 자리에 쓰일 때는 행위에 중점이 주어지나 일반 명사구의 자리에 쓰일 때는 서술성 명사

---

153) (ㄱ) 필수 지방산이 절대적으로 부족하다.
 (ㄴ) 쓰레기를 깨끗하게 처리했다.
 (ㄷ) 여성이 과감하게 사회로 진출했다.
 (ㄹ) 술을 끊기로 과감하게 결정했다.
  위의 예문은 일반 명사구 자리에 쓰인 서술성 명사를 수식하는 관형어가, 서술성 명사가 서술어 자리에 쓰이면 부사어로 실현되는 것은 보여 준다.

가 나타내는 행위의 내용을 가리키게 된다. '과감한 결정'에서 '결정'은 '결정하는 행위'보다는 '결정의 내용'을 의미하게 된다.

## 5.7 서술성 명사의 의미와 조사

5.7.1 서술성을 가진 명사는 의미적으로 용언에 가깝다. 용언과 마찬가지로 의미적으로 행위나 상태를 나타내는 것이다. 행위를 나타내는 서술성 명사는 형태적으로 '하다'와 분리되어 조사 '-를'과 결합할 수 있으나, 상태를 나타내는 서술성 명사는 형태적으로 '하다'와 분리되어 나타나지 않는다. '협상', '입사', '진격', '결정', '작정', '처리', '명중'은 의미적으로 행위를 나타내며, '-를'과 결합하여 '하다'와 분리되어 쓰이기도 한다. 그러나, '부족'이나 '만연'의 경우, 서술어의 자리에 쓰일 때, '하다'와 분리되지 않는다.

(39) ㄱ. 회사측은 하는 수 없이 노조간부들과 <u>협상</u>을 했다.
　　 ㄴ. 일 학년 전원이 학기가 시작되기 전에 기숙사에 <u>입사</u>를 해야 한다.
　　 ㄷ. 이라크군은 쿠웨이트로 <u>진격</u>을 했다.
　　 ㄹ. 야당은 결국 그 회의에 참석하겠다고 <u>결정</u>을 했다.
　　 ㅁ. 연희는 혼자 서울에 올라가기로 <u>작정</u>을 했다.
　　 ㅂ. 회사측은 휴업을 중지하고 상경 농성 투쟁자는 무단 결근으로 <u>처리</u>를 하여, 해고시킬 음모를 꾸몄다.
　　 ㅅ. 화살이 과녁에 <u>명중</u>을 했다.

(40) ㄱ. 당시는 전국에 만연하던 폐결핵 치료를 목적으로 세워 졌던 것.
　　 ㄴ. 또한 토지나 재산은 인구 증가율에 따라 증가될 수 없으므로 인구가 지나치게 많을 경우 빈곤과 사회악이 <u>만연</u>하게 된다고 한다.
　　 ㄷ. 내가 볼 때 생산이 잘 안 나오는 이유는 노동자들이 게으름을 피워서가 아니라 일단 작업량 자체가 무리이고 또 사람이 <u>부족</u>하다.
　　 ㄹ. 우리는 탄약을 비롯한 군수품이 <u>부족</u>하다.

(40)에서 '만연하다', '부족하다'를 형용사로 분류하여 한 단어로 처리할 수도 있을 것이다. 그러나, 다음과 같은 예를 보았을 때, '만연'과 '부족'은 상태를 나타내는 서술성 명사로 보아야 한다.

(41) ㄱ. 요즈음 광교 동산에 향수병이 <u>만연</u>, 학우들이 주인의식을 잃어가고 있다는데.
ㄴ. 이 때문에 반도체를 제외한 다른 전자 제품의 생산 시설이 <u>부족</u>, 3저 현상 이후 늘어나는 수출주문을 흡수할 능력이 없어 주문을 일부 사절하는 현상까지 빚고 있다는 것이다.
ㄷ. 23일 관련 업계에 따르면 올 들어 수출 주문이 급증하고 있는 부엌 가구의 경우 원자재인 파티클보드가 <u>부족</u>, 수출품의 선적 지연은 물론 일부 업계에서는 조업 단축 사태도 일어나고 있다.

조사나 어미 없이 선행절을 이끌 수 있다는 것은 서술성 명사의 특징 중의 하나이다. (41)의 각 예문을 보면, '만연'이나 '부족'도 '하다' 없이도 선행절을 이끌고 있다. 따라서, '부족하다'나 '만연하다'에서 '부족'과 '만연'은 서술성을 띠었다고 할 수 있다. 즉, '협상하다', '부족하다' 등은 형태적으로는 한 단어로 보이지만 서술성 명사와 '하다'가 결합한 두 단어인 것이다.[154] 그리고, '-를'과의 결합 가능성은 서술성 명사 자신의 의미와 관

---

[154] '협상을 하다'와 '협상하다'의 관계에 대한 논의는 두 가지로 나누어 볼 수 있다. '협상하다'의 어근인 '협상'이 '하다'와 분리되어 '-를'과 결합했다고 보는 임홍빈(1979)의 견해와 '협상을 하다'가 통사적으로 재구조화하여 '협상하다'가 되었다고 보는 양정석(1991)의 견해가 바로 그것이다. 이 연구는 양정석(1991)의 논의와 가깝다. 그러나, 양정석(1991)에서는 '협상하다'는 '협상을 하다'가 재구조화되어 합성동사 '협상하다'가 되었다고 설명한다. 이 연구에서는 '협상하다' 역시 형태적으로는 한 단어로 보이나 두 단어라고 본다. 즉, 명사구가 '이다'와 결합했을 때 형태적으로는 한 단어로 보일지라도 통사적으로는 두 단어로 인식하듯이, '협상하다' 역시 형태적으로는 한 단어이지만 통사적으로는 두 단어인 것이다. Park(1992)에서도 역시 '협상하다' 통사적으로는 두 단어로 설명한다. 즉, '협상하다'는 통사부에서 도출된 것으로 서술성 명사나 경동사(형식동사) 모두 어휘부나 통사부에서 각각 별개의 단어임을 밝히고 있다.

련이 있다. 행위를 나타내는 서술성 명사만이 '-를'과 결합할 수 있다.155)
　서술성 명사가 조사와의 결합에 제약을 보이는 것은 서술어의 자리에 쓰일 때이다. 그러나 선행절의 서술어의 자리에 쓰일 때는 행위를 나타내는 서술성 명사나 상태를 나타내는 서술성 명사 모두 조사와 결합하지 않는다.
　서술성 명사가 일반 명사구의 자리에 쓰일 때는 조사와의 결합에 제약이 없다. 그러나, 서술성 명사가 일반 명사구의 자리에 쓰일 때는 서술기능을 할 수 없으므로, 문장의 구조에 영향을 미치지 못한다. 일반 명사구에 쓰인 서술성 명사의 서술성은 보충어를 관형어로 요구하는 특성으로 나타난다.

5.7.2 서술성 명사 '결정'이 '하다'와 분리되어 '결정을 하다'로 쓰일 때, '결정을 하다'는 '결정하다'와는 다른 구조가 되기도 한다.

(42) ㄱ. 그가 술을 끊기로 결정했어.
　　ㄴ. *그가 과감한 결정했어.
　　ㄴ. 그가 과감한 결정을 했어.
　　ㄷ. *그가 술을 끊기로 과감한 결정을 했어.
(43) ㄱ. 참 어려운 공부를 했구나.
　　ㄴ. *영어를 어려운 공부를 했구나.

---

　'하다'를 기존사전에서 처리한 것처럼 접사로 볼 가능성이 있다. 그러나, 접사라 할 때, 선행절에서 '하다'가 쓰이지 않은 현상을 설명할 수가 없다. '하다'가 접사라면 '협상'은 접사 '하다'와 결합하여야만 서술어자리에 쓰일 수 있는데, 선행절에서 '협상'은 '하다' 없이도 서술어로 쓰인다. '하다'를 접사로 보면, 이러한 현상에 대해 설명할 방법이 없는 것이다.
155) 행위를 나타내는 서술성 명사만이 '-를'과 결합할 수 있다는 점에서, '-를'을 지배하는 것이 '하다'가 아님을 알 수 있다. 이 '-를'은 양정석(1991)에서 설명한 것처럼 양태의 조사가 아닌가 한다.

'결정'이나 '공부'가 '과감한', '어려운'의 수식을 받을 때는 (42ㄹ), (43ㄴ)에서 보듯이 자신의 어휘의미구조를 보충할 성분인 '술을 끊기로'와 '영어를'을 요구하지 못한다. 즉, 서술성을 통사적으로 드러내지 못하는 것이다. 따라서, '결정'이나 '공부'가 서술성을 가지고 서술어의 자리에 쓰였다 하더라도, 관형어의 수식을 받을 때는 자신의 서술성을 통사적으로 드러내지 못한다.156)

## 5.8 요약과 남은 문제

5.8.1 명사의 서술기능은 서술성에서 기인한다. 명사의 서술기능은 문장의 구조를 결정하는 기능으로 서술성을 띤 명사의 어휘의미구조에 의해 문장의 구조가 결정된다. 즉, 서술성 명사가 서술어의 자리에서 조사가 결합한 명사구나 보문을 요구하는 것을 서술기능이라고 할 수 있다. 따라서, 서술성 명사가 서술성을 통사적으로 드러내어 서술기능을 하는 자리는 서술어의 자리이다. 그리고, '내리다', '중'처럼 어휘적인 의미가 약해진 성분들과 함께 쓰일 경우, 표면적으로는 명사구의 자리이나 내부적으로 서술어의 자리로 인식되면 서술기능을 하기도 한다.

서술성 명사는 서술어 자리에 쓰이기 위해 '하다'와 결합하는 것이므로, '하다'는 '이다'와 다르다. 또한 서술성 명사가 서술어의 자리에 쓰일 때는 관형어의 수식을 받지 못한다. 이것은 서술성 명사의 의미와 관계가 있다.

서술성은 의미적으로 행위와 상태를 나타낸다. 이는 용언의 의미와 유사하다. 서술성 명사의 이러한 의미적인 특성은 조사, 부사와의 공기관계로 나타난다. 서술성 명사가 서술어의 자리에 쓰일 경우에 행위를 나타내

---

156) '어려운 공부를 하다'와 같은 구성에서 '하다'는 '도둑질을 하다'와 '하다'와 같다고 볼 수 있을 것이다.

는 명사는 조사 '-를'과 결합하여 '하다'와 분리되나, 상태를 나타내는 명사는 '-를'로 분리되지 않는다. 또한, 행위를 나타내는 명사는 동태부사의 수식을 받으며, 상태를 나타내는 명사는 정도부사의 수식을 받는다.

서술성 명사가 일반 명사구에 쓰일 때는 조사와의 결합에 제약이 없다. 그리고, 서술성 명사가 보문을 요구하는 어휘의미구조를 가지고 일반 명사구에 실현되면, 관형절과 결합하여 쓰이는 특성을 보인다. '-를' 명사구와 '-에' 명사구를 요구하는 어휘의미구조를 가지고 일반 명사구에 쓰이면 자신의 어휘의미구조에 의해 보충어를 관형어로 요구한다. 이 때, 일반 명사구 자리에 쓰이는 서술성 명사는 한정수식 관형어의 수식을 받을 수 있다. 보충어와 서술성 명사는 소절을 이루어 서술어에 의해 한꺼번에 하위범주화된다. 이러한 서술성 명사는 명사구임으로 해서, 시상이나 양태를 표현할 필요가 없을 때는 자립적으로 부사절을 이끌게 된다.

5.8.2 서술성 명사는 주로 한자어이다. 이는 중국어의 동사라 할지라도 우리말에 유입될 때는 명사의 형태를 띠기 때문이다. 즉, 명사성 어근과 같이 외국어가 우리말에 유입된 결과라고 볼 수 있다. 명사성 어근과 서술성 명사를 한 부류로 묶어서 우리말과는 다른 문법을 설정할 수도 있다. 그러나 이들이 외래어의 성격을 띤다 하더라도 현재 우리말의 한 부분을 차지하고 있으므로 명사의 한 특성으로 묶어 보았다. 그리고, 우리말의 경우에도 이들 서술성 명사의 영향을 받아 '어근+하다'의 형태에서 어근을 분리하여 쓰는 경향이 있다.

(44) ㄱ. 안전한가 안 한가.
    ㄴ. 깨끗한가 안 한가.
    ㄷ. 그렇게 하면, <u>섭섭</u> 안 하겠어요?
    ㄹ. 그 아이 참 <u>얌전도</u> 하다.

ㅁ. 통돌이로 깨끗.
ㅂ. 고농도로 색깔부터 다른 트라스트, 강하니까 한 장만 붙여도 이틀이 거뜬, 강하니까 통증 부위가 넓어도 작은 것 한 장이면 충분합니다.

'안전'은 한자어로서, '안전을 위하여'와 같은 형식에서 자립적인 명사로 기능할 수 있다. 이러한 자립명사가 '하다'와 결합할 경우, 부정문에서 (44ㄱ)과 같은 양상을 보이는데, 자립적인 쓰임이 전혀 없는 '깨끗'이나 '섭섭'도 '안전'과 같은 양상을 보인다. 언중들은 '깨끗'이나 '섭섭'을 '안전'과 같은 범주로 생각하고 있다는 증거이다. 또한, 부정문뿐만 아니라 보조사에 의한 분리도 가능한 모습이 보인다. 특히 (44ㅁ,ㅂ)과 같은 경우는 광고문 안으로 '깨끗', '거뜬'을 명사로 인식하고 있음을 보여 주는 것이다.

이처럼 한자어가 우리말화하는 과정에서 명사의 범주에 들 수 없는 유형들이 발생하며, 특히 '-하다'와 결합하여 쓰이는 어근도 한자어에 유추하여 명사성과 서술성을 띠어간다. 명사성 어근, 서술성 명사 그리고 '깨끗', '섭섭', '거뜬'과의 관계는 다시 검토해 볼 필요가 있다.

서술성을 가진 명사는 의미적으로 다른 성분과 함께 쓰여야만 하는 특성을 보임에도 불구하고 자립명사로 기술되는 것은 서술어로 쓰일 때는 관형어의 수식을 받지 않아도 되기 때문이다. 그렇다면, 서술성을 가진 명사가 서술어 자리가 아닌 일반명사구 자리에만 쓰이는 경우는 의존적인 쓰임만을 보인다는 추론이 가능하다. '1994년 5월 13일 생인 한벼리', '손잡이 고정 용 고리'와 같은 구성에서 '생'이나 '용'이 서술성을 가진 의존명사이지 않을까 하는 것은 문제로 남는다.

# 6. 명사의 문법소성과 문법화

 명사 중에는 어휘적 의미가 추상화되면서 반드시 다른 성분과 함께 쓰여야만 하는 명사들이 있다. 이런 명사들은 대체로 다른 성분과 굳어져 하나의 단위로 인식된다는 점에서 문법화[157])의 과정에 있다고 볼 수 있다. 이 장에서는 문법화 과정에 있는 이러한 명사들의 특성을 추출하고, 이들이 어떠한 기능을 하는지를 보려고 한다.
 이 장에서 살피는 명사의 기능은 앞장에서 본 다른 명사의 특성과 차이가 있다. 앞장에서는 명사가 어떠한 모습으로 문장의 한 성분이 되는가에 따라 명사의 특성을 추출하여 설명한 것이고, 이 장에서는 명사 또는 그 명사가 쓰인 구성체가 문장의 형태에 어떠한 영향을 주는가, 그리고 문장 전체에 어떠한 의미를 더해 주는가에 따라 그 명사의 특성을 추출하여 설명할 것이다.

---

157) 문법화에 대해선 고영진(1995: 6-15)에서 설명하고 있다. 고영진(1995)에서는 문법화를 크게 두 가지로 해석한다.
 "첫째는 문법화의 개념을 협의로 해석하는 것인데, 이를 따를 때에는 이른바 문법의 범주를 형성하는 경우로 국한되므로, 문법화는 내용어가 굴곡가지 또는 자리토씨로 되는 것만을 지칭하게 된다. 둘째는 광의의 해석인데, 여기에서는 내용어가 기능어가 되는 경우는 모두 문법화로 보게 된다." 고영진(1995)는 뒤의 입장을 따라 문법 범주를 형성하지 못하는 것이라고 하더라도 임자씨(체언)나 풀이씨(용언)가 개별어휘로서의 성격을 잃고 앞가지(접두사)나 뒷가지(접미사) 혹은 토씨(조사)로 되는 경우를 모두 문법화로 보고 있다. 그의 이런 견해는 Hopper & Traugott(1993)과 McMahon(1994)에 근거한 것이다.

## 6.1 문법화 과정에 있는 명사의 특성과 기능

6.1.1 문법화 과정에 있는 명사들은, 특별히 어느 한 성분으로만 쓰이는 경향이 있다.

(1) ㄱ. 한쪽 눈이 부어서 눈을 뜰 수 없게 되자 다른 쪽 눈도 덩달아 뜰 수 없는 <u>모양이다</u>.
ㄴ. 누구나 죽는 <u>법이다</u>.
ㄷ. 모두들 배 멀미가 심하고 또 토하는 <u>바람</u>에 밤새 누워 보지도 못했어요.
ㄹ. 그러나 삼손이 뒤쫓아온다는 보장이 깡그리 지워져 버린 <u>이상</u> 지금은 날 수가 없었다.
(2) ㄱ. 좁쌀을 완전히 싼 먹 방망이가 두드리는 면에 주름이 겨서 좁쌀이 한 곳으로 몰려 있으면 안 되므로 동그랗게 <u>모양</u>을 예쁘게 만들어 좁쌀이 고르게 펴져 있어야 한다.
ㄴ. 그래서 <u>모양이</u> 예쁘면, 내가 가질 거야.
ㄷ. 내가 만든 송편은 만두에 가까운 <u>모양이어서</u>, 송편같지가 않았다.
(3) ㄱ. 할아버지에게서 말타는 법과 활쏘는 <u>법</u>을 배워 사냥을 하였으며
ㄴ. 글 쓰는 <u>법도</u> 그 동안 많이 변화했는데
ㄷ. 사람이 죽으라는 <u>법</u>은 없어요.
(4) ㄱ. 상수리나무들의 청정한 잎새들이 불어오는 <u>바람</u>과 찬란한 햇빛에 그 반짝이는 윤기를 섬광으로 토해 내고 있다.
ㄴ. 중간 선거에 못지 않게 벌써부터 88년 대통령 선거 <u>바람</u>도 불고 있다.
(5) ㄱ. 아무리 무서운 병도 의지의 힘으로 반 <u>이상</u>을 물리치는 것이오.
ㄴ. 허리를 폈으나 한두 걸음 <u>이상</u>은 발을 떼지 못하면서도 도목질을 계속하고 있다.

(1ㄱ)의 '모양'은 (2)의 '모양'과 의미가 다르다. (2)의 '모양'은 지시대상이 있으나 (1ㄱ)의 '모양'은 '그렇게 짐작되는 상황'을 뜻한다. (2ㄴ)의 '법' 역

시 (3)의 '법'과 의미가 다르다. 특히 (1ㄱ)의 '모양'이나 (1ㄴ)의 '법'은 단독으로 그 의미를 나타내는 것이 아니라 그것과 결합하는 앞뒤의 다른 말과 함께 그러한 의미를 나타낼 수 있다. 예컨대, '모양'과 '법'은 그 앞의 관형절과 그 뒤의 '이다'와 결합하여 비로소 '그렇게 짐작되는 상황' '그런 사실에 대한 단정'을 뜻할 수 있다. 그러나, (1ㄱ)의 '모양'은 (2)의 '모양'과 의미적으로 연관되기 때문에 이들을 각기 별개의 동형어로 보지 않는다. '법'도 마찬가지다. (1ㄷ)의 '바람'은 (4)의 '바람'과 의미적으로 연관되면서, 그 앞의 관형절과 그 뒤의 조사 '-에'와 함께 '그런 일이 일어남으로 해서'의 의미를 나타낸다. (1ㄹ)의 '이상' 역시 (5)의 '이상'과 의미적인 유연성을 유지하면서 '그렇기 때문에'의 의미를 보인다. 편의상 (1)에 쓰인 '모양'을 '모양$_2$'라 하고, (2)에 쓰인 '모양'을 '모양$_1$'이라 하기로 하자. '법', '바람', '이상'도 위와 같은 방법으로 구분하자.

'모양$_2$', '법$_2$', '바람$_2$', '이상$_2$' 등은 다음과 같은 특성을 보인다. 첫째, '모양$_2$', '법$_2$', '바람$_2$', '이상$_2$' 등이 그 앞에 오는 관형절과 가지는 관계는 일반 명사가 그 앞에 오는 관형절과 가지는 관계와 다르다. 일반적으로 명사를 꾸미는 관형절은 관계 관형절이나 동격 관형절이다. 그리고 명사가 관형절의 수식을 받을 때는 그 명사가 드러내는 지시대상이 있다.[158] 관계 관형절은 그 지시대상을 한정하며, 동격 관형절은 그 지시대상의 내용을 풀어 설명한다.[159] 그러나, 그러나, '모양$_2$'와 같은 명사는 관형절과 함께 쓰

---

[158] 지시대상이 있는 명사만이 관형절의 수식을 받을 수 있다는 것은 다음 예를 통해서 알 수 있다.
 (ㄱ) **어제 산 진짜**를 보여 줘.
 (ㄴ) *그것은 **어제 산 진짜**야.
 '진짜'가 '진짜 물건'이라는 의미로 쓰일 때는 (ㄱ)에서와 같이 관형절의 수식을 받을 수 있으나, '물건'의 속성만을 가리킬 때는 (ㄴ)처럼 관형절의 수식을 받지 못한다. (ㄴ)이 정문일 경우에는 '진짜'가 '진짜 물건'을 뜻할 때이다.
[159] 남기심(1986)에서는 동격관형절을 긴 관형절과 짧은 관형절로 설명한다.
 (ㄱ) 종이 울리는 소리.

일 때도 지시대상이 명확하지 않으며, 관형절의 한정수식을 받는다고 볼 수도 없다. '모양₂'가 관형절의 수식을 받는 것이 아니라 오히려 관형절을 구성하는 한 부분으로 이해된다. '모양₂'가 쓰이면, 관형절이 명사를 수식하지 않고 '모양₂'가 그 관형절에 대한 추측의 의미를 더하는 것으로 이해되며, '바람₂'가 쓰이면 관형절이 주절에 관여하는 의미관계를 가지게 되며, 이 의미관계를 '바람₂'가 나타내는 것처럼 해석되는 것이다. 이처럼 '모양₂', '바람₂'와 같은 명사 앞에 오는 관형절을 동격이나 관계 관형절로 설명할 수 없다는 것은 '모양₂', '바람₂'가 특수한 기능을 하는 명사라는 것이 된다.

둘째, '모양₂'와 같은 명사들이 위에서처럼 특수한 의미(짐작, 단정, 그렇기 때문에)를 가질 때는 문장에서 쓰일 수 있는 자리가 정해져 있다. '모양₂'나 '법₂'는 '이다'와 같이 서술어 자리에 쓰일 때 특수한 의미를 나타내며, '바람₂', '이상₂'는 부사어 자리에 쓰일 때 특수한 의미를 나타낸다.

(6) ㄱ. 한쪽 눈이 부어서 눈을 뜰 수 없게 되자 다른 쪽 눈도 덩달아 뜰 수 없는 <u>모양을</u> 보고 어머니는 걱정을 했다.
　　ㄴ. ?사람은 누구나 죽는 <u>법을</u> 만들어야지.
　　ㄷ. *모두를 배멀미가 심하고 또 토하는 <u>바람이</u> 일기 시작할 것이다.
　　ㄹ. *삼손이 뒤쫓아온다는 보장이 깡그리 지워져 버린 <u>이상</u> 때문에 발걸음을 늦췄다.

'모양'이 조사 '-를'을 취하면, '모양₁'의 의미를 나타낸다. (6ㄴ)은 어색하기는 하지만 이 문장에서 '법'은 '법₂'의 의미가 아닌 '규칙'을 뜻한다. (6ㄷ,

---

(ㄴ) 공부하겠다는 결정.
(ㄴ)의 관형절은 '결정'의 내용을 풀어 설명하나 (ㄱ)의 관형절은 '소리'를 풀어 설명하는 의미가 아니다. 그럼에도 불구하고, (ㄱ)의 관형절은 '소리'를 한정하는 의미를 가진다. 즉, 동격관형절이 후행명사의 내용을 뜻하지 못한다 하더라도 후행명사가 어떠한 대상을 지시하며, 그 관형절은 후행명사를 한정한다.

ㄹ)은 '바람'과 '이상'을 자립명사처럼 썼기 때문에 '그렇기 때문에'를 뜻할 수 없다.

'모양$_2$'와 같은 명사의 세 번째 특성은 명사 홀로 의미를 나타내지 못한다는 것이다. 언제나 그 앞의 관형절과 그 뒤의 '이다'나 '-에'가 있어야만 이 의미를 가질 수 있다.[160]

안주호(1996)에서는 '모양$_2$', '바람$_2$'와 같은 명사가 언제나 다른 성분과 함께 쓰이며, 그 성분들과 함께 의미를 가지게 되는 현상을 문법화로 설명한다. 안주호(1996)에서는 어휘적인 의미가 있는 자립형태가 문법적인 기능을 하는 것으로 바뀌는 것을 문법화라 하고, '모양'처럼 자립명사가 의존명사로 쓰이는 현상도 문법화로 설명한다.[161] 문법화라는 것은 어휘

---

[160] '이상$_2$'와 같은 명사는 조사 없이도 쓰인다. 이는 '이상$_2$'가 부사성을 띤 것으로 설명된다. 이에 대해서는 6.2.2를 참조할 것.

[161] 안주호(1996)은 명사가 특정한 문법적인 기능을 담당하는 현상을 문법화의 측면에서 고찰한 것이다. 즉, 어떠한 명사가 문법화의 과정에 있으며, 이 때의 통사-의미적인 특성이 무엇인지를 개개의 특정 명사를 중심으로 살펴보고 있다. 안주호(1996)은 문법화의 과정을 세 단계로 나누어 설명한다. 자립명사가 의존명사화되는 제1 단계, 접어화되는 제2 단계, 어미-조사-접미사화단계인 제3 단계이다. 이 중 제1 단계는 통사적 구성을 이루며, 제2 단계는 형태-통사적 구성, 제3 단계는 형태적 구성이 된다.

안주호(1996)은 명사가 어떻게 문법화하는지 그 변화과정에 초점을 두고 있다. 따라서, 특정 명사가 문법소로 변화하는 과정을 문법화라 보고 있지만, 문법화의 과정에 있는 명사들이 어떠한 특성으로 인해 문법화의 과정을 겪는지에 대한 논의가 부족하다. 단순히 명사의 의미가 추상화되었기 때문으로 보기는 불충분한 점이 있다. 또한, 제2 단계에 있는 접어화 단계에서, 이들을 형태-통사적인 구조로 보고 있으나, 이를 형태-통사적 구조로 본 근거가 미약하며, 이 구성에 나타나는 명사를 의존명사로 지칭함으로써, 이 구성을 통사적 구성체로 보고 있는 모순을 보이고 있다. 또한, 각 단계간의 구별이 명확하지 않다.

이 연구에서는 안주호(1996)에서 형태-통사적 구성체로 보고 있는 제2 단계에 있는 명사들의 특성을 살피게 될 것이다. 이들은 형태-통사적 구성체가 아니라 통사적 구성체임을 밝히고, 제3 단계로 설명한 일부분도 통사적 구성체임을 밝히게 될 것이다.

이 연구는 이렇게 문법화 과정에 있는 명사들이 어떠한 특성을 가지고 있는지, 그 특성이 어떻게 문장에 실현되는지를 살피려는 것이기 때문에 문법화로 보는 안주호(1996)과는 초점이 다르다.

요소가 어떻게 문법요소로 바뀌는지에 초점을 맞추어 논의하는 것이므로, 문법화 과정에 있는 요소들, '모양₂'나 '바람₂'와 같은 명사의 특성에 대해서는 논의하지 않았다. 문법화 과정에 있는 명사들이 명사의 특성을 모두 잃는 것은 아니다. 이 연구에서는 이렇게 문법화 과정에 있는 명사들이 어떠한 특성을 가지고 있으며, 어떠한 기능을 하는지 밝혀 보려고 한다.

특히 '바람₂'와 같이 관형절과 명사, 조사의 결합관계는 우형식(1996ㄴ)에서 밝힌 바 있다. 우형식(1996ㄴ)은 이들 명사 앞에 오는 관형절의 관형형 어미와 '바람₂', 뒤에 붙은 조사를 하나의 연속체로 보고 이를 접속기능의 명사구로 설명한다. 그러나, 이 논의에서도 '바람₂'와 같은 명사가 어떠한 관형어와 결합하며, 어떤 조사와 결합하는지에 관한 것을 중점적으로 보았기 때문에 정작 그 구성체의 핵인 명사에 대한 논의가 부족하다.

이 연구에서는 '모양₂'와 같이 그 앞뒤의 관형절, '이다'와 함께 통사적 연속체를 이루는 명사의 특성과 '바람₂'와 같이 그 앞뒤의 관형절, 조사와 함께 통사적 연속체를 이루는 명사의 특성을 살펴보고 그 기능을 문장연결기능, 양태기능, 시상기능으로 나누어 살펴보고자 한다.

6.1.2 '모양₂'와 '바람₂'와 같은 명사의 기능을 양태기능과 문장연결기능으로 나누었지만 이들 기능을 '모양₂'와 '바람₂'와 같은 명사 홀로 담당하는 것은 아닌 듯하다. '모양₂'와 '바람₂'의 의미가 그 앞의 관형절과 뒤의 조사나 '이다'의 통사적 연속체에서 추출됐듯이, 그 기능 역시 '모양₂'와 '바람₂'가 쓰인 통사적 연속체가 한다고 볼 수 있다. '모양₂'와 '바람₂'는 이 기능 중의 한 부분을 담당한다. 즉, 문법소와 유사한 형태가 되는 것이다.

연결어미 '-어서'를 보자.

(7) ㄱ. 배가 아팠다. 그렇기 때문에 병원에 갔다.
　　ㄴ. *배가 아프고 병원에 갔다.

ㄴ. 배가 아파서 병원에 갔다.
(8) ㄱ. 땅을 팠다. 그 땅에 집을 지었다.
　　ㄴ. 땅을 파고 집을 지었다.
　　ㄷ. 땅을 파서 집을 지었다.

'-어서'는 (7ㄴ)처럼 선행절이 후행절의 원인이 됨을 의미하거나, (8ㄷ)처럼 선행절에서 판 땅에 집을 지었다는 것을 보여 주는 연결어미이다. (7ㄴ)이 비문인 것은 '-고'가 단순히 선행절과 후행절을 연결하는 기능만을 할 뿐 선행절의 상태가 후행절의 원인임을 표시하지 못하기 때문이다. (8ㄴ)의 문장은 땅을 판 행위와 집을 지은 행위가 단순히 연결되어 있을 뿐이지 선행절에서 판 땅에 집을 지었다는 것을 전제로 하지 않는다.[162] 이와 함께 '-어서'는 시상의 기능도 담당한다. (7ㄷ), (8ㄷ)에서 시상을 나타내는 형태소가 나타나지 않아도 후행절의 시상으로 이해한다. '-어서'가 후행절의 시상을 그대로 나타낼 수 있기 때문이다. 이처럼 '-어서'는 여러 의미를 나타내는 형태소지만 형태가 하나이기 때문에 이들의 의미를 각각 명시적으로 분리할 수 없다.

그러나, '바람₂'와 같은 명사가 쓰인 통사적 연속체는 각각의 구성요소가 그 의미를 담당한다. 앞의 예문을 다시 보자.

(9) 모두들 배 멀미가 심하고 또 토하는 바람에 밤새 누워 보지도 못했어요.

(9)에서는 '-는 바람에'가 문장 연결 기능을 하지만, 시상은 '-는'이 담당하며, '바람' 앞의 관형절을 부사절로 이해하게 하는 것은 '바람'이 쓰인 자리 즉, '-에'로 표시되는 부사어의 자리이다. 그리고 '바람'은 이 연속체의 핵이 되면서 '상황'의 의미를 더해 준다. 이때, '-는'과 '-에'가 쓰인 것은

---

[162] 특히 (8ㄴ)과 (8ㄷ)의 '-고'와 '-어서'에 대한 차이는 남기심(1978ㄱ,ㄴ) 정희정(1990)을 참조할 것.

'바람'이 명사이기 때문이다. 즉, '바람'의 역할이 크다고 할 수 있다. '바람' 때문에 '-는 바람에'가 문장을 연결할 수 있는 것으로 보이기 때문이다.

이 때 '바람'이 갖는 특성을 문법소성으로 볼 수 있다. '-어서'는 여러 의미를 가지지만, 그 하나 하나의 의미를 가진 문법소로 분석될 수 없다. 그러나 [-는 + 바람+에]는 명사인 '바람'이 쓰였기 때문에 '-는'과 '바람', '-에'로 분석되면서도, '바람'이 이 구성체의 한 부분이 된다는 점에서 문법소와 유사한 특성을 보인다고 할 수 있다. 문법소는 어휘소와 대비되는 개념으로 어휘적인 의미가 아닌 문법적인 기능을 담당하는 요소를 말하며, 이들은 주로 의존형태소이다. 그런데, 명사가 문법소성을 지녔다 하더라도 명사가 의존형태소가 된다는 것을 의미하지 않는다. 단지 선행성분, 후행성분과 함께 문법적인 기능(문장 접속 기능과 양태기능, 시상기능)을 담당하는 것이지 명사로서의 특성을 잃는 것은 아니다. 따라서 명사가 문법소성을 지녔다 함은 그 자체의 어휘적인 의미에 문법적인 기능이 첨가된다는 뜻이다.

## 6.2 문법소성 명사와 문장연결기능

### 6.2.1 문장연결기능을 하는 명사의 의미적인 특성

문법소성 명사가 관형절과 함께 부사어로 쓰이면, 이 연속체는 문장의 성분상 부사어이지만, 기능상으로는 그 앞의 관형절을 주절의 부사절로 해석되게 한다.163) 이 연속체는 연결어미와 관련이 있다.

---

163) 문법소성 명사 앞의 관형절이 주절의 부사절로 해석되는 것은 조사 '-에' 때문이 아니라 이들 명사가 쓰인 부사어 자리 때문이다. 그렇기 때문에 '이상₂'는 조사 없이도 그 앞의 관형절을 주절의 부사절로 해석하게 한다. 이에 대해서는 6.2.2 절을 참조할 것.

(10) ㄱ. 회의가 막바지로 가는 가운데(에) 누군가가 김빠지는 소리를 해서 좌중의 웃음을 자아낸다.
ㄴ. 이런 일이 생긴 마당에 내가 도와 줄 수 있는 방법이 없다니…
ㄷ. 한복을 입은 덕분에 처음엔 대학의 스승으로 오해를 받았다.
ㄹ. 통속극의 관습이 고착된 탓에 광복 후에도 연극이 불신되었다.
ㅁ. 비가 계속 내리는 관계로 경기가 연기되었다.
(11) ㄱ. 회의가 막바지로 가는데 누군가가 김빠지는 소리를 해서 좌중의 웃음을 자아낸다.
ㄴ. 이런 일이 생겼는데 내가 도와 줄 수 있는 방법이 없다니…
ㄷ. 한복을 입어서 처음엔 대학의 스승으로 오해를 받았다.
ㄹ. 통속극의 관습이 고착되어서 광복 후에도 연극이 불신되었다.
ㅁ. 비가 계속 내려서 경기가 연기되었다.

(10ㄱ)에서 '가운데'는 일반명사로 쓰일 수 있는 명사이다. 일반명사로 쓰일 경우에는 구체적인 공간을 지시하나, (10ㄱ)에서처럼 문법소성을 가지고 관형절과 결합하면, 구체적인 공간을 지시하지 못하고 앞 절의 관형형 어미 그리고 그 뒤의 조사 '-에'와 함께 의미적으로 앞의 관형절을 주절의 종속절로 해석하게 한다. (10ㄱ)의 문장을 연결어미로 이용하여 바꾼다면, (11ㄱ)의 형태가 될 것이다.

그러나, (10ㄱ)과 (11ㄱ)의 의미가 같은 것은 아니다. (10ㄱ)에서는 '가운데'의 의미가 덧붙여져서 '-는데'에 '일이 진행되는 과정'의 의미가 덧붙여진다. 즉, '가운데' 의미를 추출해 낼 수 있다. (10ㄴ)에서 '마당'은 앞의 관형절과 주절을 이어주면서, '공간적 상황'의 의미를 더해 준다. 따라서, (10ㄴ)과 (11ㄴ)의 의미 역시 동일하다고 할 수 없다. (11ㄴ)의 의미에 상황의 의미가 더해 진 문장이 (10ㄴ)이 된다. (10ㄷ)의 '덕분'이 쓰인 문장은 (11ㄷ)처럼 인과의 관계로 이어진 문장에 선행절의 사건이 좋은 원인으로 작용하는 의미를 더해 주고, (10ㄹ)의 '탓'이 쓰인 문장은 그 앞의 관형절의 사건이 나쁜 원인으로 작용하는 의미를 더해 준다. (10ㅁ)에서는 '관계'의 의미가 더해진다.

　문법소성 명사가 쓰인 연속체 전체가 하나의 연결어미로 대체되는 점에서 볼 때 문장을 접속하는 것은 명사가 아니라 그 연속체 전체라고 할 수 있다. 즉, (10ㄱ)에서 선행절과 후행절을 이어주는 것은 '가운데'가 아니라 '-는 가운데(에)'라고 볼 수 있다. 그러나, 이 연속체는 형태적으로 융합된 것이 아니라 관형형 어미와 명사, 그리고 조사로 분석할 수 있다는 점에서 통사적 구성체이며, 이 통사적 구성체의 핵은 명사인 '가운데'이다. 즉, 이 구성체가 선행절과 후행절을 이어준다 해도 이 구성체의 '핵'이 명사이므로 명사의 역할이 크다고 할 수 있다는 것이다. 이 명사의 역할은 자리에서도 볼 수 있다. '가운데'가 쓰인 자리가 부사어의 자리이기 때문에 앞의 관형절이 부사절로 해석되는 것이다. 즉, 명사가 홀로 문장을 연결하는 것은 아니지만 문장을 연결하는 구성체의 핵의 위치에 있으면서 그 앞의 관형절이 어떠한 관계로 주절에 연결되는지를 밝혀주는 동인이 된다고 본다.

　'가운데'처럼 자립명사가 문장을 연결하는 통사적 구성체의 한 부분이 되면, 자신의 어휘적 의미를 어느 정도 유지하면서 그 앞의 관형절을 주절의 부사절로 해석하게 하는 기능을 한다. 이 때 어휘적 의미는 지시대상이 있는 구체적 의미가 아니라 추상적인 의미인 '상황'의 의미이다.

　문장을 연결하는 명사는 위의 '가운데'나 '마당'처럼 자립명사이면서 그 의미가 추상화되어 문법소성을 띠는 명사류와 언제나 문법소성만을 지닌 명사류가 있다.

　　　(12) ㄱ. 수옥은 생각난 <u>김</u>에 먼저 전화를 했다.
　　　　　 ㄴ. 말이 나온 <u>김에</u> 확실한 대답을 듣고 싶었다.
　　　　　 ㄷ. 영농자금이 모자라서 어려움을 당하고 있던 <u>차에</u> 서울에서 큰 사업을 한다는 송천남이란 사람이 내려와서 이곳 사람들과 어울려 지내게 되었다.

ㄹ. 화가 나던 차에 정만서를 다시 만났다.
ㅁ. 아침 안개가 물러 갈 즈음에 나는 동생들을 이끌고 널다리를 건넜다.
ㅂ. 사람들이 재빠르게 몸을 피하는 통에 그 여자는 쓰러졌다.
ㅅ. 남편도 주방에서 하는 일을 거들어 주지 않았던 터에 아버님께서 며느리를 위해 준다는 것이 나는 무척 불편하고 부담스러웠다.
ㅇ. 이런 대답으로썬 납득할 수 없었던 터에 어느 날 사건이 터졌다.

'김', '차', '즈음', '통', '터'는 자립명사로는 쓰이지 않으며, 위의 예문에서처럼 그 앞의 관형절을 주절에 연결시키면서 관형절에 자신의 어휘적인 의미를 더하고 있다. 문장을 연결하는 문법소성 명사는 이처럼 문장의 형태에 영향을 주는 기능을 하고 있다. 그 앞의 관형절이 완전한 문장이 아니라 주절에 이어지는 문장임을 표시하는 것이다.

문법소성 명사가 어떠한 의미를 지니느냐에 따라 선행절(관형절)과 후행절(주절)의 의미관계가 달라진다. 우형식(1986ㄴ)에 따르면 선행절과 후행절의 의미관계는 '시간적 관계, 공간적 관계, 대립관계, 인과관계, 조건관계, 양태관계, 나열관계'의 여덟 가지로 나눌 수 있다.

문법소성 명사가 그 앞의 관형절을 주절의 시간적 관계로 이어주는 예는 다음과 같다.

(13) ㄱ. 그가 집에 들어왔을 때 집안에 아무도 없었다.
ㄴ. 아이는 숙제를 마친 뒤에 밖으로 나갔다.
ㄷ. 순이는 설거지를 한 다음에 청소를 했다.

'때', '뒤', '다음' 등은 시간을 나타내거나 시간의 선후관계를 나타내는 명사류이다. 이들은 관형절과 함께 부사어의 자리에 쓰이면 (13)에서와 같이 그 앞의 관형절이 주절의 시간적 배경임을 나타낸다. 이들이 이렇게 그 앞의 관형절을 주절의 시간적 배경임을 나타내는 것은 의미적으로 시간을 나타낼 수 있기 때문이다. 즉, 명사의 의미가 반영된 것이다. 그 앞의 관형절을 주절의 시간적 배경임을 나타낼 수 있는 명사는 한정된 시간을 나타내지 않는다.

(14) ㄱ. 비가 오는 <u>오늘</u> 우산을 가져 오지 않다니.
     ㄴ. 첫 눈이 오는 <u>날</u> 만나기로 했어요.

(14ㄱ)의 '오늘'은 한정된 시간을 나타내며, 그 앞의 관형절은 '오늘'을 한정수식한다. 그렇게 때문에 '오늘'이 관형절과 함께 부사어 자리에 쓰인다 하더라도 '때'처럼 문법소성을 띠지 못한다. (14ㄴ)의 '날'은 관형절의 수식을 받아 한정된 시간을 나타낸다. 따라서 문법소성을 드러내지 못한다.164) 즉, 시간을 나타내는 명사가 모두 문법소성을 보이는 것은 아니다.

문법소성 명사가, 그 앞의 관형절이 주절의 공간적 배경임을 나타내는 경우를 보자.

(15) ㄱ. 많은 사람들이 참석한 <u>가운데</u> 회의가 진행되었다.
     ㄴ. 문제가 생기면 등을 돌릴 <u>판</u>에 우정을 이야기하는 것은 우스운 일이었다.
     ㄷ. 이런 일이 생긴 <u>마당</u>에 도와 줄 수 있는 방법이 없다니.

'가운데', '판', '마당'은 어떠한 행위가 일어나는 공간을 나타낸다. 이들이 관형절과 함께 부사어의 자리에 쓰일 때는, 그 앞의 관형절이 주절의 행위가 일어나는 공간적 배경(상황)임을 표시한다. 이들이 관형절과 주절의 이러한 의미관계를 나타낼 수 있는 것은 명사 자체가 지닌 의미 때문

---

164) '날'은 다음과 같은 경우에는 문법소성을 통사적으로 드러낸다.
   (ㄱ) 오늘 일을 끝내지 못하는 날에는 감독한테서 날벼락이 떨어질 것이다.
   (ㄱ)의 '날'은 (19ㄴ)의 '날'과는 달리 한정된 시간을 뜻하는 것이 아니라 주절의 행위가 일어날 가정을 나타낸다. 이 경우의 '날'은 문법소성이 있다.

이다. 이 역시 명사의 의미적인 특성이 반영된 결과이다.165)

문장연결기능을 하는 문법소성 명사의 특성은 바로 명사의 의미에서 추출된다. 명사가 시간을 나타낼 때에는 그 앞의 관형절이 주절의 시간적 배경임을 표시하고, 공간을 나타내는 명사는 그 앞의 관형절이 주절의 공간적 배경임을 표시하는 것이다.

문장을 연결하는 문법소성 명사의 문법소성이 통사적으로 드러나는 자리는 부사어 자리이다. 즉, 문법소성을 통사적으로 구현하는 요인은 부사어의 자리이며, 이들은 의존성이 있으므로 관형절을 필요로 한다. 따라서, 시간을 나타내는 명사가 관형절과 함께 일반 명사구로 쓰이면 문법소성은 통사적으로 드러나지 않는다.

(16) ㄱ. 약을 먹는 시간은 밥을 먹은 후가 좋지.
ㄴ. 네가 성공한 후를 생각해 봐라.
ㄷ. 여행은 네가 대학에 입학한 후로 미루고 지금은 입시에 전념할 때가 아니겠니?
ㄹ. 밥을 먹은 후에 공부하자.

(17) ㄱ. 네가 공부를 끝내는 때가 곧 나의 휴가가 시작되는 때라고 할 수 있지.
ㄴ. 우리가 도착한 때는 이미 10시가 넘어 있었다.
ㄷ. 네가 잠을 잘 때, 나는 공부를 했지.

---

165) 선행절과 후행절의 의미관계를 밝힌 우형식(1996ㄴ)의 논의를 모두 수용한 것은 아니다.
(ㄱ) 가족의 생일이나 기쁜 날에 떡을 하는 대신 케익을 준비해 놓고 촛불을 불어 끄는 모습이 늘어나고 있다.
(ㄴ) 그는 승부에 집착한 나머지 심판의 판결을 수용하지 못했다.
우형식(1996ㄴ)에서는 '-는 대신에'를 공간적 배경으로 설명했으나 이 연구에서는 '대신'이 어떠한 것과 다른 것을 대립시키는 의미를 나타내므로 '대신' 앞에 오는 관형절을 후행절에 대립시키는 의미로 본다. 또한 '나머지' 역시 계산이 끝난 결과를 나타내는 의미를 지니는 명사이므로 그 앞의 관형절을 주절의 행위를 일으키는 인과적인 관계로 보아야 한다고 생각한다. 그러나 이러한 의미관계에 대해서는 우형식(1996ㄴ)에서 대체적으로 밝혀졌다고 보아 더 이상 깊이 들어가지 않는다.

ㄹ. 우리가 역에 도착했을 <u>때에는</u> 벌써 친구들은 그림자조차 보이지 않았다.

(16ㄱ,ㄴ,ㄷ)에서 '후'는 관형절과 결합하여 주어, '-를' 명사구, '-로' 명사구의 자리에 쓰여 서술어와 관련을 가진다. 이 때의 '후'를 수식하는 관형절은 주절의 행위가 일어나는 시간적 배경을 표시하지 않는다. 반면에 (16ㄹ)의 '후'는 앞의 관형절이 주절의 시간적 배경임을 표시한다. 우리말에서는 왕문용(1988: 55)에서 논의되었듯이166) 종속 접속어가 설정되어 있지 않으므로 의존명사가 이 기능을 대신하게 되는데, 이 종속 접속어의 자리에 실현된 의존명사가 문법소성을 통사적으로 드러내어 앞의 관형절을 주절의 부사절로 해석되게 한다.

특히 '때'와 같은 명사는 문법소성을 통사적으로 드러낼 때, 그 앞의 관형절의 어미를 제약하기도 한다. (17)에서 '때'는 주어나 '-를' 명사구에 나타났을 때에는 관형형 어미가 시상을 담당한다. 그러나, '때'가 부사어의 자리에서 문장연결기능을 할 경우에는 관형형 어미가 시상을 담당하지 않는다.167) 주어나 '-를' 명사구에 쓰인 '때'와 결합하는 관형형 어미는

---

166) 왕문용(1988)의 논의는 다음과 같다.
"…의존명사의 신생에는 강력한 유인력이 작용한다는 것이다…. 이 유인력을 우리는 국어의 다음과 같은 특질에서 찾을 수 있을 것이다. 국어에는 접속어가 따로 없다. 문장의 종속접속은 종속적인 연결어미에 의하여 이루어지지만 영어의 종속접속어 (subordinator)와 같이 다양한 의미를 보충하며 문장을 종속접속하는 장치가 결합된 구조는 필연적으로 이러한 구실을 하는 문법적인 요소를 필요로 하게 된다. 따라서, 영어의 종속접속어와 같은 구실을 하는 국어의 의존명사가 다양하게 요구된다고 하겠다."

167) 관형형 어미 '-을'은 '앞으로 있을, 아직 결정되지 않은 일을 나타내는 것'이 중심적인 뜻인데, 앞으로 있을 일은 추측의 영역에 속하므로 추측적인 일을 나타내기도 하고, 이것이 다시 번져 지금이나 지난 일에 대해 추측하는 경우에도 쓰인다. 또 앞으로 있을 일로서 할 일에 대해서는 사람의 의도가 작용할 수 있기 때문에 '의도'를 나타내기도 한다. 그런데, 이 '-을'이 시상과 관계가 없는 형태소로 바뀌는 경우가 있다. 곧 시상에 대해서 중화를 일으키는 관형형 어미로 바뀌게 된다는 것이다. '이름 모를 산새'에서 '모를'은 시상이 중화된 쓰임이다(허웅, 1995: 1169-1170).

'-는', '-은', '-을'이다. 즉, 주어나 명사구에 쓰일 때는 관형형 어미가 시상을 담당하는 전형적인 모습을 보인다. 그러나, '때'가 문법소성을 보일 때는 '-을'과만 결합하며, 이 때의 '-을'은 시상이 중화된 형태이다. 완료의 의미를 지녀야 할 경우에는 '-은'과 결합하는 것이 아니라 '-았-'이 실현된 '-았을-'과 결합한다. 이 것은 문법소성 명사가 보문성을168) 지닌 경우와 구별하기 위한 장치가 아닐까 생각한다. 보문명사는 그 앞의 관형절에 쓰이는 관형형 어미의 기능에 제약을 가하지 못하나, 문법소성 명사의 경우, 그 앞의 관형절에 쓰이는 관형형 어미의 기능에 제약을 가함으로써, 보문성과 문법소성을 구별해 주고 있다고 할 수 있는 것이다.

### 6.2.2 문법소성을 지닌 명사의 부사성

문법소성 명사가 그 앞의 관형절을 주절에 이어주는 기능을 할 때, 조사가 나타나지 않기도 한다.

(18) ㄱ. 그는 잠옷을 입은 <u>채(로)</u> 밖으로 뛰어 나왔다.
ㄴ. 사람들은 흔히 말하기를 행복한 날은 적은 <u>반면(에)</u> 비참한 날들은 많이 찾아온다고 한다.
ㄷ. 나를 때리려는 <u>듯</u> 그가 나에게 마구 달려들었다.
ㄹ. 팔다리 끝에 무거운 추가 달린 <u>양</u> 묵지근하다.
ㅁ. 모든 일을 되어 가는 <u>대로</u> 맡겨서는 안될 것이다.
ㅂ. 그러나 노인의 분위기는 전혀 느낄 수 없을 <u>만큼</u> 정정하고 여전히 의욕적인 연예 활동을 계속하고 있다.
ㅅ. 많은 관중이 찾아 올 경우 혼잡이 따르게 되는 <u>만큼</u> 이에 대비한 사전 준비가 있었어야 하는데 전혀 되어 있지 않았다.
(19) ㄱ. 비가 온 <u>뒤(에)</u> 홍수가 났다.
ㄴ. 그 눈물은 물론 기쁨에 겨운 <u>나머지</u> 흘리는 눈물이겠지만…

---

168) 보문성은 보문을 요구하는 보문명사의 특성을 말한다.

ㄷ. 서로를 사랑하고 필요로 한 나머지 같이 있기를 원하여 그런 마음이 결국은 결혼까지 이어질 때…
ㄹ. 심지어 부모 자식간이라 하더라도 그것이 인간 관계인 이상 거기에는 어떤 형태로든 상처가 따르기 마련이다.
ㅁ. 그러나 삼손이 뒤쫓아온다는 보장이 깡그리 지워져 버린 이상 지금은 날 수가 없었다.
ㅂ. 그녀는 방학 동안 자신과 남모르는 싸움을 한 결과 글을 쓰는 일을 포기할 수 없다는 결론에 도달하였다.
ㅅ. 상일에 대한 자료를 뒤진 결과 얻어낸 것은 그림 여덟 장이었다.

(18ㄱ,ㄴ), (19ㄱ)의 '채'와 '반면', '뒤'는 조사와 함께 쓰일 수도 있으나 대부분 조사 없이 문장을 연결하는 기능을 한다. '듯', '대로', '양', '만큼'은 조사 없이 주로 문장을 연결하며,[169] (19)의 '나머지', '이상', '결과'는 문법소성을 통사적으로 드러낼 때 조사를 필요로 하지 않는다.

이러한 사실에서 우리는 문법소성 명사가 문장을 연결하는 것이 조사와 관계없다는 것을 알 수 있다. 이들 문법소성 명사가 쓰인 자리가 부사어의 자리이므로 앞의 관형절을 주절의 부사절로 인식하는 것이다.

## 6.3 문법소성 명사의 양태기능과 시상기능

### 6.3.1 서술어 자리에 쓰인 문법소성 명사

문법소성 명사가 서술어 '이다'나 '하다' 등과 함께 쓰이면, 그 앞에 오는 관형절의 양태나 시상을 나타낸다.

---

[169] 조사 없이 선행절을 후행절에 이어주는 명사를 우리는 부사성 의존명사로 설정하고 있다. 즉, '듯', '양', '대로'는 기능성과 함께 부사성을 가짐으로써 조사의 도움을 필요로 하지 않는 것이다.

(20) ㄱ. 비가 올 모양이다.
ㄴ. 마치 장비의 경합을 벌이는 장소인 듯했다.
ㄷ. 잠이 안 올 것 같다.
ㄹ. 철수는 밥을 먹는 중이다.
(21) ㄱ. 철수는 학생이다.
ㄴ. 가난이 죄다.
(22) ㄱ. 남편이 밥을 했다.
ㄴ. 철수가 도둑질을 했다.
(23) ㄱ. 최북단 성벽이 오늘날의 북쪽 성벽과 같은 것이라면, 세 개의 동굴들은 동일한 동굴이라고 볼 수 있다.
ㄴ. 그 강당안으로 참외 속 같은 한 여름 밤의 향기가 슬그머니 배어 들어왔다.

(20ㄱ)에서 화자의 추측이라는 양태 범주를 나타내는 성분은 관형절의 관형형 어미와 명사 '모양' 그리고 '이다'이다. (20ㄴ)에서 주어의 의도라는 양태 범주를 실현시키는 성분 또한 관형절의 관형형 어미와 '듯', 그리고 '하다'로 보인다. (20ㄷ) 역시 (20ㄴ)처럼 화자의 추측이라는 양태 범주를 그 앞의 관형절의 관형형 어미, 그 뒤의 '같다'와 함께 나타내고 있으며, (20ㄹ)에서는 주어의 행위가 진행되고 있음을 관형절의 관형형 어미와 '중'과 '이다'가 나타내고 있다.

'모양이다', '척하다', '중이다'를 서술어로 보지 않고 문법적인 기능을 하는 요소로 보는 근거는 다음과 같다. 문법소성 명사와 함께 서술어 자리에 쓰이는 '이다', '하다', '같다' 등은 일반적으로 서술어로 쓰일 때와 다른 특성을 보인다. '이다'는 'N$_1$이 N$_2$이다'의 문형을 요구하는 서술어로, 이 문형에 쓰인 N$_2$는 N$_1$을 포함하는 상위 개념의 명사이어야 한다. (21ㄱ)에서 '학생'은 '철수'의 소속, 즉, 철수가 어느 종류에 속하는 것인가를 보여 주는 의미이다. (21ㄴ)에서는 '가난'이 일정한 상황이 주어지면 '죄'의 한 종류가 됨을 보여 준다.[170] '이다'가 문법소성 명사와 함께 쓰인 (20ㄱ)에서는

(21)의 각 예문이 보이는 N₁과 N₂의 관계를 볼 수 없다. '모양'이 '비'의 상위 개념을 나타내지 못하는 것이다. (20ㄹ)의 '이다' 역시 '철수'가 '중'에 소속됨을 의미하지 못한다. 이것은, (20ㄱ,ㄹ)의 '이다'는 N₁과 N₂의 관계를 나타내지 못하므로, 다른 서술어처럼 문장에 영향을 미치지 못한다는 것을 의미한다.

(22ㄱ)은 '하다'가 본동사로서 '밥'과 함께 쓰여 '짓다'의 의미로 쓰인 문장이며, (22ㄴ)은 역시 '하다'가 '도둑질을'을 요구하는 동사로 쓰인 문장이다. 그러나, (20ㄴ)의 '하다'는 '-를' 명사구를 요구하지 못한다.[171] 오히려 서술성 명사와 결합하는 형식동사와 같다. 문형에 관여하지 못하면서 '듯'에 굴곡어미가 결합할 수 있게 하는 보조장치인 것이다.

(23ㄱ)의 '같다'는 주어, '-와' 명사구와 함께 쓰여 주어와 '-와' 명사구를 비교하는 의미를 나타낸다. '같다'가 문형에 관여하는 것이다. (23ㄴ)에서는 주어 이외에 다른 명사구(조사가 붙지 않은 명사구)와 함께 쓰여 주어를 다른 명사구에 비유하는 의미를 나타낸다. 이 역시 '같다'가 문형에 관여하면서 자신의 의미를 가지는 것이다. 그러나 문법소성 명사와 함께 쓰

---

170) 남기심(1986ㄴ)에서는 (25ㄱ)과 같은 문장을 분류문, (25ㄴ)과 같은 문장을 유사분류문으로 분류하고, '나는 짜장면이야' 같은 문장은 비분류 '이다'문장으로 나눈다. 이중 비분류 '이다' 문장은 기본적인 '이다' 구문이 아니라 다른 문형에 대응되는, 또는 그것의 한 변형으로 설명하고 있다.
 주어와 다른 명사구와의 관계를 밝혀 준다는 점에서 '이다'는 서술성을 가지며, 이 서술성과 함께 문법범주를 나타내는 형태소와 결합한다는 점에서 서술어의 지위를 가진다.
171) 이러한 면에서 '척하다', '체하다'의 '척'과 '체'는 문법소성을 띠었다고 볼 수 없다.
 (ㄱ) 그녀는 서 있다가도 내가 가까이 가면 고개를 위 아래로 흔들어 아는 <u>체를</u> 했다.
 (ㄴ) 그 다음날 출근을 하자마자 모든 사람들이 손을 들어 아는 <u>척을</u> 하는 것이 아닌가.
 '척하다'와 '체하다'는 (ㄱ,ㄴ)에서 보듯이 '척을 하다', '체를 하다'로 분리된다. 이는 '체'와 '척'이 관형절의 수식을 받아야 의미가 온전해지는 의존명사이고, 이 때의 '하다'는 '밥을 하다'의 '하다'와 같다고 할 수 있다.

인 (20ㄷ)에서의 '같다'는 주어와 '것'을 비교하지도 않으며, 주어를 '것'에 비유하지도 않고 있다. (20ㄷ)의 '같다'도 문장 전체에 영향을 주지 못하는 것이다.

(20)의 각 예문에서 서술어는 '올 모양이다', '인 듯하다', '올 것 같다', '먹는 중이다' 전체로 보아야 한다. 즉, 문형에 관여하는 서술어의 한 성분은 '오-', '자-', '먹-'으로 나타나며, 다른 문법적인 기능은 'ㄹ 모양이다', '-인 듯하다', 'ㄹ 것 같다', '-는 중이다'에 의해 나타나는 것이다. 여기서 문법소성 명사 '모양', '듯', '것'은 양태의 문법범주를 나타내는 핵심요소이며, '중'은 행위의 진행이라는 시상의 문법범주를 나타내는 핵심요소가 된다. 그리고, '이다'나 '하다', '같다'는 문법소성 명사가 나타내는 문법 범주 이외의 다른 문법범주를 나타내기 위하여 쓰인 성분이라 할 수 있다. 한 예로 '비가 올 모양이었다'에서 양태범주는 '모양'이 나타낸다. 그리고, 양태 범주 이외에 서법이라든가 화자가 추측하는 시간을 나타내기 위하여 '이다'가 쓰여 '이었다'로 나타난다. 서법이라든가 시상을 나타내는 요소는 주로 굴곡어미이며, 굴곡어미는 명사와 직접 결합하지 못하기 때문에 '이다'가 쓰이는 것이다. 이러한 점 때문에 문법소 기능을 하는 명사가 서법 등의 문법범주를 나타낼 필요가 없는 명사절로 끝나거나, 문장연결기능을 동시에 수행할 때는 '이다' 등과 결합하지 않기도 한다.

(24) ㄱ. 사람이 그리운 <u>참</u>에 그녀는 그의 좋은 말동무가 되었다.
ㄴ. 그리고 발을 떼어 들여놓으려는 <u>참</u>에 누군가 뒤에서 자기를 밀어 안으로 넣고 있었다.
ㄷ. 발을 막 떼어 들여놓으려는 <u>참이었다</u>.

(25) ㄱ. 사람은 죽는 <u>법</u>.
ㄴ. 이제 서로 은혜를 갚은 <u>셈</u>.
ㄷ. 이제는 다른 사람의 도움이 필요하지 않은 <u>모양</u>.
ㄹ. 지금은 밥을 먹는 <u>중</u>.

(24ㄱ,ㄴ)의 '참'은 문장 연결기능을 함으로써, 다른 문법범주를 나타낼 필요가 없을 때이며, (24ㄷ)은 '참'이 서술어 자리에 쓰여 시상을 나타내는 어미 '-었-'과 결합하기 위해 '이다'와 결합한 예이다. (25)의 각 예문은 문법소성 명사로 문장을 끝맺는 경우이다. 이를 볼 때, '이다'는 단순히 '참', '법', '셈', '모양', '중' 등에 굴곡어미를 붙이기 위한 수단에 불과한 것이다. 이점은 서술성 명사와 함께 쓰여, 그 명사에 문법적인 범주를 결합시키는 형식동사 '하다'와 같다.

이처럼 문법소성 명사가 서술어 자리에 쓰여 양태범주나 시상의 범주를 나타내는 양상을 자세히 보자.

### 6.3.2 양태기능

명사가 문법소성을 가질 때 이들은 문장을 연결하는 기능 이외에 문장의 양태를 나타내 주기도 한다. 문법소성 명사가 양태적인 의미를 가진다는 특성으로 인해 김영희(1981)에서는 이를 태도 보문 명사로 설정한 바 있다.

양태를, 서법을 포함한 화자나 청자의 인식 방법으로 정의한다면 문법소성 명사도 이 양태를 나타내는 형식이 될 수 있다. 양태는 보편적으로 명제에 대한 화자의 태도나 견해를 나타내는 데에 사용되고 있다. 여기에는 가능성, 개연성, 필연성, 의무, 의도, 희망, 회의 추론 부정 등 전통적으로 양태의 의미범주로 다루어진 것들 뿐 아니라 평가의 영역까지도 포함된다. 양태범주는 다시 주어 중심 양태와 화자 중심 양태로 나누어질 수 있는데, 주어 중심 양태는 선행용언이 가리키는 행위의 완성과 관계된 주어의 의도, 바람, 능력, 의무 등의 양태의미를 모두 포괄하며, 화자 중심 양태는 명제의 가능성과 개연성, 확실성 등에 대한 화자의 심리적인 태도를 나타낸다(김지은, 1996: 11-13).

문법소성 명사가 담당하는 양태도 주어중심 양태와 화자 중심 양태로 나눌 수 있다.

(26) ㄱ. 오늘은 비가 올 <u>모양이다</u>.
　　 ㄴ. 죄는 지은 대로 가고 덕은 닦은 대로 가는 <u>법이다</u>.
　　 ㄷ. 만나면 헤어지게 <u>마련이다</u>.
　　 ㄹ. 주변으로만 도는 걸 붙들기만 하면, 그건 거저 얻은 <u>셈이지</u>.
　　 ㅁ. 내일은 비가 올 <u>것입니다</u>.
　　 ㅂ. 그의 목소리는 당황하고 있는 <u>듯했다</u>.
　　 ㅅ. 허명순은 크지 않은 키에 몸이 마른 <u>편이다</u>.
(27) ㄱ. 그 일은 내가 할 <u>것입니다</u>.
　　 ㄴ. 돌팔이가 의사인 <u>양했다</u>.

　(26)의 예문은 문법소성 명사가 '이다'와 결합하여 화자 중심 양태를 나타내는 예이다. (26ㄱ)에서 명제에 해당하는 부분 '오늘은 비가 오-'에 대한 화자의 추측을 나타내고 있으며, 'ㄹ 모양이-'는 양태를 나타내는 선어말 어미 '-겠-'과 대치될 수 있다. (26ㄴ,ㄷ,ㄹ)에서는 관형형 어미와 함께 문법소성 명사가 명제에 대한 화자의 확신을 이야기하고 있다. (26ㅁ,ㅂ)에서는 화자의 추측을 나타내고 있다.
　(27)의 각 예문의 문법소성 명사는 명제가 나타내는 행위에 대한 화자의 태도를 나타내고 있다. (27ㄱ)에서 '것'은 관형형 어미 '-을'과 지정사 '이다'와 결합하여 화자의 의도를 나타내며, (27ㄴ)에서는 '양'이 관형형 어미 '-은'과 '하다'와 결합하여 화자의 위장하려는 태도를 나타낸다.
　문법소성 명사는 '이다', '하다' 이외에 '같다', '싶다', '있다'나 '없다' 등과 결합하여 양태적인 의미를 나타낼 수도 있다.[172]

---

[172] 양태의 기능을 담당하는 명사의 종류와 이들 명사가 선행 관형절, 후행 용언과 어떠한 결합을 보이는지에 대한 자세한 것은 안주호(1996)을 참조할 것.

(28) ㄱ. 비가 올 것 같다.
　　 ㄴ. 나는 이게 더 좋은 것 같아.
　　 ㄷ. 그러나 어쩐지 자기가 어려서 자란 옛마을은 아닐/아닌 성 싶었다.
　　 ㄹ. 비가 오는/온/올 듯 싶다.
　　 ㅁ. 아버지께서 넘어지실 뻔했어.
　　 ㅂ. 천소례에겐 그 수모를 견뎌내기 어려울 것이란 것은 십분 짐작할 만 하였다.

　문법소성 명사의 양태기능은 뒤에 오는 용언과 그 앞에 오는 관형형 어미와 함께 수행하는 기능이다. 따라서, 문법소성 명사와 후행 용언이 어떠한 양태기능을 담당하느냐에 따라 결합할 수 있는 관형형 어미가 제약된다. '추정' 기능을 담당할 때에는 주로 관형형 어미로 '-을'이 쓰이며, 주어의 태도 중 '가장'의 양태기능을 담당할 때에는 '-은/는'이 쓰인다. 또한 (28ㅁ, ㅂ)에서 완료의 상태를 추정하는 의미를 '만하다', '뻔하다'가 나타낼 수 없기 때문에 그 앞의 관형절에 '-았-'이 쓰일 수 없다.

### 6.3.3 시상기능

　문법소 명사는 시상을 나타내주기도 한다. 다음과 같은 문장에서 '중'은 문법소성을 가진 것으로 보인다.

(29) ㄱ. 어제 못다한 일을 마무리하는 <u>중이다</u>.
　　 ㄴ. 내가 찾아갔을 때는 잠을 자는 <u>중이었다</u>.
　　 ㄷ. 관련자 사법 처리가 끝난 뒤, 전면적인 당-정 개편을 단행할 것을 검토 <u>중인</u> 것으로 5일 알려졌다.
(30) ㄱ. 그러잖아도 농사철만이 아니고 내게 시간이 있을 때 수시로 들어가 볼 수 있는 방법은 없을까 하고 궁리하던 <u>차였어요</u>.
　　 ㄴ. 그렇지 않더라도 실제로 투자하는 광고비에 비해서 효과가 적어 고민

하고 있던 차였다.
ㄷ. 춘기는 터미널에서 가까운 곳에 소주집을 열고 있었지만 벌이가 신통치 않아 그만두려는 차였다.
ㄹ. 저수지로 낚시를 가기 위해서 시내에서 한거리를 거쳐 들어오는 차였다.
(31) ㄱ. 저것까지 또 내 속을 한차례 뒤집어놓을 참이지.
ㄴ. 급히 연락을 받고 서울에서 방금 막 도착한 참이오.
ㄷ 그래서 할머니랑 저랑 저녁식사를 준비하던 참이에요.
ㄹ. 그 때 그 친구 징병에 끌려갈 몸이라 경찰서 유치장에서 막 나온 참이었지.
(32) ㄱ. 학교에서 행사가 있다고 해서 잠깐 참석하고 오는 길입니다.
ㄴ. 전 지금 퇴근하는 길입니다.

위의 예문에서 '중'은 '이다'와 결합하여 '행위가 진행되고 있다'는 시상을 표현하고 있다. 특히 '중'이 서술성 명사와 결합하여, (29ㄷ)과 같은 문장을 성립시키기도 한다. (29ㄷ)의 '검토'는 서술성 명사로서, '것'에 이끌리는 절의 서술어의 역할을 한다. 여기서 '중'은 서술어에 진행상을 더해 주고 있다. 그러므로 시상의 기능을 담당하는 문법소성 명사로 설정할 수 있다. 그러나, 양태기능을 하는 문법소성 명사에 비해 시상을 담당하는 문법소성 명사는 제한적이다. (30)의 '차'나 (31)의 '참' 등 의미적으로 시간을 나타내는 명사와 (32)의 '길' 등 행위의 진행을 나타낼 수 있는 명사로 제한된다.[173]

---

173) '참'의 경우에는 관형형 어미 '-을'과 만나면 의도의 양태범주를 나타내기도 한다.
　(ㄱ) 우선 인천에 가서 그놈 주소지 가까운 파출소부터 들러볼 참이지만 인천엔 가 본 적도 없다는 것이 또 마음을 어둡게 한다.
　(ㄴ) 하늘이 조금만 트이면 소를 내매러 나갈 참이었지.

## 6.4 문법소성과 문법화

　명사의 문법소성은 결국 문법화의 동인이 된다. 문법화라는 것을 고영진(1995)에서 설명된 것처럼 중요 범주에서 주변적인 범주로 변화하는 것이라면 문법소성은 명사의 어휘적인 특성이 약화되면서 문법적인 범주로 변화하는 양상을 드러내기 때문이다. 이 때문에 명사의 문법적인 기능이 많아져서 어휘적인 뜻이 거의 사라지거나, 명사적인 쓰임과 의미가 많이 달라진 경우에는 더 이상 분석할 수 없는 어미가 된다. 이를 문법화와 관련시키면 문법화의 최종 단계가 될 것이다.

(33) ㄱ. 잠잘 데가 없어서 걱정이라고?
　　 ㄴ. 말이나 행동이 찬찬하지 못하고 추잡스러운 데가 있다.
　　 ㄷ. 이 약은 아픈 데 먹는 약이야.
　　 ㄹ. 가위는 색종이를 자르는 데에 써야지.
　　 ㄹ. 추운데 들어오시지요.
　　 ㅁ. 옛날에는 아주 예뻤는데 요즈음엔 많이 늙었어.
(34) ㄱ. 먹을 만큼 가져가시지요.
　　 ㄴ. 그 여자는 미색을 겸비하고 있는 만큼 모든 일에 자신있어 했다.
　　 ㄷ. 지금까지 네가 이 일을 맡아서 해 온 만큼 마무리까지 네가 했으면 좋겠다.
　　 ㄹ. 노력을 했으니만큼 좋은 결과가 생길 것이다.
　　 ㅁ. 네가 노력을 하느니만큼 좋은 결과가 생길 것이다.

　'데'는 장소를 대용하는 기능을 가진 의존명사이다. 장소를 대용하는 의미는 (33ㄴ)에서와 같이 불확정적인 장소를 대용하는 의미로 추상화되며, 특히 '데'가 문장을 연결하는 기능을 할 경우에는 의미가 더욱 추상화되어서 장소의 의미와 상황의 의미가 혼재되어 쓰인다. (33ㄷ,ㄹ)에서처럼 장소의 의미가 추상화되어 상황을 지칭하는 의미를 나타내는 것이다. 그러나,

이러한 '데'가 주로 선행절과 후행절을 연결시키는 기능을 하게 되면, 관형형 어미와 융합된 형태로 실현되어 더 이상의 분석은 불가능하게 된다. 이럴 경우에 관형형 어미 '-는'은 자신의 의미 중 시상을 나타내는 의미를 가지지 못하고[174], 그 기능을 선어말 어미 '-았-'에 넘겨주게 된다((33ㅁ)).

(34ㄱ,ㄴ,ㄷ)의 '만큼'도 의존명사이다. '만큼'은 (34ㄱ)에서와 같이 서술어의 '-를' 명사구로 쓰이기도 하나, (34ㄴ,ㄷ)에서와 같이 선행절과 후행절을 연결시키는 문법소성도 가지고 있다. 문법소성 명사가 관형형 어미와 결합할 경우, 그 관형형 어미는 자신의 기능을 온전히 유지하고 있다. 현재의 사실을 나타내고 있는 (34ㄴ)에서는 '만큼'이 관형형 어미 '-는'과 결합하고 있으며, 완료된 사실을 나타내는 (34ㄷ)에서는 관형형 어미 '-은'과 결합하고 있다. 따라서, 관형형 어미와 '만큼'은 분석될 수 있으며, '만큼'은 명사로서 선행절과 후행절을 연결시키는 기능을 하고 있다.[175]

(34ㄹ,ㅁ)의 '-으니만큼', '-느니만큼', '-으리만큼'은 대체로 연결어미로 보고 있다(허웅, 1995). 이 때의 '만큼'이 자신의 어휘적인 의미를 완전히 잃었다고는 할 수 없으나, 이들의 구성을 더 이상 분석하는 것은 의미가 없다. 허웅(1995)에 따르면, 이들의 구성은 '-은+이+만큼', '-는+이+만큼', '-을+이+만큼'으로 분석될 수 있다. 이 때 '이'는 의존명사의 흔적으로 보이나, '이'가 현대어에서는 더 이상 '것'의 의미로 쓰이지 않으므로, 분석하

---

[174] 관형형 어미는 선행절을 후행명사와 결합시키는 기능을 함과 동시에 시상의 의미를 가지게 된다. '-는'은 서술어를 관형어고 만듦과 동시에 현실적인 사실로 규정되는 때 매김법을 나타내며, '-은'은 서술어를 관형어로 만드는 구실을 가짐과 동시에 '-는'처럼 때매김법을 가질 수 있다. '-은'이 지정사나 형용사의 어간과 결합할 경우에는 현실적인 사실을 나타내고, 동사와 결합할 경우에는 완결된 사실을 나타낸다. '-을'도 마찬가지로 서술어를 관형어로 만듦과 동시에 앞으로 있을 일에 대한 시간관념을 나타내면서 그와 관련 있는 주변적인 사실을 아울러 나타낸다. 또한 '-을'은 시간의 관념을 포함하지 않는 의미를 나타낼 수도 있다(허웅, 1995: 995-1027). 이처럼 관형형 어미는 선행절의 서술어를 관형어로 만듦과 동시에 시간의 의미를 나타낸다.
[175] 허웅(1995: 814-816)에서는 '-은 만큼', '-는 만큼'을 '까닭, 이유'의 어미로 보고 있으나, 아직 이들을 어미로 보기에는 그 근거가 미약하다.

는 것은 의미가 없다. 또한, '이'를 의존명사로 분석한다 해도 '이'와 결합하고 있는 관형형 어미 '-은', '-는', '-을'이 더 이상 자신의 문법적인 의미를 유지하지 못하기 때문에, 완료된 사실은 '-았-'의 도움을 받아서, (34ㄹ)에서와 같이 나타난다. 즉, 이들은 의존명사인 '이'와 '만큼'이 어휘적인 의미보다 문법적인 의미를 강하게 보이므로 하나의 연결어미로 굳어져 더 이상의 분석을 무의미하게 만드는 것이다.

문법소성 명사가 양태기능을 할 때에도 이와 유사한 양상을 보인다.

(35) ㄱ. 어머니, 나 박씨와 김씨는 자별히 사이가 가까운 터였다.
ㄴ. 70이 다 된 노인 모양으로 주야장천 자리 보전하고 누워 있는 터이다.
ㄷ. 잠시 전에 점심을 막 끝낸 터였다.
ㄹ. 어머니, 나 도련님하고 살테야.
ㅁ. 짹짹 소리를 냈다간 먹통을 도려 낼테다.
(36) ㄱ. 그가 갈 것입니다.
ㄴ. 그가 갈 겁니다.
ㄷ. 그가 갈 거야.
ㄹ. 내가 갈게.
ㅁ. 내가 가께.

'터'는 어떠한 문법적인 의미를 가지느냐에 따라, 그 양상이 달리 나타난다. (35ㄱ,ㄴ,ㄷ)에서는 관형형 어미와 함께 '터'가 상황, 처지와 같은 의미를 가지는데, 이 때는 '터'와 '이다'가 '테다'로 쓰이지 않고 '터이다'로 쓰여, '터'가 제 형태를 유지한다. 또한 선행하는 관형형 어미도 자신의 문법적인 의미를 온전히 드러내고 있다. 그러므로 관형형 어미와 '터'를 분석할 수 있다. 그러나, 관형형 어미 '-을'과 결합하여 추측이나 주어의 의도를 나타낼 경우에는 '터'는 '이다'와 결합하여 '테다'의 꼴로 나타난다. 이것은 추측이나 의도의 양태적인 의미를 관형형 어미 '-을'로서 충분히 나타낼 수 있기 때문에, '터'의 양태적인 의미가 확연히 드러나지 않아서 형태적인 면에서도 온전히 자신을 드러낼 수 없기 때문인 것으로 설명할 수 있다. 즉, 명사가 지닌 자체의 문법적인 의미마저 그 앞에 있는 관형형 어미가 나타내는 상황에서는, 그 명사와 다른 요소(관형형 어미와 '이다')가 형태적인 변화를 겪어 그 명사를 분석할 수 없게 된다.176)

관형형 어미와 결합하여 관형형 어미의 양태적인 의미를 도와 주는 경우, 문법소성 명사는 후행성분과 융합되는 현상을 보이는데, 이러한 현상은 (36)의 '것'에서도 볼 수 있다. '것'이 관형형 어미 '-을'과 함께 추측이나 주어의 의도를 나타내는 경우, 이 또한 관형형 어미 '-을'이 이러한 양태적인 의미를 나타낼 수 있으므로 '것'은 '거'의 형태로 줄어지거나 지정사 '이다'와 함께 'ㄹ게'로 융합된 모습을 보인다. 이 경우에는 관형형 어미의 형태도 줄어져서 입말에서는 '-께'의 형태로도 쓰여 관형형 어미 '-을'이나 문법소성 명사 '것', 지정사 '이다'의 '이-'의 형태를 전혀 찾아 볼 수 없다.177)

문법소성 명사가 다른 성분과 융합되는 것은 지금까지 본 것처럼 다음과 같이 설명될 수 있다. 하나는 문법소성 명사가 문장을 연결하는 기능을 할 때, 그 앞의 관형절을 이끄는 관형형 어미가 자신의 문법적인 기능을 잃어 문법소성 명사와 융합되어 형성된 '-는데'와 같은 경우, 또 하나는 문장 연결의 기능을 하던 문법소성 명사가 자신이 속했던 명사 범주로서의 기능을 찾지 못해서 분석이 무의미해지는 '-으니만큼'과 같은 경우, 마지막으로 양태적인 기능을 하는 문법소성 명사가 그 기능이 관형형 어미

---

176) '터'가 관형형 어미 '-을'과 함께 의도의 양태적인 의미를 나타낼 경우에도 특수한 경우에는 자신의 명사로서의 모습을 드러낼 수 있다.
    (ㄱ) (대통령은) 선거를 다시 치르는 한이 있어도 부정은 없게 할 터.
    (ㄴ) 여성의 이익을 위해 앞장설 터.
    위의 예문은 안주호(1996)에서 인용한 것으로 '터'가 경우에 따라서는 분석될 수 있는 근거를 마련해 준다. 그러나 대부분의 경우, 주어의 의도나 추측을 나타낼 경우에는 '터'를 분석해 내기 어렵다.
177) 고영진(1995)를 참조할 것.

의 기능과 중복되어 관형형 어미나 후행성분에 녹아들어가는 'ㄹ테, ㄹ게'와 같은 경우이다.

　이러한 현상은 결국, 문법소성 명사의 의미가 어느 정도 남아 있는지에 따라 명사로서 분석될 수 있고, 아니면 하나의 연결어미나 선어말 어미로 굳어져 분석될 수 없음을 보여 준다.

## 6.5 요약

　제6장에서는 명사가 문법소의 특성을 보이는 것에 대하여 논의하였다. 명사는 자립성을 가진 단어이나, 특정 명사는 의미가 추상화되면서, 다른 성분과 함께 문법적인 기능을 담당한다. 이 때, 그 명사가 문법소성을 지녔다고 할 수 있다. 명사가 다른 성분과 함께 담당하는 문법적인 기능은 문장을 연결하는 기능, 양태와 시상을 나타내는 기능이다.

　어휘소인 명사가 문법적인 기능을 담당함에 따라 명사의 의미가 추상화되면서 문법소로 전환해 가는 과정을 문법화라고 할 때, 문법소성을 지닌 명사는 문법화의 과정에 속하게 된다. 문법소성 명사의 어휘적인 의미가 어느 정도 남아 있는지에 따라 의존명사로 분류되기도 하고, 통사적 구성체에 녹아 붙어 그 구성체 전체를 한 단위로 인식하게 하여 더 이상의 분석을 무의미하게 하기도 한다.

# 7. 결론

**7.1** 본 논문에서는 명사의 의미적인 특성이 통사적으로 어떻게 구현되는지를 살펴보았다. 일반적으로 명사는 조사와 결합하여 문장의 한 성분이 되는데 조사 없이 문장의 한 성분으로 쓰일 때, 특히 서술어와 관계를 맺지 않는 관형어와 부사어로 쓰일 때, 이들을 명사로 보아야 하는 근거를 밝혔다.

명사가 조사 없이 관형어로 쓰이는 특성을 관형성이라 하고 이들이 쓰인 명사구의 기능을 관형기능으로 설명해 보았다. 이 관형성은 명사의 의미에 따라 다시 관형성$_1$과 관형성$_2$로 나뉜다. 관형성$_1$은 지시대상이 있는 명사의 특성으로 후행명사와의 의미관계에 따라 통사적인 구현이 결정된다. 관형성$_2$는 지시대상의 속성을 가리키는 명사의 특성으로 관형어의 자리에서는 언제나 통사적으로 구현된다. 즉, 지시대상이 있는 명사는 후행명사와의 의미관계에 따라 관형성$_1$이 통사적으로 구현되어, 이 명사가 쓰인 명사구는 '-의' 없이도 관형기능을 할 수 있으며, 지시대상의 속성을 뜻하는 명사는 관형어의 자리에 쓰일 때는 반드시 관형성$_2$를 통사적으로 구현하여 이 명사가 쓰인 명사구는 '-의' 없이 관형기능을 한다.

지시 대상이 있는 명사가 관형성을 통사적으로 구현하는 의미관계는 후행명사의 성격에 따라 달라진다. 후행명사가 일반명사일 때는 관형기능 명사구가 후행명사의 초점을 표시하며, 후행명사가 서술성 명사이면, 관형기능 명사구는 서술성 명사의 대상을 표시한다. 후행명사가 관형어의 수식을 받아야 의미가 온전해지는 의존명사이면, 모든 명사는 관형성을 통사적으로 드러내게 된다. 특히 서술성 명사가 관형기능을 할 때는 서술성 명사의 주어적인 명사와 함께 후행명사를 수식할 때이다. 명사구의 관형기능은 후행명사를 한정 수식하는 것과 보충하는 기능으로 나뉜다. 특히 선행명사구가 후행명사를 보충해 주는 기능은 후행명사가 서술성이나 보문성을 띤 경우이다.

관형기능 명사구와 '-의'를 동반한 명사구('-의' 명사구)는 후행명사와의 의미관계뿐만 아니라 수식범위에서도 차이를 보인다. 관형기능 명사구는 바로 뒤에 오는 명사나 관형기능 명사구의 수식을 받는 명사구를 수식할 수 있음에 반해, '-의' 명사구는 그 외에도 관형절이나 '-의' 명사구의 수식을 받는 명사구를 수식할 수 있다. 수식범위가 주로 후행명사에만 국한됨으로 해서, 관형명사구 구조가 합성어와 유사점을 보이나, 선행명사와 후행명사의 분리성으로 볼 때, 관형명사구 구조는 통사적 구성체이다.

명사구의 관형기능과 관련하여, 주로 관형기능을 하는 명사처럼 보이는 것들의 쓰임을 살펴보았다. '국제', '원시', '요주의' 등의 범주가 불명확했던 원인은 이들의 쓰임을 정확히 보지 않은 데 있다. 실제 이들의 쓰임을 보면, 명사로 볼 수 있는 부류와 부사로 볼 수 있는 부류, 그리고 어근으로 설명해야 하는 부류로 나뉜다.

명사가 조사 없이 부사어로 쓰이는 것을 명사구의 부사적 기능으로 설명하고 이 기능은 명사가 가지는 의미적인 특성, 곧 시간, 정도, 행위의 양식을 나타내는 명사의 의미에서 연유한 것임을 설명하였다. 이 의미적인 특성에서 부사성이라는 자질이 나온다. 명사가 조사 없이 부사어로 쓰이는 것을, 명사에서 부사로 파생된 것으로 설명하지 않고 명사구의 부사적 기능으로 설명함으로써, 명사구가 부사어 자리에 쓰일 때 조사의 쓰임이 수의적인 것은 해당 명사가 가지는 부사성의 정도로 설명할 수 있다. 특히 명사의 부사성은 관형어와 결합함으로써 두드러지게 나타나기도 한다.

명사구가 서술어 자리에서 문장의 한 성분을 요구할 수 있는 것은 명사가 용언처럼 어휘의미구조를 가졌다는 것을 의미한다. 명사의 이러한 특성을 서술성으로 설정하였다. 서술성은 의미적으로 행위와 상태를 나타낸다. 그리고 서술성 명사와 결합하는 '하다'는 형식동사로 보았으며, 용언인 '이다'와 어떠한 차이를 보이는지를 살펴보았다. '이다'는 서술성을 지닌 용언이므로 '무엇이 무엇이다'의 문형을 요구할 수 있다. 그러나 '하다'는 서술성 명사가 서술어 자리에 쓰이기 위해, 곧 굴곡어미를 서술성 명사에 결합시키기 위해 서술성 명사에 쓰인 것이므로 서술성이 없다. 그러므로 서술성 명사가 명사절이나 부사절의 서술어로 쓰이고 특별히 굴곡어미가 쓰일 필요가 없을 경우에는 '하다'가 나타나지 않는다. 이와 함께 서술성 명사는 서술어의 자리에 쓰일 때는 문장의 한 성분(조사가 붙은 명사구)을 요구하고 문장 성분간의 관계를 밝혀 주는 서술기능을 하는 것을 보았다.

또한 본 논문에서는 서술성 명사의 범주화를 위해 서술성 명사와 행위명사를 가를 기제를 설정하였다. 서술성 명사는 행위명사와 달리 홀로 선행절을 이끌 수 있으며, 일반 명사구로 쓰일 때는 보충어를 관형어로 요구하는 특성이 있다. 그러나, 행위명사는 홀로 선행절을 이끌지 못하고, 보충어를 관형어로 요구하지 못하는 점에서 서술성 명사와 차이를 보인다.

마지막으로 명사는 자립성을 가진 단어이나, 의미가 추상화되면서 다른 성분과 함께 쓰이는 현상을 중심으로 명사의 문법소성을 설정하였다. 명사의 문법소성은 그 자신의 어휘적인 의미에 문법적인 기능을 담당하는 특성을 말하며, 문법소성 명사가 담당하는 기능은 문장을 연결하는 기능, 양태와 시상을 나타내는 기능이다. 문법소성 명사는 의존성을 띠므로 문법소성 명사와 그 명사 앞에 오는 관형절, 그 뒤의 조사나 '이다'와 함께 이 기능들을 하는 것처럼 보인다.

명사가 이렇게 다양한 기능을 할 수 있는 것은 명사의 의미가 다양하기 때문이다. 따라서, 다양한 의미를 가지는 명사는 그 기능도 다양하게 나타난다. 명사의 이러한 특성을 다원성으로 설명했다.

**7.2** 이러한 작업에도 불구하고 해결해야 할 문제가 남아 있다. 첫째는 조사의 기능을 밝히는 일이다. 명사구가 조사 없이 문장의 한 성분으로 쓰이는 현상을 볼 때 조사가 단순히 문장의 성분을 밝혀주는 기능만을 하는 것이 아니기 때문이다.

둘째는 명사의 부사성과 관련하여 부사의 특성을 명확히 밝히는 일이다. 명사와 부사는 서술어에 이끌리는 성분으로 쓰이고, 보조사와 결합할 수 있다는 면에서 유사성을 보인다. 그런데, 부사에 대한 논의에서 이러한 점이 밝혀지지 않았으므로 어디까지를 명사의 부사성으로 보고, 어디부터를 부사의 명사성으로 보아야 할지 문제가 생긴다. 또한, 간투사를 부사로 볼 수 있는지를 밝혀야 할 것이다.

셋째는 관형성과 부사성, 서술성, 문법소성을 보이는 명사들 낱낱의 의미적인 특성과 그 쓰임을 밝히는 일이다. 본 논문에서는 개략적인 것만을 살펴보았기 때문에 어떠한 명사가 이러한 특성을 보이는지에 대한 논의가 부족하다. 특히 서술성 명사는 동사, 형용사와 같은 격틀을 적용시킬 수 있는지에 따라 하위분류가 가능할 것이다.

# 참고문헌

강범모(1983). "보문명사 구문의 의미 특성,"「어학연구」19-1. 서울대학교 어학연구소.
고신숙(1987).「조선어리론문법」. 과학,백과사전출판사.
고영근(1982). "중세국어의 형식명사에 대하여,"「어학연구」18-1.
고영근(1989).「국어 형태론 연구」. 서울대학교 출판부.
고영근(1989).「국어형태론연구」. 서울대학교 출판부.
고영진(1995).「국어 풀이씨의 문법화 과정에 대한 연구」. 연세대학교 박사학위논문.
고영진(1997).「한국어의 문법화 과정」. 국학자료원.
고창수(1992). "국어의 통사적 어형성,"「국어학」22. 국어학회.
기주연(1994).「근대국어 조어론 연구(Ⅰ)」. 태학사.
김계곤(1996).「현대 국어의 조어법 연구」. 도서출판 박이정.
김광해(1984). "'의'의 의미,"「문법연구」5. 문법연구회.
김광해(1993).「국어 어휘론 개설」. 집문당.
김규선(1970). "국어의 복합어에 대한 연구,"「어문학」(대구) 23.
김기혁(1990). "관형 구성의 통어 현상과 의미관계,"「한글」209. 한글학회.
김민수(1994). "'이다' 처리의 논쟁사,"「주시경학보」13. 주시경연구소.
김봉모(1992).「국어 매김말의 문법」. 태학사.
김석득(1963). "국어 형태론: 형태구조의 연구,"「인문과학」9. 연세대학교 문과대학.
김석득(1966). "국어 형태론,"「연세논총」4. 연세대학교.
김석득(1988). "구성요소의 뜻과 총합체의 뜻과의 관계,"「동방학지」59. 연세대학교 동방학 연구소.
김석득(1992).「우리말 형태론」. 탑출판사.

김선희(1987). 「현대국어의 시간어 연구」. 연세대학교 박사학위논문.
김슬옹(1992). "이른바 "품사통용어"의 사전 기술 연구," 「사전 편찬학 연구」 4. 연세대학교 사전편찬연구회.
김영욱(1994). "불완전계열의 대한 형태론적 연구," 제21회 국어학회 공동연구회 발표요지.
김영희(1981). " 간접명사 보문법과 '하'의 의미기능," 「한글」 173-174. 한글학회.
김영희(1984). "하다 : 그 대동사설의 허실," 「배달말」 9. 경상대학교 배달말학회.
김영희(1986). "복합 명사구, 복합동사구, 그리고 겹목적어". 「한글」 193. 한글학회.
김영희(1988). 「한국어 통사론의 모색」. 탑출판사.
김영희(1991). "셈숱말 '각각'의 문법," 「동방학지」 71-72. 연세대학교 국학연구원.
김정대(1990). " '아, 게, 지, 고'가 명사구 보문소인 몇 가지 증거," 「주시경학보」 5. 주시경연구소.
김지은(1991). "국어에서 주어가 조사 없이 나타나는 환경에 대하여," 「한글」 212. 한글학회.
김지은(1996). 「우리말 양태용언 구문에 대한 연구」. 연세대학교 박사학위논문.
김창섭(1984). "형용사 파생 접미사들의 기능과 의미," 「진단학보」 58. 진단학회.
김창섭(1990). "영파생과 의미전이," 「주시경학보」 5. 주시경연구소.
김창섭(1994). 「국어의 단어형성과 단어구조」. 서울대학교 박사학위논문.
김창섭(1996). "국어 파생어의 통사론적 문제들," 「이기문교수 정년퇴임 기념 논총」. 신구문화사.
남기심(1978ㄱ). "국어 연결어미의 화용론적 기능," 「연세논총」 15. 연세대학교.
남기심(1978ㄴ). " '-아서'의 화용론," 「말」 3. 연세대학교 한국어학당.
남기심(1980). "연결어미 '-고'에 의한 접속문에 대하여, 「제1회 한국학국제학술회의 논문집」(정신문화연구원).
남기심(1985). "접속어미와 부사형 어미," 「말」 10. 연세대학교 한국어학당.
남기심(1986ㄱ). 「국어완형보문법연구」. 탑출판사.
남기심(1986ㄴ). " '이다' 구문의 통사론적 분석," 「한불연구」 7. 연세대학교 한불연구소.
남기심(1990). "토씨 '와/과'의 쓰임에 대하여," 「동방학지」 66, 연세대학교 국학연구원.
남기심(1991). "불완전 명사 '것'의 쓰임,"「국어의 이해와 인식」, 갈음 김석득 교수 회갑 기념논문집.
남기심(1992). "표제어풀이와 표제어 설정의 문제,"「새국어생활」 2-1. 국어연구원.
남기심(1993).「국어조사의 용법 -'-에'와 '-로'를 중심으로-」. 서광학술자료사.
남기심(1994).「국어 연결어미의 쓰임」. 서광학술자료사.
남기심(1995). "어휘의미와 문법,"「동방학지」 88. 연세대학교 국학연구원.
남기심(1996).「국어 문법의 탐구」Ⅰ. 태학사.
남기심(1996).「국어 문법의 탐구」Ⅱ. 태학사.
남기심·고영근(1987).「표준국어 문법론」. 탑출판사.
남기심·고영근 공편(1983).「국어의 통사-의미론」. 탑출판사.
남기심·고영근·이익섭 공편(1975).「현대국어문법」. 계명대학교 출판부.
남기심·이희자(1995). "표제어와 그 품사 분류의 문제점," 제2회 한국학 국제학술대회,「해방 50주년, 세계 속의 한국학」(인하대학교 40주년 기념).
남기심·조은(1993). "제한소절 논항구조에 대하여,"「동방학지」 81. 연세대학교 국학연구원.
남기심(1996).「국어문법의 탐구」Ⅰ. 태학사.
남기심(1996).「국어문법의 탐구」Ⅱ. 태학사.
남기심 엮음(1996).「국어 문법의 탐구」Ⅲ. 태학사.
노대규(1983). "부사의 의미와 수식범위,"「한글」 180. 한글학회.
박병수(1974). "한국어의 명사 보문구조의 분석-불완전명사를 중심으로-,"「문법연구」 1. 문법연구회.
박희섭(1996).「단음절 한자어 형태소의 유형 분석」. 연세대학교 석사학위논문
서상규(1984ㄱ). "국어 부정문의 의미해석 원리,"「말」 9. 연세대학교 한국어학당.
서상규(1984ㄴ). "부사의 통사적 기능과 부정의 해석,"「한글」 186. 한글학회.
서상규(1989). "시간부사의 시간표시기능에 대하여,"「朝鮮學報」 133.
서상규(1991ㄱ). "정도부사에 대한 국어학사적인 조명과 그 분류에 대해,"「연세어문학」 23. 연세대학교 국어국문학과.
서상규(1991ㄴ). "現代朝鮮語の程度副詞について-副詞<아주>の<程度>と<樣態>

の意味を中心-,"「朝鮮學報」140.
서상규(1991ㄷ).「16세기 국어의 말재어찌씨의 통어론적 연구」. 연세대학교 박사학위논문.
서정수(1975)「동사 '하-'의 문법」. 대구 : 형설출판사.
서정수(1975). "국어 부사류어의 구문론적 연구,"「현대국어문법」(남기심 외 공편).
서정수(1981). "합성어의 문제,"「한글」173-174. 한글학회.
서정수(1986). "국어의 서법,"「국어생활」7. 국어연구소.
서정수(1990).「국어 문법의 연구」Ⅰ. 서울 : 한국문화사
서정수(1990).「국어 문법의 연구」Ⅱ. 서울 : 한국문화사
서정수(1991). "기능동사 '하-'에 대한 재론,"「말」15. 연세대학교 한국어학당.
서정수(1991).「현대 한국어 문법 연구의 개관」. 서울 : 한국문화사.
서정수(1996).「수정증보판 국어 문법」. 한양대학교 출판원.
성광수(1975). "소위 불완전 명사에 대한 몇 가지 검토,"「국어학」33. 국어학회.
성광수(1988). "합성어 구성에 대한 검토-국어 어휘구조와 어형성 규칙(1)-,"「한글」201-202. 한글학회.
성낙수(1976). "보문명사 '터', '지'의 연구,"「문법연구」3. 문법연구회.
손남익(1995).「국어 부사 연구」. 도서출판 박이정.
송철의(1993).「국어의 파생어 형성 연구」. 태학사.
시정곤(1991). "국어 관형 구성의 형태-통사적 양면성,"「어문론집」30, 고려대학교.
시정곤(1993).「국어의 단어형성 원리」. 고려대학교 박사학위논문.
심재기(1982).「국어어휘론」. 집문당.
심혜령(1986). "이른바 계기적 접속어미에 대하여,"「국어문법의 탐구」Ⅲ(남기심 엮음).
안병희(1975). "부정격의 정립을 위하여,"「현대국어문법」(남기심 외 공편).
안주호(1996).「한국어 명사의 문법화 현상 연구」. 연세대학교 박사학위논문.
양정석(1991). "재구조화를 특징으로 하는 문장들,"「동방학지」71-72. 연세대학교 국학연구원.
양정석(1992).「한국어 동사의 어휘구조 연구」. 연세대학교 박사학위논문.

양정석(1995).「국어 동사의 의미 분석과 연결이론」. 도시출판 박이정.
양정석(1996ㄱ). "'이다' 구문의 해석,"「동방학지」 91. 연세대학교 국학연구원.
양정석(1996ㄴ). "'이다' 구문과 재구조화,"「한글」 232. 한글학회.
엄정호(1989). "소위 지정사 구문의 통사 구조,"「국어학」 18. 국어학회.
엄정호(1993). "'이다'의 범주 규정,"「국어국문학」 110. 국어국문학회.
오승신(1995).「국어의 간투사 연구」. 이화여자대학교 박사학위논문.
왕문용(1988).「근대 국어의 의존명사 연구」. 한샘출판사.
왕문용(1989). "名詞 冠形構成에 대한 考察,"「주시경학보」 4. 주시경연구소.
왕문용·민현식(1993).「국어 문법론의 이해」. 개문사.
우형식(1990).「국어 타동구문에 관한 연구」. 연세대학교 박사학위논문.
우형식(1996ㄱ).「국어타동구문연구」. 박이정.
우형식(1996ㄴ). "접속 기능의 명사구,"「국어문법의 탐구 Ⅲ」(남기심 엮음).
우형식(1996ㄷ). "국어에서의 보충어 범위,"「배달말」 21. 경상대학교 배달말학회.
유현경(1986). "국어 접속문의 통사적 특질에 대하여,"「한글」 191. 한글학회.
유현경(1994). "논항과 부가어,"「우리말글연구」 1, 우리말학회.
유현경(1996).「국어 형용사 연구」. 연세대학교 박사학위논문.
이광정(1994). "'이다' 연구의 사적 고찰,"「주시경학보」 13. 주시경연구소.
이남순(1988).「국어의 부정격과 격표지 생략」. 탑출판사.
이병규(1994).「한국어 동사 구문의 잠재 논항 실현에 대하여」. 연세대학교 석사학위논문.
이병규(1996). "문장 구성 성분의 항가 의존성 검토,"「국어문법의 탐구」 Ⅲ(남기심 엮음).
이병모(1995).「의존명사의 형태론적 연구」. 학문사.
이상섭(1988). "뭉치 언어학으로 본 사전 편찬의 실제 문제,"「사전편찬학연구」 2집. 연세대학교 사전편찬연구회.
이상섭(1995ㄱ). "말뭉치: 그 개념과 구현,"「사전편찬학연구」 5·6집. 연세대학교 사전편찬연구회.
이상섭(1995ㄴ). "뭉치언어학의 기본전제,"「사전편찬학연구」 5·6집. 연세대학교 사전편찬연구회.

이선희(1993). 「복합술어 구문 연구」. 연세대학교 석사학위논문.
이승재(1994). "'-이-'의 삭제와 생략," 「주시경학보」 13. 주시경연구소.
이원근(1996). 「우리말 도움토씨 연구」. 연세대학교 박사학위논문.
이익섭(1965). "국어 복합 명사의 IC 분석," 「국어국문학」 30. 국어국문학회.
이익섭(1968). "한자어 조어법의 유형," 「이숭녕박사 송수기념 논총」.
이익섭(1975). "국어 조어법의 몇 문제," 「동양학」 5. 단국대학교 동양학 연구소.
이정민(1975). "국어의 보문화에 대하여," 「어학연구」 11-2. 서울대학교 어학연구소.
이정민(1975). "의미론에 있어서의 '전제'의 문제," 「언어와 언어학」 3(외국어대학교)
이주행(1981). "국어 복합어에 대한 고찰," 「국어국문학」 86. 국어국문학회.
이주행(1988). 「한국어 의존명사의 통시적 연구」. 도서출판 한샘.
이지양(1993). 「국어의 융합 현상과 융합 형식」. 서울대학교 박사학위논문.
이현희(1994). "계사 '(-) 이-'에 대한 통시적 고찰," 「주시경학보」 13. 주시경 연구소.
이희자(1994). "'이다'와 '발화문'," 「주시경학보」 13. 주시경 연구소.
임홍빈(1979). "용언의 어근 분리 현상에 대하여," 「언어」 4-2. 한국언어학회.
임홍빈(1987). "국어의 명사구 확장 규칙에 대하여," 「국어학」 16. 국어학회.
임홍빈(1989). "통사적 파생에 대하여," 「어학연구」 25-1. 서울대학교 어학연구소.
장경희(1985). 「현대국어의 양태범주연구」. 탑출판사.
정렬모(1946). 「신편고등국어문법」. 한글문화사. 역대한국문법대계 1-25.
정순기(1988). "조선어의 보조적 단어에 대한 연구」. 사회과학출판사.
정호완(1987). 「후기 중세어 의존명사연구」. 학문사.
정희정(1988). "'에'를 중심으로 본 토씨의 의미," 「국어학」 17. 국어학회.
정희정(1990). "연결어미 '-고', '-아서'에 대하여," 「연세어문학」 22. 연세대학교 국어국문학과.
조 은(1992). 「[NP1-가 [NP2-를 NP3-로] 구조에 대하여」. 연세대학교 석사학위논문
최경봉(1996). 「국어 명사의 의미 구조 연구」. 고려대학교 박사학위논문.
최웅환(1995). "기능소로서의 접사에 대한 통사적 해석," 「국어학」 25. 국어학회.

최현배(1937/1982). 「우리말본」. 여덟 번째 고침판. 정음문화사.
하치근(1989). 「국어 파생형태론」(증보판). 남명문화사.
한정한(1999). "의미격과 화용격 어떻게 다른가?", 「국어의 격과 조사」. 월인
허 웅(1975). 「우리옛말본」. 샘문화사
허 웅(1983). 「국어학」. 샘문화사.
허 웅(1995). 「20세기 우리말의 형태론」. 샘문화사
홍재성(1986). "현대 한국어 대칭 구문 분석의 한 국면," 「동방학지」 50. 연세대 국학연구원.
홍재성(1987). 「현대 한국어 동사구문의 연구」. 탑출판사.
홍재성(1992ㄱ). "동사 먹다의 사전적 처리를 위한 몇 가지 논의," 「새국어생활」 2-4. 국어연구원.
홍재성(1992ㄴ). "자유 표현, 관용 표현 그리고 기능동사-'먹다'의 경우," 서울대 어학연구회 논문요지.
홍재성(1993). "약속의 문법," 「동방학지」 81. 연세대학교 국학연구원.
홍재성(1997ㄱ). "술어명사 사전과 '이다' 술어명사 구문의 기술," 세종탄신 600돌 기념 국제한국어학술대회. 한글학회.
홍재성(1997ㄴ). "이동동사와 기능동사," 「말」 22. 연세대학교 한국어학당(인쇄중).
홍종선(1990). 「국어 체언화 구문의 연구」. 고려대학교 민족문화연구소.

野間秀樹(1990). "朝鮮語の 名辭分類," 「朝鮮學報」 135.

Abasolo, Rapael(1982). "In search of Korean Functional Nouns", Linguistics in the Morning Calm. Hanshin.
Ahn, H. D.(1991). *Light Verbs, VP-Movement, Negation and Clausal Architecture in Korean and English*. University Of Wisconsin-Madison.
Grimshaw, J.(1990). *Argument Structure*. MIT Press.
Lambrecht, Knud(1994). *Information Structure and Sentence Form : Topic, Focus, and the Mental Representation of Discourse Referent*. Cambridge University Press.
Han, Jeong-han(1999). *Morphosyntatic coding of Information Structure in Korean*. Hansin

Publishing.
Hopper, P. J. & E. C. Traugott(1993). *Grammaticalization*. Cambridge University Press.
McMahon, A. M. S.(1994). *Understanding Language Change*. Cambridge University Press.
Park, Kabyong(1992). *Light Verb Constructions in Korean and Japanese*. Thae hak Sa.
Van Valin & Lapolla(1997). *Syntax : Structure, meaning and function*. Cambridge University Press.
Williams, E. (1981). "Argument Structure and Morphology", LR 1-1.

# 색 인

### ◀ㄱ▶

관계 관형절 38, 219
관형기능 19, 45, 62, 64, 66, 75, 88, 114, 121, 128
관형기능 명사구 52, 53, 58, 59, 66, 68, 69, 70, 71, 90, 92, 94, 103, 106
관형명사 108
관형명사구 구조 52, 55, 59, 60, 98, 106
관형사 31
관형성 19, 32, 39, 45, 51, 64, 72, 74, 75, 76, 77, 80, 81, 85, 88, 121, 152
관형성₁ 32, 51, 66, 136
관형성₂ 32, 51, 77, 136
관형어 자리 29, 81
구 범주 50

### ◀ㄴ▶

논항 67, 142, 182, 199

### ◀ㄷ▶

다원성 39
대용 106
동격 관계 80, 91
동격 관형절 38, 219
동형어 114, 219

### ◀ㄹ▶

'-로' 명사구 18, 68, 202
'-를' 명사구 18, 86, 179, 180, 181, 234

### ◀ㅁ▶

말뭉치 21, 143
명사성 39, 78, 174, 215
명사성 어근 46, 108, 133, 135
문법소 37, 222, 224, 244
문법소성 19, 38, 224, 225, 228, 230, 238, 240, 244
문법소성 명사 224, 227, 233, 237
문법자질 39
문법화 217, 221, 222, 240, 244
문장연결기능 19, 38, 222, 224, 229, 230

### ◀ㅂ▶

병렬구성 59
보문 199
보문명사 57, 73, 74, 231
보문성 231
보조사 85
보충기능 88, 99
보충관계 70
보충어 29, 70, 72, 140, 192, 197, 199, 206
부사성 19, 121, 139, 145, 152, 153, 231
부사성 명사 117, 121
부사성 의존명사 152

부사어 자리  18, 29, 220, 228, 229
부사적 기능  19, 121, 139, 145
부정격  55

◀ ㅅ ▶

상태성  187
서술기능  19, 36, 184, 193, 213
서술성  19, 36, 56, 72, 179, 182, 205, 211, 215
서술성 명사  69, 118, 185, 186, 192, 197, 205, 208, 210
서술어  179, 183
서술어 자리  18, 36, 184, 188, 191, 220, 233
선행명사구  57, 61, 63, 66, 73, 92
소절  202, 203, 214
속격 구성  55
시간 명사  155, 169
시상  183, 186, 187, 232, 235
시상기능  19, 38, 222, 232, 238

◀ ㅇ ▶

'-에' 명사구  68, 198, 202
'-의' 명사구  18, 52, 58, 66, 68, 71, 90, 92, 94, 114
'-의' 명사구 구조  52, 53, 55, 60
양태  37, 183, 186, 187, 232, 235, 236
양태기능  19, 38, 222, 232, 236
양태명사  163
어근  108, 112, 117, 125, 126, 128, 131, 134, 215
어근적 단어  108
어기  112, 131, 146
어휘범주  48
어휘소  224
어휘의미구조  27, 28, 140, 142, 143, 179, 180, 188, 192, 197, 199
영접사 파생  145, 146, 150

의존명사  85
의존성  42
의존적인 성분  109

◀ ㅈ ▶

전제  57, 58, 59, 60, 61, 63, 64, 69
접사  85, 112, 115, 123
정격  56
정도명사  160
지시대상  31, 41, 218
지시대상의 속성  31, 41, 76, 77, 83
진행상  239

◀ ㅊ ▶

초점  58, 59, 60, 61, 63, 64, 69

◀ ㅎ ▶

한정수식 관형어  78, 83, 151, 169
한정수식 기능  88
합성어  95, 97, 98, 116, 127, 131
행위 명사  203, 205, 206
형성소  108
형식동사  184, 185, 191, 204, 234
후행명사  30, 47, 53, 59, 61, 66, 70

지은이 : 정 희 정
1985년 연세대학교 불어불문학과 졸업
1998년 연세대학교 대학원 국어국문학과 졸업(문학석사, 문학박사)
연세대학교, 서울시립대학교, 상명대학교 강사
연세대학교 언어정보개발연구원 전문 연구원
현 연세대학교 언어연구교육원 대우전임강사

<발표논문>
" '에'를 중심으로 본 토씨의 의미"
"자동사/타동사 분류에 대한 비판적 고찰"
"서술성 명사의 통사적 특성"
"명사의 의미적 특성과 사전적 처리"
"대명사 사전 기술의 한 관점" 등이 있음.

말뭉치 기반 국어 연구 총서 6

# 한국어 명사 연구

정 희 정

2000년 10월 5일 1쇄 인쇄
2002년 10월 1일 2쇄 인쇄
2002년 10월 15일 2쇄 발행

발행인: 김 진 수
발행처: **한국문화사**
133-112 서울시 성동구 성수1가 2동 13-156
전화 ▶ 02) 464-7708, 3409-4488
팩스 ▶ 02) 499-0846
homepage ▶ www.hankookmunhwasa.co.kr
등록번호 제2-1276호

값12,000원

ISBN 89-7735-778-0 93710